Kohlhammer

Die Autorin

Mag. Cornelia Fiechtl ist Klinische Psychologin und Gesundheitspsychologin mit Schwerpunkt Essverhalten und Körperbild. Sie hält regelmäßig Workshops und Vorträge zum Thema, veröffentlichte mehrere Artikel in verschiedenen Printmedien und bildet Fachkräfte in Form von Lehrgängen und Webinaren im Bereich der Ernährungspsychologie fort. Als Dozentin hat sie an verschiedenen Fachhochschulen in Österreich (Studiengang Diätologie) und bei verschiedenen Berufsverbänden unterrichtet. Außerdem ist Cornelia Fiechtl Gründerin eines digitalen ernährungspsychologischen Coachingprogrammes mit dem Titel Food Feelings Programm (ehemals ACHTSAM ESSEN Akademie), Autorin des Buches Food Feelings sowie Host des gleichnamigen Podcasts.

Cornelia Fiechtl

Integrative Ernährungspsychologie

Psychologie und Therapie des Essverhaltens

Verlag W. Kohlhammer

Dieses Werk einschließlich aller seiner Teile ist urheberrechtlich geschützt. Jede Verwendung außerhalb der engen Grenzen des Urheberrechts ist ohne Zustimmung des Verlags unzulässig und strafbar. Das gilt insbesondere für Vervielfältigungen, Übersetzungen, Mikroverfilmungen und für die Einspeicherung und Verarbeitung in elektronischen Systemen.

Pharmakologische Daten, d. h. u. a. Angaben von Medikamenten, ihren Dosierungen und Applikationen, verändern sich fortlaufend durch klinische Erfahrung, pharmakologische Forschung und Änderung von Produktionsverfahren. Verlag und Autoren haben große Sorgfalt darauf gelegt, dass alle in diesem Buch gemachten Angaben dem derzeitigen Wissensstand entsprechen. Da jedoch die Medizin als Wissenschaft ständig im Fluss ist, da menschliche Irrtümer und Druckfehler nie völlig auszuschließen sind, können Verlag und Autoren hierfür jedoch keine Gewähr und Haftung übernehmen. Jeder Benutzer ist daher dringend angehalten, die gemachten Angaben, insbesondere in Hinsicht auf Arzneimittelnamen, enthaltene Wirkstoffe, spezifische Anwendungsbereiche und Dosierungen anhand des Medikamentenbeipackzettels und der entsprechenden Fachinformationen zu überprüfen und in eigener Verantwortung im Bereich der Patientenversorgung zu handeln. Aufgrund der Auswahl häufig angewendeter Arzneimittel besteht kein Anspruch auf Vollständigkeit.

Die Wiedergabe von Warenbezeichnungen, Handelsnamen und sonstigen Kennzeichen in diesem Buch berechtigt nicht zu der Annahme, dass diese von jedermann frei benutzt werden dürfen. Vielmehr kann es sich auch dann um eingetragene Warenzeichen oder sonstige geschützte Kennzeichen handeln, wenn sie nicht eigens als solche gekennzeichnet sind.

Es konnten nicht alle Rechtsinhaber von Abbildungen ermittelt werden. Sollte dem Verlag gegenüber der Nachweis der Rechtsinhaberschaft geführt werden, wird das branchenübliche Honorar nachträglich gezahlt.

Dieses Werk enthält Hinweise/Links zu externen Websites Dritter, auf deren Inhalt der Verlag keinen Einfluss hat und die der Haftung der jeweiligen Seitenanbieter oder -betreiber unterliegen. Zum Zeitpunkt der Verlinkung wurden die externen Websites auf mögliche Rechtsverstöße überprüft und dabei keine Rechtsverletzung festgestellt. Ohne konkrete Hinweise auf eine solche Rechtsverletzung ist eine permanente inhaltliche Kontrolle der verlinkten Seiten nicht zumutbar. Sollten jedoch Rechtsverletzungen bekannt werden, werden die betroffenen externen Links soweit möglich unverzüglich entfernt.

Autorinnenfoto: Patrick Schörg
Abbildungen: Anna Sycik

1. Auflage 2024

Alle Rechte vorbehalten
© W. Kohlhammer GmbH, Stuttgart
Gesamtherstellung: W. Kohlhammer GmbH, Heßbrühlstr. 69, 70565 Stuttgart
produktsicherheit@kohlhammer.de

Print:
ISBN 978-3-17-043592-6

E-Book-Formate:
pdf: ISBN 978-3-17-043593-3
epub: ISBN 978-3-17-043594-0

Für alle Kinder,
die schon in frühen Jahren die Botschaft erhalten, dass ihr Körper falsch ist.

Für alle Personen,
die ihr Leben lang gegen ihr Körpergewicht kämpfen.

Für alle Menschen,
die aufgrund ihres Gewichtes diskriminiert und stigmatisiert werden.

Für einen Perspektivenwechsel im Gesundheitssystem.

Inhalt

Vorwort			11
1	**Ernährungspsychologie als Schnittstellendisziplin**		15
2	**Essverhalten**		18
	2.1	Innere Einflüsse: Intuitive Verhaltenssteuerung und somatische Intelligenz	19
		2.1.1 Hunger	19
		2.1.2 Sättigung	22
		2.1.3 Boundary-Modell des Essverhaltens	25
	2.2	Äußere Einflüsse: Einflüsse aus der Entwicklungsgeschichte	27
		2.2.1 Familiäre Einflüsse	27
		2.2.2 Schönheits- und Schlankheitsideale (Körperbild)	32
		2.2.3 Sozioökonomischer Status	34
	2.3	Kognitive Einstellung	35
3	**Kontinuum des Essverhaltens: Esstypen**		36
	3.1	Gezügeltes Essverhalten	38
		3.1.1 Das-letzte-Abendmahl-Effekt	40
		3.1.2 Kognitive Kontrolle	41
		3.1.3 Disinhibition des Essverhaltens	43
		3.1.4 Essanfälle (Binge Eating)	46
		3.1.5 Adaptive Thermogenese	48
		3.1.6 Zusammenfassung	54
	3.2	Emotionsregulierendes Essverhalten (Binge Eating)	55
		3.2.1 Warum essen hilft: Die Theorie des emotionalen Essverhaltens	57
		3.2.2 Reinforcement Sensitivity Theory	61
4	**Körpergewicht und Gesundheit**		63
	4.1	Annahme 1: Das Körpergewicht ist ein Indikator für Gesundheit	67
		Fazit und Ausblick	70
	4.2	Annahme 2: Jeder Mensch kann mit einer Diät und ausreichend Bewegung Gewicht verlieren	71
		Fazit	73

	4.3	Annahme 3: Gewichtsverlust ist die primäre Maßnahme, um die Gesundheit zu fördern	73
		Fazit	75
	4.4	Annahme 4: Dicke Menschen haben ein höheres Risiko zu sterben	75
		Fazit	77
	4.5	Zusammenfassung	77
5	**Gesundheitsförderung neu gedacht**		**79**
	5.1	Health at every size®	81
	5.2	Therapieinhalte in der gewichtsneutralen Therapie	84
		5.2.1 Regulation der Nahrungsaufnahme durch Hunger- und Sättigungssignale	84
		5.2.2 Vermittlung von alternativen Strategien zur Emotionsregulation	86
		5.2.3 Selbstmitgefühl kultivieren	88
		5.2.4 Körperbildarbeit	91
		5.2.5 Freudvolle Bewegung fördern	93
		5.2.6 Ernährungskompetenz freudvoll gestalten	95
	5.3	Evaluierung alternativer Ansätze in der Forschung	96
		5.3.1 Achtsamkeitsbasierte Ansätze	97
		5.3.2 Intuitiv essen nach Tribole und Resch	98
		5.3.3 ACHTSAM ESSEN Akademie nach Cornelia Fiechtl	101
		5.3.4 Flexible Kontrolle des Essverhaltens	104
	5.4	Zusammenfassung	107
6	**Integrative Therapie des Essverhaltens**		**109**
	6.1	Einen gesundheitsförderlichen und stigmatisierungsfreien Raum schaffen	109
	6.2	Besonderheiten in der Anamnese	111
	6.3	Diagnostik und Fragebögen	114
		6.3.1 Essverhalten	114
		6.3.2 Körperbild und Selbstmitgefühl	116
		6.3.3 Sonstige Fragebögen	117
	6.4	Zielformulierung	117
	6.5	Behandlung ungesunden/gestörten Essverhaltens	122
		6.5.1 Gezügeltes Essverhalten ablegen	123
		6.5.2 Körpersignale spüren lernen	131
		6.5.3 Ernährung neu definiert	142
		6.5.4 Körperbild und Selbstwert	148
		6.5.5 Bewegung aus Freude	151
		6.5.6 Emotionales Essen auflösen	155
	6.6	Verändertes Essverhalten als Begleiter	162
		6.6.1 Aufmerksamkeits-Defizit-Hyperaktivitäts-Syndrom (ADHS)	163

		6.6.2	Posttraumatische Belastungsstörung (PTBS), Traumata	164
		6.6.3	Borderline Persönlichkeitsstörung	165
		6.6.4	Depressionen	166
		6.6.5	Angststörungen	166
		6.6.6	Hochsensibilität	167

7 Fallbeispiele ... **168**

 7.1 Frieden mit Ernährung schließen mit B. ... 168
  7.1.1 Erstgespräch ... 168
  7.1.2 Persönlicher Eindruck (Psychopathologischer Befund) ... 169
  7.1.3 Problemanalyse ... 170
  7.1.4 Therapieplan ... 170
  7.1.5 Behandlungsverlauf ... 171
 7.2 Gewichtsstigmata aufarbeiten mit S. ... 173
  7.2.1 Erstgespräch ... 173
  7.2.2 Persönlicher Eindruck (Psychopathologischer Befund) ... 174
  7.2.3 Problemanalyse ... 175
  7.2.4 Therapieplan ... 175
  7.2.5 Behandlungsverlauf ... 175
 7.3 Die Gesundheit fördern mit F. ... 177
  7.3.1 Erstgespräch ... 177
  7.3.2 Persönlicher Eindruck (Psychopathologischer Befund) ... 178
  7.3.3 Problemanalyse ... 178
  7.3.4 Therapieplan ... 179
  7.3.5 Behandlungsverlauf ... 179

Literaturverzeichnis ... **182**

Stichwortverzeichnis ... **199**

Vorwort

»Eigentlich war ich ein glückliches Kind. Ich habe viel gelacht und mich gerne bewegt. Doch mein Körper war anscheinend von Anfang an nicht der Körper, der gewünscht war oder der akzeptiert wurde. Ich kann mich noch gut an eine Ballettlehrerin erinnern, die mir vermittelte, dass sie mit meinem Körper nichts anfangen konnte. Sie schloss mich zwar nicht aus dem Unterricht aus, aber sie stellte klar, dass sie keine Zeit in mich investieren würde. Mich als Baum in den Hintergrund zu stellen, sah sie als einzige Option, um mich bei den Aufführungen dabei sein zu lassen. Eine Aussage, die sich bis heute tief in meine Erinnerung gebrannt hat. Ich kann mich an keine Zeit in meinem Leben erinnern, in der das Gewicht meines Körpers keine Rolle spielte. Ich hatte immer mehr auf den Rippen als andere. Ständig wurde ich mit anderen verglichen. Das am laufenden Band zu hören war hart. Es hat mir vermittelt, dass ich nicht gut genug bin und dass es keinen Platz für mich gibt. Derartige Erfahrungen und Kommentare limitieren einen im Leben. Ich habe viele Dinge nicht gemacht, nur um nicht noch einmal in solche Situationen zu geraten. Man fühlt sich fehl am Platz und isoliert sich zunehmend. Ich habe mich oft gefragt, was ich falsch gemacht habe.

Meine Beziehung zum Essen wurde immer ungesünder. Es ist als würde Essen dein ganzes Leben bestimmen. Wenn du 8 oder 9 Jahre bist und die ganze Zeit daran denkst, was oder wann du essen sollst, ist das nicht normal. Irgendwann habe ich mir überlegt, ob ich nicht lieber das Gegessene erbrechen sollte, nur um abzunehmen. Mir ging es immer schlechter. Ich konnte mich nicht mehr sehen, nicht mehr fühlen. Es gab einen Punkt, an dem ich mir gewünscht habe, am nächsten Morgen nicht mehr aufzuwachen. Eines Tages war ich beim Arzt, weil ich aufgrund einer Gastritis Magenschmerzen hatte und nichts mehr schlucken konnte. Dass ich nichts essen oder trinken konnte, störte ihn offenbar nicht. Stattdessen merkte er an, dass sich das positiv auf mein Gewicht auswirken würde.«

Elisabeth M.

Elisabeths Geschichte ist kein Einzelschicksal, es ist die tägliche Realität von hochgewichtigen Menschen. Wir müssen die Art und Weise ändern, wie wir dicke Menschen sehen. Vor allem aber müssen wir ändern, wie die Welt Gewichtsreduktion bzw. Abnehmvorhaben bewertet. Denn Letzteres ist, wie wir im Verlauf dieses Buches sehen werden, mitverantwortlich für die Entwicklung von ungesunden Essverhaltensweisen, Essstörungen und Hochgewicht.

Das vorliegende Buch ist als integratives Werk zum Thema Essverhalten zu verstehen. Es soll dabei helfen, das Essverhalten von Klient:innen aus einer ganzheitlichen Perspektive zu verstehen. Dabei werde ich Ihnen Impulse und Ansätze an die Hand geben, die Ihnen dabei helfen werden, Ihre Klient:innen dabei zu begleiten, ein gesundes Verhältnis zu Essen, ihrem Körper und ihrem Selbstwertgefühl zu entwickeln.

Dabei beschränke ich mich nicht auf die Behandlung von Essstörungen oder die Therapie bei *Adipositas*. Vielmehr geht es darum, dass wir beginnen, Essverhalten als Kontinuum von gesund über ungesund bis hin zu krank zu sehen und Menschen in der Entwicklung eines gesunden Essverhaltens unterstützen, unabhängig davon, wo auf diesem Kontinuum sie stehen oder welches Gewicht sie haben.

Im ersten Teil des Buches steht der integrative Wissenserwerb rund um das Essverhalten. Wir beschäftigen uns damit, wie sich das Essverhalten über die Lebenszeit entwickelt und welche Faktoren es beeinflussen. Im hinteren Teil des Buches finden Sie ein Therapiekonzept mit Übungsimpulsen. Außerdem werden Sie einige Beispiele aus meiner Arbeitspraxis finden, die einen Einblick in die Praxis der Ernährungspsychologie gewährleisten.

Ich stelle Ihnen einen Ansatz vor, der über das traditionelle Denken hinausgeht. Ein Ansatz, der Gesundheit eines Menschen frei von Vorurteilen und Bewertungen und unabhängig vom Körpergewicht diskutiert. Mir ist bewusst, dass diese neuartige Perspektive auf Gesundheitsförderung ein komplexes Thema ist und kontroverse Diskussionen hervorrufen wird. Doch ich bin davon überzeugt, dass es an der Zeit ist, diese Diskussion zu führen und eine neue Denkweise zu fördern, die auf Akzeptanz, Respekt und Wertschätzung basiert. Daher werde ich im Sinne einer bewertungsfreien Haltung und Sprache auf neutrale und beschreibende Begriffe wie dick oder fett, Mehrgewicht oder Hochgewicht als Ausdruck für ein hohes Körpergewicht zurückgreifen.

Ich lade Sie herzlich dazu ein, dieses Buch als Leitfaden für Ihre eigene Entwicklung zu nutzen. Nehmen Sie sich die Zeit, über Ihre eigenen Überzeugungen, Glaubenssätze und Erfahrungen nachzudenken. Möge dieses Buch Ihnen Inspiration bieten, Ihre eigene Wahrnehmung zu erweitern und positive Veränderungen in Ihrem Leben herbeizuführen.

In erster Linie liefert Ihnen dieses Buch aber eine Integration bestehender sowie neuer Erkenntnisse aus verschiedenen Wissenschaftsdisziplinen und überführt diese in konkrete Handlungsempfehlungen, die eine nachhaltige und ganzheitliche Gesundheitsförderung Ihrer Klient:innen ermöglichen. Denn nur, wenn wir über den Rand unserer eigenen gesundheitswissenschaftlichen Disziplin hinaussehen, können wir die Komplexität von Gesundheit verstehen und fördern.

Bevor es los geht, möchte ich ein paar Worte des Dankes aussprechen. Ein ganz besonderer Dank gilt an dieser Stelle Elisabeth Marcinkowski (auch bekannt unter Elly Magpie) und all den Menschen, mit denen ich in meiner Praxis und der ACHTSAM ESSEN AKADEMIE zusammenarbeite. Ich darf von euch lernen und mit euch gemeinsam wachsen.

Ich danke Juliette Wernicke, die mein Team seit mehreren Jahren bereichert und mich bei diesem Buchprojekt unterstützt hat. Außerdem danke ich meinen Eltern und meinem Partner, der immer für mich da ist und mich auf meinem Weg unterstützt.

Abschließend möchte ich meine tiefste Dankbarkeit gegenüber Christoph Klotter zum Ausdruck bringen. Er hat die Ernährungspsychologie würdig vertreten, sich für ihre Anerkennung und Wertschätzung eingesetzt und mir stets ein offenes Ohr geschenkt.

Mit herzlichen Grüßen,
Cornelia Fiechtl

1 Ernährungspsychologie als Schnittstellendisziplin

> Food is not an object, it is an interaction.
> (Autor unbekannt).

Die Ernährungspsychologie ist ein wissenschaftliches Fachgebiet, das oftmals als Teilbereich der Klinischen Psychologie und der Gesundheitspsychologie bzw. als Schnittstelle zwischen Psychologie und Ernährungswissenschaft gesehen wird. Im Mittelpunkt der Ernährungspsychologie steht die Erforschung der Beziehung zwischen unbewussten psychischen Vorgängen, Gefühlen, Verhalten und Ernährung bei Menschen. So beschäftigt sich die Ernährungspsychologie beispielsweise damit wie Emotionen, Gedanken, Gewohnheiten und die Einstellung das Essverhalten einer Person beeinflussen können. Aber nicht nur der Einfluss der Psyche auf das Essverhalten, sondern auch die Wirkung des Essens auf die Psyche wird im Rahmen der Ernährungspsychologie erforscht. Insgesamt ermöglicht die Ernährungspsychologie ein besseres Verständnis für die komplexen Mechanismen, die unser Essverhalten beeinflussen, und hilft dabei, maßgeschneiderte Lösungen zu entwickeln, um ein ausgewogenes Essverhalten zu fördern. Außerdem stellt sie Tools und Therapieansätze für Therapeut:innen zur Verfügung, um Klient:innen bei einer nachhaltigen Veränderung der Ernährung und Essverhaltensweisen zu begleiten.

Obwohl die Ernährungspsychologie erst in den letzten Jahren mehr und mehr Aufmerksamkeit erhält, reicht die Forschung im Bereich der Ernährungspsychologie in die 1930er Jahre zurück. Hilde Bruch, eine deutsche Ärztin und Psychoanalytikerin beschäftigte sich beispielsweise bereits 1936 mit dem Zusammenhang zwischen mit dem Körpergewicht von Kindern und dem Bindungsstil zu ihren Müttern. Die Erkenntnisse der Ernährungspsychologie hatten bis dato eher selten ihren Weg in Lehrbücher, Lehrsäle oder auf Vortragsfolien gefunden. Christoph Klotter, ein bekannter Experte im Bereich der Ernährungspsychologie, formulierte sehr treffend: »*Ernährungspsychologie ist ein Orchideen-Fach, das sehr selten gelehrt wird, und dessen Erkenntnisse nicht immer in die praktische Ernährungserziehung und -beratung einfließen*« (Klotter & Trautmann, 2009, S. 566). In Anbetracht der Tatsache, dass ungesundes Essverhalten und Essstörungen längst keine Ausnahmeerscheinung mehr sind, scheint es erstaunlich, dass all die Erkenntnisse rund um das Essverhalten stiefmütterlich behandelt werden. Ein möglicher Grund dafür ist, dass sich der wissenschaftliche Diskurs nach wie vor hauptsächlich mit körperlichen Prozessen der Ernährung beschäftigt und die Ableitung von Leitlinien und Empfehlungen hauptsächlich in der Ernährungswissenschaft und Ernährungsmedizin stattfindet.

Die Positionierung als Schnittstellendisziplin verschafft der Ernährungspsychologie höchstens den Charakter des »Zusatzelementes«, aber nicht den Stellenwert, den sie in der Therapie verdient. Dies spiegelt sich in vielen Programmen zur Lebensstilmodifikation wider, in denen die Psychologie oftmals ein »Zusatzmodul« im Ausmaß von wenigen Einheiten rund um die Themen Stress, Entspannung oder Motivation darstellt. Solange die Psychologie des Essverhaltens nur als »Beiwagen«, nicht aber als zentrales Element in der Therapie gesehen wird, kann keine nachhaltige Veränderung des Essverhaltens oder der Ernährungsgewohnheiten erfolgen. Wenn Menschen aufgrund eines Traumas unter regelmäßigen Essanfällen leiden, das abendliche Essen vor dem Fernseher das einzige Highlight im Leben ist oder der chronisch hohe Stresslevel den Blutzuckerspiegel in die Höhe treibt, ist jedes noch so gut gemeinte Ernährungsprogramm zum Scheitern verurteilt, wenn 80% über Ernährung und 20% über Stress und Motivation gesprochen wird. Wenn Menschen mit emotionalem Essen oder Essanfällen nur 5 Einheiten psychologische Beratung in Anspruch nehmen müssen, bevor Sie die Freigabe für eine bariatrische Operation erhalten *(nein, das ist kein Scherz!)*, wird das Binge Eating nach der Operation nicht plötzlich verschwunden sein. Um das Essverhalten zu verstehen, zu erklären und Veränderungen nachhaltig zu begleiten ist ein ganzheitliches, also integratives Verständnis für das menschliche Essverhalten essentiell.

Das Essverhalten wird von einer Vielzahl von Faktoren beeinflusst. Dazu gehören nicht nur psychologische Faktoren wie Einstellungen und individuelle Lernprozesse, sondern auch biologische Faktoren wie Stoffwechselprozesse, kulturelle Einflüsse wie Traditionen und soziale Normen oder emotionale Aspekte wie Belohnungsverhalten und Emotionsbewältigung. Die integrative Ernährungspsychologie integriert damit Fachwissen aus den Disziplinen Medizin (Biologie), Psychologie, Ernährungswissenschaften und Soziologie.

Die Medizin liefert wertvolles Verständnis rund um biologische Vorgänge in Zusammenhang mit dem Essverhalten. Dazu zählt beispielsweise das Zusammenspiel von Hormonen, ihre wechselseitige Beeinflussung sowie das Wissen über diverse Erkrankungen, die das Essverhalten auf mehreren Ebenen beeinflussen. So kann die Medizin beispielsweise erklären, warum Stress eine Auswirkung auf den Blutzuckerspiegel oder Hungerhormone hat oder warum es nach einer Gewichtsabnahme zu einer vermehrten Synthese von Fettzellen kommt (▶ Kap. 3.1.5).

Die Psychologie steuert Verhaltens-, Kognitions-, Motivations- oder etwa Lerntheorien bei, die für das Verständnis der Entstehung und der Aufrechterhaltung von Essverhaltensweisen essentiell sind. So können wir mit Hilfe der Psychologie erklären, warum eine Einschränkung des Essverhaltens nicht über einen längeren Zeitraum aufrechterhaltbar ist oder warum Schlafmangel oder andere psychische Belastungen zu einem gesteigerten Drang nach energiereichen Lebensmitteln führt (▶ Kap. 3.2.1).

Die Ernährungswissenschaft spielt eine entscheidende Rolle im Verständnis rund um Nährstoffe und ihrer Funktionen. So kann die Ernährungswissenschaft erklären, warum eine unausgewogene Ernährung zu erhöhtem Verlangen nach Essen führt, während eine ausgewogene und vollwertige Mahlzeit emotionale Zufriedenheit erzeugt und das Wohlbefinden positiv beeinflussen kann.

Die Soziologie steuert Wissen bezüglich kultureller und sozialpsychologischer Aspekte bei, die das Essverhalten maßgeblich beeinflussen. Sie erklärt uns, warum die Anzahl der jungen Frauen, die an Essstörungen leiden, in den letzten Jahren so rasant gestiegen ist oder wie die Darstellung von kopflosen dicken Personen *(headless fatties)* Stigmatisierung und Diskriminierung von dicken Menschen fördert (▶ Kap. 2.2.2).

Die integrative Ernährungspsychologie vereint damit verschiedene Wissensbereiche, um ein umfassenderes Verständnis für das Essverhalten zu entwickeln. Dies trägt dazu bei, individuelle Interventionsansätze zu entwickeln, die auf die Bedürfnisse und Lebensumstände der jeweiligen Person abgestimmt sind.

Als Beispiel soll uns die Erkrankung Lipödem dienen:

> Die Erkrankung Lipödem wird oftmals nicht erkannt oder diagnostiziert. Stattdessen hören Betroffene nicht selten, dass ihr Gewicht zu hoch sei. Betroffene versuchen abzunehmen und verfolgen dazu oftmals ein restriktives Essverhalten, um weniger Energie aufzunehmen. Dies wiederum kann zu einer Veränderung im Hormonhaushalt führen, was die Symptome verstärken kann. Betroffene suchen die Schuld für den ausbleibenden Gewichtsverlust oftmals in ihrer fehlenden Disziplin und entwickeln nicht selten selbstabwertende Glaubenssätze und Gedankenmuster. In Folge wird das restriktive Essverhalten meist verstärkt, was aufgrund der Mangelversorgung mit Nährstoffen wiederum zu Essanfällen führen kann. Durch die zunehmende Selbstabwertung ziehen sich Betroffene nicht selten aus dem Sozialleben zurück. Sie verdecken ihren Körper in der Regel mit weiter Kleidung, gehen immer weniger zum Sport und verzichten aus Scham auf Essenseinladungen oder Aktivitäten, bei denen kurze Kleidung oder Schwimmkleidung getragen wird. Hinzukommende Schmerzen können die Alltagsaktivität einschränken. Der soziale Rückzug kann seinerseits wieder zu einer massiven Belastung führen sowie psychische Erkrankungen wie Essstörungen oder Depressionen fördern.

Wie das Beispiel zeigt, sollten im Zuge der Therapie nicht nur die körperlichen Symptome, sondern auch das Körperbild, die massive psychische Belastung oder etwa das gezügelte Essverhalten adressiert werden.

Aus der Definition der Ernährungspsychologie als Schnittstellendisziplin folgt, dass die Ernährungspsychologie in der Anwendung nicht nur Psycholog:innen oder Psychotherapeut:innen vorbehalten ist. Stattdessen sollten ernährungspsychologische Erkenntnisse von verschiedenen Fachkräften in ihren jeweiligen Tätigkeitsfeldern Anwendung finden. So sollte das Essverhalten in der Ernährungstherapie ebenso Berücksichtigung finden wie in der psychologischen Therapie (= klinisch-psychologische Behandlung nach österreichischem Berufsrecht) bzw. Psychotherapie oder bei medizinischen Untersuchungen. Die Arbeit mit dem Körperbild sollte neben der Psychotherapie oder psychologischen Therapie auch einen festen Platz in der Bewegungstherapie oder der Ernährungstherapie haben. Natürlich sei angemerkt, dass jede Fachkraft gleichzeitig den eigenen Kompetenzbereich und dessen Grenzen zu achten hat.

2 Essverhalten

Das Essverhalten von Menschen ist das Resultat eines hochkomplexen Zusammenspiels aus genetischen Faktoren, biologischen Steuermechanismen, lebensgeschichtlichen Lernprozessen, sozialen Einflüssen und kulturellen Normen (Pudel & Westenhöfer, 2003). Pudel (1986) fasst die unterschiedlichen Einflussfaktoren in seinem Komponenten-Modell des Essverhaltens (▶ Abb. 2.1) zu 3 großen Faktoren zusammen: innere Einflüsse, äußere Einflüsse sowie die kognitive (rationale) Einstellung der Person (Pudel & Westenhöfer, 2003). Je nach Lebensphase oder Lebenssituation haben manche Faktoren mehr Einfluss als andere. So ist der Einfluss von Trends und Schönheitsnormen im Jugendalter eventuell stärker als in einer späteren Lebensphase.

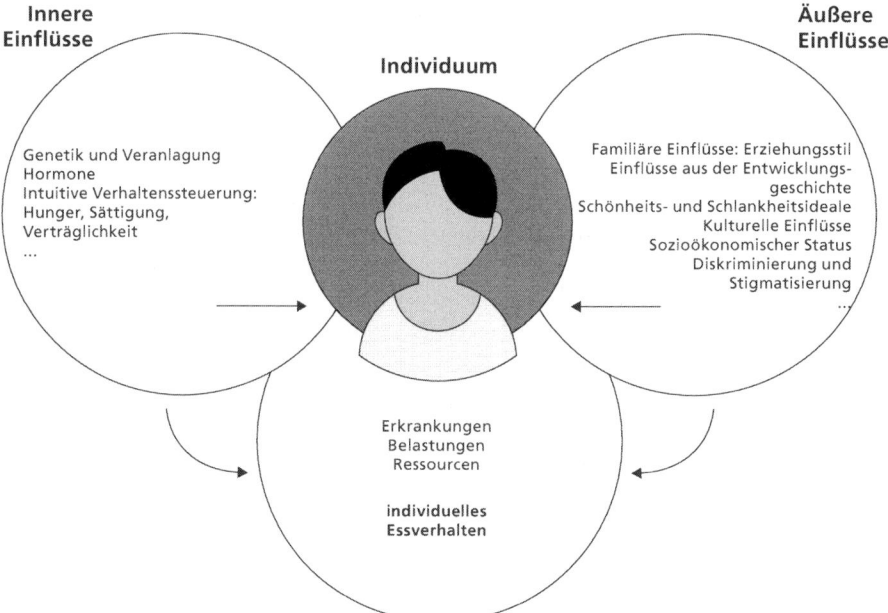

Abb. 2.1: Das Essverhalten ist das Ergebnis eines komplexen Zusammenspiels von äußeren und inneren Einflüssen, die auf das Individuum mit seiner Persönlichkeit, Ressourcen, Belastungen sowie Erkrankungen wirken und das Verhalten maßgeblich beeinflussen.

2.1 Innere Einflüsse: Intuitive Verhaltenssteuerung und somatische Intelligenz

Zu den inneren Einflüssen zählen genetische Veranlagungen sowie biologische Steuermechanismen. Letztere werden im folgenden Abschnitt näher beleuchtet.

2.1.1 Hunger

Im Zusammenhang mit der Nahrungsaufnahme ist zwischen homeostatischen (physischen) Hunger und hedonischen (emotionalen) Hunger zu unterscheiden (Lowe & Butryn, 2007). Der homeostatische Hunger wird durch den Energiebedarf des Körpers gesteuert, über Hormonprozesse vermittelt und über Körpersignale wahrgenommen.

Neuronale Grundlagen der Energieversorgung

Die Energieverteilung des Körpers wird durch das Gehirn überwacht und gelenkt, wobei seine Energieversorgung aufgrund seiner überlebenswichtigen Funktionen stets höchste Priorität hat (Peters, 2011). Hierzu benötigt der menschliche Organismus verschiedene Nährstoffe. Der Energie- und Nährstoffstatus wird laufend durch Rückkoppelungsprozesse im Gehirn gemessen. Im Hypothalamus, die für das Essverhalten zuständige Gehirnregion, laufen die Informationen über die Energieflüsse im Blut zusammen. Die Energiefüllstände im Gehirn sowie Fett- und Muskelmasse werden hier registriert, der Energiebedarf ermittelt und die Blutströme gelenkt. Hierzu überwacht der Hypothalamus das Level an im Blut zirkulierender Hormone, die an der Vermittlung von Hunger- oder Sättigungssignalen beteiligt sind. Astrozyten docken an einer Seite an die Nervenzelle und auf der gegenüberliegenden Seite an den Kapillaren (kleine Blutgefäße) an. Kapillare und Astrozyten können Glucosemoleküle aus dem Blut aufnehmen und an die Nervenzelle im Gehirn weiterreichen, um sie mit Energie zu versorgen. Der laterale Hypothalamus (LH) ist als Hungerzentrum bekannt. Neuronen des LH sind mit Glucoserezeptoren ausgestattet, mit denen die Blutglucosekonzentration gemessen wird. Wird ein Abfall der Glucosekonzentration registriert, wird eine Stressreaktion aktiviert, die eine bedeutende Rolle in der Energieversorgung des Körpers spielt. Durch die vom Hypothalamus aktivierte Stressreaktion wird die Insulinausschüttung aus der Bauchspeicheldrüse eingestellt. Die Energie (hier: Glucose) kann ohne Insulin nicht von den Körperzellen aufgenommen werden und so steht die Energie dem Gehirn zur Verfügung. Bei Bedarf wird gespeicherte Energie aus der Leber, die sozusagen als Vorratskammer für Energie dient, freigesetzt (Gluconeogenese). Nun steht Glucose im Blutkreislauf zur Verfügung, die nun in Richtung Gehirn transportiert werden kann. Dieser Prozess wird von Achim Peters (2011) in seiner Selfish-Brain-Theorie als Brain Pull bezeichnet. Ist zu wenig Energie vorhanden oder neigen sich die körpereigenen Energiespeicher dem Ende, erfolgt laut Peters ein Body Pull, der den klassischen Gang zum Kühlschrank darstellt (Peters, 2011). Hierbei sind vor allem die Hormone Neuropeptid Y und Ghrelin von Bedeutung.

Hormone

Neuropeptid Y spielt eine wichtige Rolle bei der Steuerung des Hungergefühls und des Fetthaushalts. Es findet sich in den Nervenzellen des Gehirns, wird im Magen sezerniert und ist ein Neurotransmitter des noradrenergenen Systems. Neuropeptid Y fördert Appetit (Energiebeschaffung) und reduziert den Energieverbrauch (Energiesparen). Weitere ihm zugeschriebene Aufgaben betreffen die Steuerung der Stress- und Angstreaktion oder die Motilität des Gastrointestinaltraktes (Sominsky & Spencer, 2014)

Ghrelin ist als Botenstoff für die Vermittlung von Hungersignalen bekannt. Das Hormon Ghrelin wird hauptsächlich von Hormonzellen in der Magenschleimhaut und im Zwölffingerdarm gebildet. Neben seiner zentralen Rolle im Metabolismus ist Ghrelin z. B. an der Regulation der Stimmung, des Schlafes, bei Lern- und Gedächtnisprozessen oder der Darmtätigkeit beteiligt (Zigman et al., 2016). Das Plasmalevel des Hormons Ghrelin fluktuiert über den Tag hinweg und steigt kurz vor der Nahrungsaufnahme bzw. während Hungerphasen an. Nach der Nahrungsaufnahme reduziert sich das Level des Hormons (Raspopow et al., 2010). Bei Energie- bzw. Nährstoffmangel, der kognitiven Visualisierung von Lebensmitteln und dem Sehen von Speisen oder aber zu für die Nahrungsaufnahme typischen Uhrzeiten, wird es vom Darm ausgesendet, um die Nahrungsaufnahme einzuleiten (Zigman et al., 2016). Über den Blutkreislauf gelangt das Hormon über die Blut-Hirn-Schranke in das Gehirn, wo es das Hormon Neuropeptid Y sowie weitere Hormonprozesse aktiviert. Dies ist in Folge in Form von Körpergefühlen wahrnehmbar.

Körpergefühle

Der Anstieg der *Hungerhormone* im Körper, macht sich in Form von physischen sowie mentalen Hungeranzeichen bemerkbar. Leichter Hunger wird nicht selten in Form eines Körpergefühls, das sich wie *Grummeln* oder ein leichtes *Magenknurren* anfühlt, wahrgenommen. Je stärker das Hungergefühl wird, desto intensiver werden die Signale in der Regel wahrgenommen. Hunger kann als Kontinuum von Sattheit (Abwesenheit von Hunger) bis Heißhunger betrachtet werden (▶ Abb. 2.2). Das Hungergefühl kann sich dabei durch physische (Magenknurren, Übelkeit, …), kognitive (Reduktion der Konzentrationsfähigkeit, selektive Wahrnehmung, Gedanken an Essen, …) sowie emotionale (Gereiztheit, innere Unruhe, …) Anzeichen oder etwa anhand von Verhaltensweisen (Hyperaktivität, Zittern …) ausdrücken. Je stärker die Hungerwahrnehmung wird, desto stärker machen sich die Hungersignale bemerkbar. Nachdem das Hungergefühl lediglich einen Mangel signalisiert, äußert sich das Hungergefühl in einem unspezifischen Verlangen. Der Drang *irgendetwas* zu essen, um den Hunger zu stillen, steigt an. Steigt das Hungergefühl weiter an, kommt es zu einer Zunahme an essensbezogenen Gedanken, Einbußen in der Aufmerksamkeit bis hin zu Konzentrationsproblemen, Gereiztheit oder sogar

Zittern (Peters et al., 2004). Heißhunger, als extremste Form des Hungers, löst massiven Stress im Körpersystem aus. Ist das Stressprogramm aktiviert, steht die Beseitigung des Nährstoffmangels, nicht aber der Genuss, im Vordergrund. Ein bewusstes Essverhalten findet unter Heißhunger kaum noch statt. Heißhunger fördert den Appetit auf energiedichte Lebensmittel und führt zu einer gesteigerten Essgeschwindigkeit, bei der die Gefahr eines Überessens in der Regel steigt.

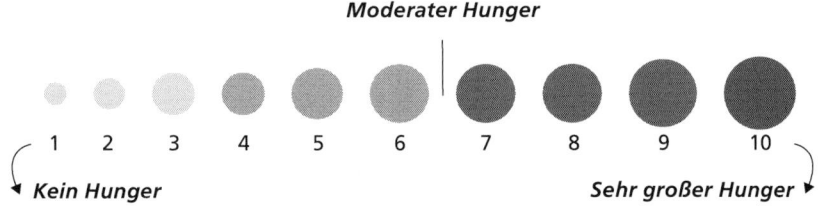

Abb. 2.2: Die Hungerskala hilft dabei, die Wahrnehmung von Hunger auf einem Kontinuum von 1 = kein Hunger bis 10 = sehr großer Hunger auszudrücken. Die Hungersignale steigen dabei von links nach rechts an.

Der moderate Hunger beschreibt ein eindeutiges, jedoch angenehmes Hungergefühl. Wenn der moderate Hunger wahrgenommen wird, ist noch ausreichend Zeit vorhanden, um sich eine Mahlzeit zuzubereiten. Hierbei kommt dem Appetit (hedonischer Hunger) eine besondere Rolle zu. Hedonischer Hunger ist ein psychischer Zustand, der sich durch ein spezifisches Verlangen auszeichnet. Appetit wird durch das limbische System und damit von emotionalen Erfahrungen sowie physiologischen Lernerfahrungen beeinflusst. So löst eine positive Erfahrung mit bestimmten Lebensmitteln Appetit aus, während unangenehme Erfahrungen wie Bauchschmerzen oder Übelkeit nach dem Verzehr von Speisen den Appetit hemmen können. Auch soziale und kulturelle Einflüsse haben einen Einfluss auf den Appetit. So werden bestimmte Lebensmittel von ganzen Kulturkreisen abgelehnt oder etwa bevorzugt. Damit kommt dem Appetit eine wichtige Rolle in der Auswahl von Speisen zu. Man könnte formulieren, dass Hunger einen Mangel signalisiert, wobei Appetit dabei hilft, die Speise der Wahl auszuwählen.

Appetit kann jedoch auch völlig losgelöst von physiologischen Hungersignalen zur Nahrungsaufnahme führen (Lowe & Butryn, 2007). Die oben beschriebene Hungerwahrnehmung ist ein physiologischer Prozess. Hungergefühle werden jedoch nicht ausschließlich durch die beschriebenen Hormonprozesse aktiviert. Auch mentale Prozesse sind in der Lage Hungergefühle auszulösen. Alleine der Anblick, der Geruch, ja sogar alleine die Vorstellung von bestimmten Speisen oder die Antizipation des Geschmacks einer Speise lassen wortwörtlich das Wasser im Munde zusammenlaufen. Der Anreiz ebendiese Speisen zu essen (Gusto/Appetit) steigt. In Folge kann eine Hungerkaskade ausgelöst werden und dazu führen, dass tatsächlich ein Gefühl von Hunger wahrnehmbar ist. Kurz ausgedrückt: Der Anblick von Speisen kann ein physisches Hungergefühl auslösen.

2.1.2 Sättigung

Das Gefühl der Sättigung bzw. Sattheit ist ein hochkomplexer Prozess, der sowohl mentale als auch physiologische Mechanismen umfasst. Ohne Genuss und bewusste Wahrnehmung kann sich keine anhaltende Sattheit einstellen. Umgekehrt ist Sattheit mehr als nur »ein voller Magen« und setzt nährstoffreiche Mahlzeiten voraus. Sättigung umfasst physische und mentale Vorgänge, die noch während der Nahrungsaufnahme Sättigung signalisieren und in Folge zu einem Beenden der Mahlzeit führen. Sattheit beschreibt die erlebte Befriedigung nach Beendigung der Mahlzeit. Der Prozess der Sättigung bis hin zur Sattheit umfasst verschiedene Stufen, die nacheinander ablaufen. Blundell hat diesen Prozess in Form seiner Sättigungskaskade 1990 beschrieben (▶ Abb. 2.3; Blundell & Halford, 1994; Pudel & Westenhöfer, 2003).

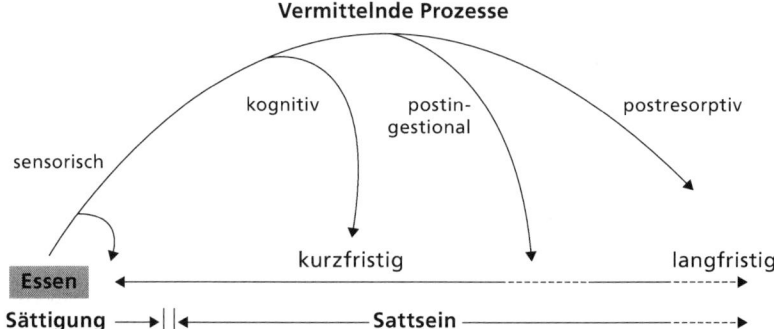

Abb. 2.3: Sättigungskaskade angelehnt an Blundell & Halford (1994) und Pudel & Westenhöfer (2003).

Zu Beginn der Sättigungskaskade stehen sensorische Prozesse, die den Geruch, die Optik oder etwa die Konsistenz umfassen. Eine sensorisch ansprechende Mahlzeitengestaltung hat damit einen bedeutenden Einfluss auf die wahrgenommene Sättigung. Danach folgen kognitive Prozesse. Es geht also nicht nur darum irgendwas zu essen, sondern die Mahlzeit bewusst zu essen, sie genussvoll zu erleben und als solche zu bewerten. Später folgen postingestionale und postresorptive Sättigungssignale. Sie entfalten ihre Wirkung in der Regel, nachdem die Nahrungsaufnahme beendet wurde.

Sensorische Sättigung

Die sensorische Sättigung umfasst den Geruch oder etwa das Aussehen einer Speise sowie die Konsistenz, das Mundgefühl sowie die Intensität des Geschmacks während der Nahrungsaufnahme. Je ansprechender die Mahlzeit für die Sinnesorgane ist, desto stärker fällt die emotionale Befriedigung und sensorische Sättigung einer Mahlzeit aus. Sensorische Sättigungssignale werden direkt im Prozess der Nahrungsaufnahme wahrgenommen (Blundell & Halford, 1994; Pudel & Westenhöfer,

2003). Eine besondere Rollte nehmen hierbei die Geschmacksknospen ein. 2.000 bis 4.000 Geschmacksknospen besitzt ein erwachsener Mensch. Die Geschmacksknospen liegen auf der Zunge. Aktuell geht die Wissenschaft von den fünf Geschmacksrichtungen süß, sauer, salzig, bitter und umami aus (Elmalfda, 2019).

Die Sensibilität der Geschmacksknospen (Sensory specific satiety, SSS) bezeichnet die Abnahme der Geschmacksintensität während des Verzehrs einer Speise im Vergleich zu einem Lebensmittel, dass nicht gegessen wurde (Wilkinson & Brunstrom, 2016). So essen Menschen beispielsweise mehr Sandwiches oder Joghurt, wenn das Lebensmittel in verschiedenen Geschmacksrichtungen oder Variationen serviert wird (Rolls et al., 1981). Die Geschmacksknospensensibilität liefert eine Erklärung dafür, warum sich Menschen an bestimmten Lebensmitteln *satt* essen, während sie in der nächsten Sekunde bei anderen Speisen weiter zulangen können. Sättigung kann sich damit auf einzelne Lebensmittel beziehen, wobei sich für andere Lebensmittel noch keine Sättigung einstellt (Le magnen, 1999; Rolls et al., 1981). In der wissenschaftlichen Literatur wurde dieser Effekt des Öfteren als Erklärung herangezogen, warum Menschen überessen. Dabei wird gerne übersehen, dass die Geschmacksknospensensibilität dabei unterstützt, vielfältig zu essen. Auf diesem Wege sorgt sie dafür, dass bei einer Mahlzeit verschiedene Nährstoffe aufgenommen werden.

Je stärker der Hunger, desto sensibler sind die Geschmacksknospen. Mahlzeiten werden demnach als besonders genussvoll erlebt, wenn man zu Beginn der Nahrungsaufnahme hungrig ist. Während des Konsums einer Speise verlieren die Geschmacksknospen zunehmend ihre Sensitivität gegenüber Nahrungsreizen. Die Speise schmeckt in Folge nicht mehr so intensiv wie zu Beginn der Mahlzeit. Die besten Effekte konnten dabei für salzige und süße Speisen nachgewiesen werden (Sørensen et al., 2003). Es wird davon ausgegangen, dass dieser Effekt mit der postingestionalen und postresorptiven Sättigung in Zusammenhang steht und damit von den aufgenommenen Makronährstoffen abhängt.

Die Wahrnehmung der Geschmacksknospensensibilität kann dabei helfen, die Sättigung wahrzunehmen und die Mahlzeit zu beenden. Sie kann damit als wichtiges Sättigungssignal gesehen werden (Wilkinson & Brunstrom, 2016).

Kognitive Sättigung

Der bewusste Verzehr der Mahlzeit spielt eine wesentliche Rolle im Prozess der Sättigung. Unbewusstes Essen kann dazu führen, dass die aufgenommene Nahrungsmenge nicht bewusst (kognitiv) erfasst werden kann. Viele Menschen kennen das erstaunliche Gefühl, dass sich breit macht, wenn man sich mit 3 Käsebroten vor den Computer setzt und nach wenigen Minuten feststellen muss, dass die Brote weg sind. Das Gefühl, etwas gegessen zu haben, sowie die emotionale Befriedigung, die sich nach dem Essen einstellt, können in Folge ausbleiben. Die Wahrscheinlichkeit eine weitere Mahlzeit einzunehmen oder zu snacken steigt (Robinson et al., 2013; Seguias & Tapper, 2018). In einer Überblicksarbeit konnte gezeigt werden, das Essen unter Ablenkungen die aufgenommene Nahrungsmenge im Moment steigern kann, vielmehr jedoch die Nahrungsmenge steigert, die später gegessen wird (Robinson et al., 2013). Wird die Aufmerksamkeit auf das Essverhalten bzw. die gegessene Essensmenge gelenkt, wird im Gegensatz dazu weniger Nahrung verzehrt (Robinson et al., 2013).

Auch das bewusste Erinnern an die bereits verzehrte Nahrungsmenge (*food memory*) bei einer folgenden Mahlzeit hat einen Einfluss auf die gegessene Nahrungsmenge (Robinson et al., 2013). Dieser Prozess scheint unter anderem auch Habituierungsprozessen zugrunde zu liegen (Morewedge et al., 2010). Habituierung bezeichnet die Gewöhnung an eine Speise, die dazu führt, dass die Nahrungsaufnahme dieses Lebensmittels eingestellt wird. Die Verarbeitung der Eindrücke aus Sinnesorganen und die Verarbeitung von Gedächtnisinhalten scheinen ähnliche oder die gleichen Gehirnstrukturen zu nutzen. Alleine der Gedanke an eine Spinne kann beispielsweise dieselbe Gänsehaut erzeugen wie die Präsenz der Spinne. Die mentale Vorstellung von Verhaltensweisen scheint dabei die gleichen Gehirnareale zu aktivieren wie das tatsächliche Verhalten. (Kemps & Tiggemann, 2007). Das bewusste Wahrnehmen von Essprozessen und der Speise hat demnach einen Einfluss auf die Nahrungsaufnahme.

Auch die Einstellung und die Werturteile gegenüber dem Lebensmittel beeinflussen die Sättigung. So wird eine Mahlzeit die als gut, wohltuend und freudvoll bewertet wird, andere Effekte erzeugen als eine Mahlzeit, die negativ beurteilt wird. Auch die wahrgenommene Portionsgröße hat einen Einfluss auf die Sättigung (Pudel & Westenhöfer, 2003).

Postingestionale Sättigung

Während der Nahrungsaufnahme sammelt sich der Speisebrei für die enzymatische Verdauung im Magen. Die Magenwand ist mit feinen Rezeptoren, den Mechano-Rezeptoren ausgestattet, die die Magendehnung registrieren und an das Sättigungszentrum im Gehirn melden. Zusätzlich zu der Dehnung wird die Entleerungsrate des Magens sowie die Ankunft von Nährstoffen im Darm überwacht (Elmalfda, 2019). Dies erklärt, warum das Trinken von Wasser nur kurzfristig zu einem Gefühl der Sättigung führt. Spannend ist in diesem Zusammenhang die Unterscheidung zwischen Vollsein und Sattheit bzw. Sättigung. Während Sattheit die Versorgung des Körpers mit relevanten Nährstoffen bezeichnet, bezieht sich Vollsein auf die Menge. So kann ein Müsliriegel satt machen, jedoch nicht voll, während eine Packung Popkorn nicht satt macht, jedoch ein Völlegefühl verursachen kann. Das Gefühl des Vollseins wird hauptsächlich von den Dehnungsrezeptoren vermittelt und äußert sich in einem Spannungsgefühl im Bauch. Pudel geht von der Annahme aus, dass Sättigung, ebenso wie Hunger, Konditionierungsprozessen zugrunde liegt (Pudel & Westenhöfer, 2003). Demnach lernen Menschen, welches Körpergefühl mit angenehmer Sättigung verbunden ist und stellen die Nahrungsaufnahme ein. Auch während der Nahrungsaufnahme finden Rückkoppelungsprozesse zwischen Gehirn und Botenstoffen statt, bis die Nahrungsaufnahme eingestellt wird (Elmalfda, 2019). Zwei wichtige Vertreter dieser Stoffe sind die Hormone Leptin und Insulin.

Postresorptive Sättigung

Nach der Nahrungsaufnahme wird der Speisebrei in seine Bestandteile aufgespalten. Kohlenhydrate werden beispielsweise zu Glucose abgebaut. Diese wird anschließend von den Darmzellen aufgenommen und über die Pfortader zur Leber weitergeleitet. Ein Teil der ankommenden Glucose füllt dort gegebenenfalls Speicherdepots auf. Der Rest passiert die Leber. Den Transport der Glucose im menschlichen Organismus übernimmt der Blutkreislauf. Der Glucosetransport läuft in Richtung Gehirn sowie Peripherie und versorgt den Körper mit Energie. Die überschüssige Energie, wird zurück zur Leber und weiter in die Speicher geleitet (Elmalfda, 2019).

Das Hormon Leptin wird vor allem in den weißen Fettzellen gebildet. Weißes Fettgewebe dient als Energiespeicher und Wärmeschutz für den Körper. Das Ausmaß von im Blut zirkulierenden Leptin signalisiert den Füllstand der Fettzellen. Leptin wird von den Fettzellen sezerniert und wandert über den Blutkreislauf ins Gehirn (Lister et al., 2023). Im ventromedialen Hypothalamus befinden sich Rezeptoren, die das durch Leptin vermittelte Sättigungssignal empfangen. Ein hohes Leptinlevel im Blut signalisiert Sättigung. Diese Sättigungssignale werden vom Hypothalamus registriert und tragen in Folge zur Einstellung der Nahrungsaufnahme bei (Most & Redman, 2020; Rosenbaum et al., 2002).

Insulin spielt als Sättigungshormon eine wesentliche Rolle in der Nahrungsaufnahme.

Das Pankreas (Bauchspeicheldrüse) überwacht den Blutzuckerspiegel während der Nahrungsaufnahme und fördert die Ausschüttung von Insulin, welches als Transporter für Energie (Glucose) in die Zellen fungiert. Auf diese Weise wird die Zelle mit Energie versorgt. Verzeichnet der Hypothalamus hohe Mengen an Insulin, wird die Nahrungsaufnahme eingestellt (Dallman et al., 2005; Sominsky & Spencer, 2014).

Spätestens an dieser Stelle wird klar, warum z. B. ein großes Volumen an Salat zwar kurzfristig sensorische oder postingestionale Sättigung auslöst aber nicht zu anhaltender Sattheit führt. Eine nährstoffreiche Mahlzeit, die alle Nährstoffe in ausreichender Menge enthält, führt zu einer anhaltenden Sattheit und emotionaler Befriedigung. Einseitiges, vor allem protein- und kohlenhydratarmes Essen oder aber der Verzehr einer zu geringen Menge an Nahrung führen zu einem anhaltenden Bedürfnis zu essen.

2.1.3 Boundary-Modell des Essverhaltens

Herman und Polivy (1992) gehen in ihrem Boundary-Modell des Essverhaltens davon aus, dass sich das Essverhalten automatisch reguliert. Nach dem Modell können Hunger und Sättigung als Kontinuum betrachtet werden (▶ Abb. 2.4). Ein zunehmender Hunger kann zu unangenehmen oder gar schmerzenden körperlichen Folgen führen. Menschen sind nach dem Modell daher bestrebt, die extremen Pole Heißhunger sowie übermäßige Sattheit zu vermeiden und in einem angenehmen Wahrnehmungsbereich zu bleiben. Demnach besitzt jeder Mensch eine physiologische Grenze für Hunger und eine Art Grenze für Sättigung. Sobald die

Wahrnehmung die Grenze für Hunger überschreitet, löst dies einen Mangel bzw. einen inneren Druck aus, der zu einer Nahrungsaufnahme führt. Gleiches gilt für Sättigung. Menschen tendieren demnach dazu, unangenehme Körpergefühle wie Hunger oder Vollsein/Sättigung zu vermeiden, weshalb sich die Nahrungsaufnahme durch Aversion selbstständig reguliert. Zwischen den Grenzen liegt ein individueller Raum, in dem das Essverhalten durch individuelle, familiäre, emotionale, soziale oder kognitive Faktoren bestimmt wird.

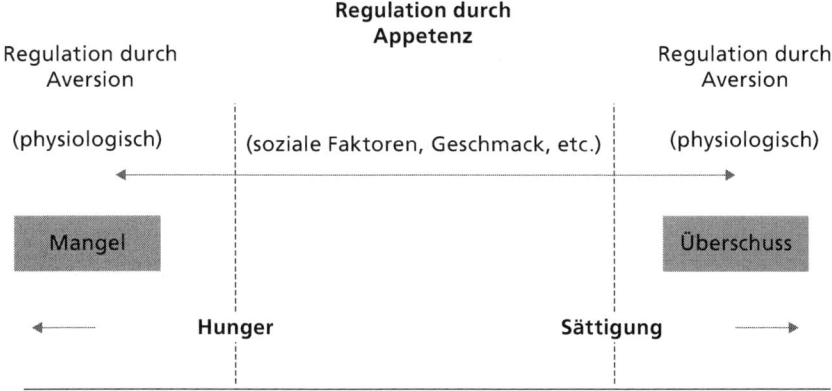

Abb. 2.4: Boundary-Modell des Essverhaltens angelehnt an Herman und Polivy (1992).

So ist es zum Beispiel bis zu einem gewissen Punkt möglich, Hunger wahrzunehmen und auszuhalten. Herman und Polivy gehen in ihrem Boundary-Modell des Essverhaltens davon aus, dass jeder Mensch eine andere Grenze für Hunger oder Sättigung aufweist. Außerdem kann die Grenze verschoben werden. Die Toleranz für Hungerwahrnehmung kann beispielsweise reduziert oder aber das Gefühl für Sättigung nach oben verschoben werden. Tatsächlich werden in der Praxis Menschen vorstellig, die Vollsein und Sättigung gleichsetzen. Dies hat zur Folge, dass es regelmäßig zu einem Überessen bis hin zu einem Völlegefühl kommt. In extremen Fällen kann dieses Völlegefühl ein Ausmaß erreichen, mit dem Bauchschmerzen verbunden sind.

Die jeweiligen Grenzen für Hunger und Sättigung sind individuell und unterliegen Lernprozessen (Pavlov, 1927; Pudel & Westenhöfer, 2003). So kann der regelmäßige Verzehr eines Frühstücks zu einem erlernten Hungergefühl führen. Wird täglich gegen 8 Uhr gefrühstückt, kann dies zu einer konditionierten Ausschüttung von Insulin führen, die einen Abfall des Blutzuckerspiegels nach sich zieht. Die Folge sind reduzierte Energieflüsse im Blut, was zu einer Aktivierung der Hungerkaskade führt. Die Aktivierung von physischen Hungersignalen wird dabei nicht durch einen Energiemangel ausgelöst, sondern durch eine Konditionierung (Pudel & Westenhöfer, 2003). Bei der klassischen Konditionierung wird ein ursprünglich neutraler Reiz (z. B. Uhrzeit) zum Auslöser für eine bestimmte Verhaltensweise oder Körpersignale (z. B. Hungersignale). Grundsätzlich ist eine derartige Konditionierung per se nicht als schlecht zu bewerten, da sie eine regelmäßige Mahlzeiteneinnahme fördern kann. Schlecht ist sie dann, wenn sie ungesunde Verhaltensweisen oder einen Leidensdruck nach sich zieht.

2.2 Äußere Einflüsse: Einflüsse aus der Entwicklungsgeschichte

Zu Beginn des Lebens sind vor allem innere Einflüsse für die Steuerung des Essverhaltens von Bedeutung. Im Laufe des Heranwachsens wird das Essverhalten zusätzlich durch äußere Einwirkungen beeinflusst. Hierzu zählen familiäre Einflüsse und Erziehung, Schönheits- oder Schlankheitsideale, der sozioökonomische Status, psychische Erkrankungen sowie Diskriminierung und Stigmatisierung. Auch Schlafmangel, physische Erkrankungen wie das Polycystische Ovarialsyndrom (PCO) (Moran et al., 2010), Hashimoto (Ostrowska, Gier & Zyśk, 2022) oder etwa Lipödem (Al-Wardat et al., 2022), ein Ungleichgewicht im Hormonhaushalt, Medikamenteneinnahme oder auch Stress beeinflussen das Essverhalten direkt oder indirekt (Dallmann et. al., 2005).

All diese Faktoren und Einflüsse können ein gesundes Essverhalten formen, ungesunde Essverhaltensweisen fördern oder zu der Entwicklung von Essstörungen beitragen. Auf den Einfluss von psychischen Erkrankungen auf das Essverhalten wird in ▶ Kap. 6.6 näher eingegangen.

2.2.1 Familiäre Einflüsse

Familiäre Einflüsse umfassen das Essverhalten der Eltern ebenso wie die Erziehungsstile in Punkto Essverhalten. Dabei scheinen die Erziehungsstile und Einflüsse innerhalb der Familie im Vergleich zu anderen Einflussfaktoren den stärksten Effekt auf das Essverhalten auszuüben. Sie prägen das kindliche Essverhalten und gelten damit als Prädiktoren für gesundes oder gestörtes Essverhalten im Erwachsenenalter (Birch et al., 2003; MacLean et al., 2017; Scaglioni et al., 2008).

In der Forschung konnten verschiedene Erziehungsstile und Einflüsse in Punkto Essverhalten beobachtet werden, die das Essverhalten von Kindern langfristig prägen (Allen et al., 2016). Dazu zählen Verhaltensweisen wie etwa die Kontrolle des Essverhaltens in Form von Zügelung oder aber in Form eines Drucks zur Nahrungsaufnahme, belohnende und instrumentalisierende Verhaltensweisen sowie Vorleben. Dabei konnte gezeigt werden, dass sich manche Erziehungsstile ungünstiger auf das kindliche Essverhalten auswirken als andere (Allen et al., 2016; Scaglioni et al., 2008).

Günstige Erziehungsstile

Es zeigt sich, dass Kinder von Eltern, die vielfältig essen und diese Vielfalt auch ihren Sprösslingen anbieten, tendenziell vielseitiger essen. Dies beruht auf Erfahrungslernen. Die Geschmacksknospen der Zunge interagieren über Fasern mit dem Geschmackskern (nucleus solitarius). Von hier aus führen die Nervenfasern des Geschmackskerns weiter zu diversen Gehirnregionen wie etwa dem Thalamus, dem Hypothalamus sowie zur Amygdala. Der Thalamus ist für die bewusste Verarbeitung von sensorischen Informationen zuständig. Der Hypothalamus kann als Zentrale in der Steuerung des Essverhaltens betrachtet werden, während die Amygdala eine besondere Rolle in der Abspeicherung und dem Abruf von emotionalen Erfahrungen einnimmt. Auf diese Weise werden ankommende Informationen von den Geschmacksknospen verarbeitet. Die Vernetzung zwischen Geschmacksknospen und diversen Gehirnarealen bildet die neurologische Grundlage für Erfahrungslernen (Konditionierungen). Geschmacksaversionen sowie Geschmackspräferenzen werden hier gelegt (Yamamoto & Ueji, 2011). Der frühe Kontakt mit Lebensmitteln scheint dabei einen großen Effekt auf die allgemeinen Geschmackspräferenzen auszuüben (Capaldi, 1992). Mit zunehmendem Alter lernen Kinder die Esserfahrung, wie etwa den Geschmack von Lebensmitteln, mit der wahrgenommenen Sättigung, den physiologischen Effekten oder dem Körpergefühl nach dem Essen zu kombinieren. Auf diese Weise wird ein zuvor neutraler Reiz (Geschmack) mit den Erfahrungen kombiniert. Es entsteht eine Konditionierung. Dieser Lernprozess wird als flavornutrient learning (Geschmack-Nährstoff-Lernen) bezeichnet (Capaldi, 1992; Myers, 2018; Yamamoto & Ueji, 2011). Bei dem Verzehr von Joghurt im Sommer beispielsweise wird der kühlende Effekt von Joghurt spürbar, was zu einer Speicherung der Erfahrung *Joghurt kühlt* führen kann. Ist diese Erfahrung erst einmal gemacht, ist es möglich, an heißen Tagen auf diese Lernerfahrung zurückzugreifen. Instinktiv wird im Sommer eventuell zu Joghurt gegriffen, während in Wintermonaten eher auf Speisen zurückgegriffen wird, die eine wärmende Wirkung haben. Eine Geschmackserfahrung, auf die eine starke Übelkeit folgt, führt in der Regel zu einer konditionierten Geschmacksaversion. Das Lebensmittel wird wahrscheinlich in Folge eher gemieden. Auf diese Weise lernen Kinder welche Lebensmittel ihnen guttun, welche ihnen nicht guttun und welche Wirkung gewisse Lebensmittel auf den Organismus haben. Ein intuitives Essverhalten entwickelt sich. Diese Lernerfahrung setzt ein Erfahrungslernen mit unterschiedlichen Lebensmitteln voraus (Capaldi, 1992).

Bis zu einem Alter von ca. 2 Jahren nehmen Säuglinge und Kinder bereitwillig neue Lebensmittel an (Scaglioni et al., 2008). Für Lebensmittel, die in dieser Phase angeboten werden, scheint sich in Folge eine Präferenz zu entwickeln. In einer Studie wurde Säuglingen eine zuckerhaltige Flüssigkeit zur Beruhigung verabreicht. Im Alter von 6 Monaten zeigen die Säuglinge, die Zuckerwasser zur Beruhigung erhalten hatten, eine Präferenz für Süßes. Bei den Säuglingen, die kein Zuckerwasser erhalten hatten, zeigte sich keine Präferenz für Süßes. Diese Effekte zeigten sich auch noch nach 2 Jahren, auch wenn die Gabe von Zuckerwasser gestoppt wurde (Beauchamp & Moran, 1982).

Allgemein scheinen Kinder süße und bekannte Lebensmittel zu bevorzugen. Unbekannte Lebensmittel werden zunehmend abgelehnt. Dabei wird ein Geschmack, der einem Geschmack ähnelt, der als positiv oder angenehm bewertet wird, ebenfalls als positiv bewertet, während ein Geschmack, der einem Geschmack ähnelt, der als negativ bewertet wird, ebenfalls abgelehnt wird (flavor flavor learning) (Capaldi, 1992).

Um die Bereitschaft zu erzeugen neue Lebensmittel zu verzehren, ist ein kontinuierliches Anbieten, also eine laufende Exposition mit unbekannten oder neuen Lebensmitteln, notwendig. In einer Studie aus dem Jahr 1982 mussten unbekannte Lebensmittel mehr als 10-mal angeboten werden, bis die Kinder eine Bereitschaft zeigten, die unbekannten Lebensmittel zu probieren (Birch & Marlin, 1982). Ein Effekt, der unter der Bezeichnung *Mere-Exposure-Effekt* bekannt wurde. Das mehrmalige (>10-mal) Anbieten von verschiedenen Speisen und Lebensmitteln kann demnach die Vielfalt im Lebensmittelreportoire der Kinder erhöhen (Capaldi, 1992; Westenhoefer, 2001).

Den stärksten und positivsten Effekt auf das kindliche Essverhalten scheint das Vorleben von gesunden Essverhaltensweisen zu haben. Essen Bezugspersonen vielfältig oder probieren neue Speisen aus, führt dies unter anderem dazu, dass tendenziell auch die Kinder mehr Lebensmittel probieren bzw. essen (Allen et al., 2016; Scaglioni et al., 2008).

Ungünstige Erziehungsstile

Oft gut gemeinte Verhaltensweisen, die Eltern einsetzen, um ihren Kindern ein gesundes Essverhalten zu vermitteln und sie zu lehren, wann, was und wie viel gegessen werden soll, nehmen Kindern Autonomie, reduzieren die Möglichkeiten zur Selbstkontrolle und fördern ein ungesundes Essverhalten. Als ungünstige Erziehungsstile gelten Restriktion von Lebensmitteln oder die Kontrolle von bestimmten Verzehrsmengen, das Erzeugen eines Drucks, um die Nahrungsaufnahme zu fördern sowie das Belohnen von Kindern mit Lebensmitteln.

Die Art, wie Eltern ihre Kinder ernähren, hängt vom Gewicht der Kinder ab: Eltern von laut BMI übergewichtigen Kindern oder Jugendlichen tendierten dazu, restriktive und überwachende Erziehungsmaßnahmen in Punkto Essverhalten einzuführen (Loth et al., 2013, 2014). Kontrollierende Ernährungsstile haben meist das Ziel, das Körpergewicht der Kinder zu reduzieren oder es konstant zu halten oder aber das Ernährungsverhalten gesundheitsförderlich zu beeinflussen. So begrenzen Eltern beispielsweise den Zugang zu Süßigkeiten oder energiereichen Lebensmitteln, um Kinder vor einer Gewichtszunahme zu bewahren. Diese, oft gut gemeinten Regeln zeigen langfristig jedoch keine Wirksamkeit in der Prävention von Hochgewicht oder etwa im Aufbau von Ernährungskompetenz (Allen et al., 2016).

Stattdessen zeigen Kinder, deren Süßigkeitenkonsum eingeschränkt wird, ein gezügeltes Essverhalten, ungesunde und zum Teil extreme Versuche, das Körpergewicht konstant zu halten und ungesunde Essverhaltensweisen (Birch et al., 2003; Houldcroft et al., 2014). Außerdem zeigt sich ein höheres Ausmaß an Gelegenheitsessen, Essen ohne Hunger sowie emotionalem Essen (Allen et al., 2016; Birch et al., 2003; Loth et al., 2014).

Aufgrund des ungesunden Essverhaltens steigt das Risiko der Kinder, hochgewichtig zu werden (Birch et al., 2003; Faith et al., 2004). Eine Studie aus dem Jahr 2003 beschäftigte sich mit dem Zusammenhang zwischen dem Gewicht und dem Essverhalten von Kindern (Birch et al.). Die Forscher konnten zeigen, dass Mädchen im Alter von 5 Jahren, die laut BMI übergewichtig waren und von den Bezugspersonen gezügelt wurden, im Alter von 9 Jahren mehr Überessen zeigten. Je stärker die Restriktion war, desto stärkeres Überessen fand statt. Das Ausmaß des Überessens steigerte sich dabei im Verlauf der Zeit (Birch et al., 2003). Restriktion wirkt sich demnach ungünstig auf Kinder aus, wobei die Effekte für hochgewichtige Mädchen (im Vergleich zu normgewichtigen Mädchen oder Jungs im Allgemeinen) am stärksten zu sein scheinen. Eine Studie konnte außerdem zeigen, dass die Art des Erziehungsstils unterschiedliche Reaktionen im kindlichen Gehirn provoziert (Allen et al., 2016). So zeigen Kinder, die restriktiv ernährt werden, eine Reaktion in Gehirnregionen, die auf visuelle Reize reagieren, wenn sie energiereiche Lebensmittel sehen. Diese Effekte zeigen sich sowohl bei dicken als auch bei schlanken Kindern. Kinder, die restriktiv erzogen werden, reagieren demnach stärker auf energiereiche Lebensmittel wie Süßigkeiten (Allen et al., 2016). Dies zeigt sich eventuell in einem höheren Verzehr von Süßigkeiten, sobald sich die Gelegenheit bietet (z. B. bei Geburtstagen) oder in einer allgemein höheren Nachfrage nach Süßigkeiten. Restriktive Erziehungsstile führen außerdem zu einer reduzierten Fähigkeit, angemessen auf Körpersignale wie Hunger oder Sättigung zu reagieren (Houldcroft et al., 2014).

Manchmal kommt es zu einer Kombination von kontrollierenden Verhaltensweisen, wobei Druck ausgeübt wird, um den Verzehr von Obst und Gemüse zu steigern (*pressure-to-eat*), während andere Lebensmittel gezügelt werden oder zum Einsatz kommen, um die Nahrungsaufnahme von Obst oder Gemüse zu belohnen (Loth et al., 2013). Verhaltensweisen wie diese steigern Nahrungsaufnahme von diesen Lebensmitteln kurz- bis mittelfristig. Langfristig zeigt sich jedoch eine Abneigung gegenüber diesen Lebensmitteln. Dabei zeigt sich, dass Kinder, diejenigen Lebensmittel, zu deren Verzehr sie angehalten wurden, in der Folge weniger verzehren (Houldcroft et al., 2014). Gleichzeitig wird die Sensitivität gegenüber verbotenen Lebensmitteln gefördert. Es kommt zu einem Anstieg im Verzehr von verbotenen oder limitierten Lebensmitteln. Außerdem wird die Nahrungsaufnahme ohne Vorhandensein von Hunger gefördert und die Fähigkeit zur autonomen Regulation der Nahrungsaufnahme beeinträchtigt (Scaglioni et al., 2008).

Auch das Beruhigen, Belohnen bzw. Bestrafen von Kindern anhand von Lebensmitteln zählt zu den ungünstigen Erziehungsstilen. Beim Belohnungslernen sollen erwünschte Verhaltensweisen verstärkt werden, während beim Bestrafungslernen unerwünschte Verhaltensweisen verhindert werden sollen:

- Verhaltensweisen werden durch angenehme Konsequenzen belohnt (positive Verstärkung): Lob und Anerkennung für eine Gewichtsabnahme oder restriktives Essverhalten bestärken restriktives Essverhalten. Oder aber Kinder erhalten besondere Aufmerksamkeit, weil sie plötzlich Sport machen, um Gewicht zu ver-

lieren. Tatsächlich gibt es Kinder oder Jugendliche, die Tablets oder Geld für das Übriglassen von Süßigkeiten erhalten.
- Verhaltensweisen werden durch das Ausbleiben von unangenehmen Konsequenzen belohnt (negative Verstärkung): Durch heimliches Essen können unangenehme Blicke oder Kommentare von Anderen vermieden werden, was zu einer Verstärkung des heimlichen Essens führt. Kinder beginnen beispielsweise, Süßigkeiten auf dem Weg von oder zur Schule zu kaufen und zu verzehren, um Moralpredigten zu Hause zu entgehen. Oder aber sie bezahlen Süßigkeiten mit ihrem eigenen Geld, damit die Eltern den Süßigkeitenkauf nicht auf der Rechnung entdecken können. Der Konsum wird zu einem angenehmen heimlichen Erlebnis.
- Unerwünschte Verhaltensweisen werden durch unangenehme Konsequenzen verhindert (positive Bestrafung): Kinder werden von ihren Eltern getadelt, weil sie zu viele Süßigkeiten essen oder sich eine zweite Portion holen. Sie beginnen in Folge beispielsweise am Familientisch absichtlich weniger zu essen, um das Tadeln zu umgehen. Essen in der Öffentlichkeit wird zu einem unangenehmen Erlebnis.
- Unerwünschte Verhaltensweisen werden durch das Ausbleiben angenehmer Konsequenzen verhindert (negative Bestrafung): Wenn das Gemüse nicht aufgegessen wird, darf auch keine Nachspeise gegessen werden oder Kinder werden etwa dazu gedrängt, stets den Brotbelag mit dem Brot, jedoch nicht ohne Brot zu essen.

Belohnungs- und Bestrafungslernen fördert restriktives und emotionsregulierendes Essverhalten in Kindern. Auch Kinder, die beispielsweise von ihren Eltern mit Keksen beruhigt wurden, zeigten ein höher ausgeprägtes emotionales Essverhalten (Allen et al., 2016; Blissett et al., 2010; Carper et al., 2000). 27 % der 5-jährigen Kinder sind bereits von emotionalem Essverhalten betroffen (Carper et al., 2000). Ein Erklärungsmodell stammt von Hilde Bruch, einer Expertin auf dem Gebiet der Essstörungen. Demnach lernen Kinder im Laufe des Heranwachsens, durch die Interaktion mit ihren Bezugspersonen, Emotionen oder Spannungszustände zu regulieren (Bruch & Touraine, 1940). In Beobachtungsexperimenten konnte Bruch beobachten, dass die Eltern unterschiedliche Zuwendungsreaktionen zeigten. So beobachtete sie Eltern, die mit unterschiedlichen Reaktionen auf das jeweilige Weinen ihrer Kinder reagierten. Sie umarmten ihre Kinder, sprachen mit ihnen oder gaben ihnen zu essen. Kinder von diesen Eltern, lernen unterschiedliche Strategien kennen, um auf ihre Spannungszustände zu reagieren. Andere Eltern wiederum reagierten stets gleich, wenn ihr Kind weinte: Sie boten ihnen Essen an. Jene Kinder zeigten auch im Entwicklungsverlauf ein höheres Körpergewicht als die Kinder der anderen Gruppe. Bruch ging davon aus, dass die Kinder sämtliche Spannungszustände als Hunger interpretieren, weshalb sie bei Vorhandensein von Spannung auch auf Essen als Bewältigungsstrategie zurückgreifen (Bruch, 2004). Diese Annahme wird von Studien gestützt, die einen Zusammenhang zwischen emotionsregulierenden Essverhalten der Eltern und dem emotionsregulierenden Essverhalten der Kinder zeigen (Allen et al., 2016; Blissett et al., 2010; Carper et al., 2000; Saltzman et al., 2016). Kinder können emotionsregulierendes Essverhalten demnach schon von Beginn an lernen.

2.2.2 Schönheits- und Schlankheitsideale (Körperbild)

Die Unzufriedenheit mit dem Körper oder dem Aussehen führt fast ausnahmslos zu Verhaltensmaßnahmen, um das Körpergewicht zu verändern (Westenhöfer, 2001; O'Hara & Taylor, 2018). Hierzu zählen gezügeltes Essverhalten, Gewichtskontrolle mittels Purging (Erbrechen) oder kompensatorische Maßnahmen. Eine Studie aus dem Jahr 2017 untersuchte 46 Studien auf ihren Zusammenhang zwischen Körperunzufriedenheit und ungesunden Verhaltensweisen. 45 Studien zeigen einen positiven Zusammenhang zwischen gezügeltem Essverhalten und einem negativen Körperbild (Shagar, 2017). Der Frauengesundheitsbericht 2022 liefert in Punkto Körperbild ebenfalls alarmierende Zahlen. Laut dem Bericht kann davon ausgegangen werden, dass rund 60 % der Frauen mit ihrem Körper unzufrieden sind (Gaiswinkler, Antony, Delcour, Pfabigan, Pichler, Wahl, 2023).

Eine Umfrage aus dem Jahr 2001 bei Schüler:innen im Alter zwischen 7 und 16 Jahren in Hamburg zeigte, dass die Unzufriedenheit mit dem Gewicht bereits im frühen Alter startet. So zeigen bereits Mädchen im Alter von 9 Jahren trotz Normgewicht eine hohe Unzufriedenheit mit ihrem Körper. Von 500 befragten Kindern gaben nur 48 % der Jungen und 36 % der Mädchen an, mit dem Körpergewicht zufrieden zu sein. 50 % der Mädchen gab an »zu dick« zu sein, wobei 47 % der Mädchen ein Normgewicht hatten (Westenhöfer, 2001).

Die HBCS 2022, die größte europäische Kinder- und Jugendstudie, untersucht Gesundheit, Gesundheitsverhalten und Körperbild bei Jugendlichen. Dabei wurden im Jahr 2022 insgesamt 7.099 Jugendliche befragt. Davon 3.659 Mädchen, 3302 Jungs, 43 divers und 95 ohne Geschlechtsangabe. Die Ergebnisse der Befragung zeigen eine steigende Unzufriedenheit mit dem eigenen Körper. 40 % der Mädchen geben an, sich viel zu dick zu fühlen. Insgesamt zeigte die Auswertung der BMI-Angaben jedoch nur einen Anteil von 17 % an hochgewichtigen oder gemäß BMI-Kategorie adipösen Mädchen. 23 % der Mädchen fühlen sich also »zu dick«, obwohl sie Normgewicht aufweisen (Felder-Puig, Rosemarie, Teutsch, Friedrich & Winkler, 2023).

Die zunehmende Unzufriedenheit mit dem Körper kann mitunter auf geltende Schlank- und Schönheitsideale zurückgeführt werden. Während das Internet sowie Social Media eine noch nie da gewesene Möglichkeit bieten, Menschen jeden Alters mit Informationen zu erreichen, hat dies auch seine Schattenseiten. Die Möglichkeit, sich selbst oder den eigenen Körper mit anderen zu vergleichen, hat mit Social Media einen Höhepunkt erreicht. Besonders deutlich wurde dies während der Corona-Pandemie. Statt sozialer Kontakte, griffen Menschen auf digitale Medien und Social Media zurück, was massive Auswirkungen auf das Essverhalten nach sich zog. Binnen kurzer Zeit wurde eine höhere Anzahl an Menschen mit Essstörungen verzeichnet (Devoe et al., 2023). Dies ist unter anderem auf die ständigen Vergleiche im Netz sowie auf die Verbreitung von Ernährungswissen seitens Personen ohne Fachausbildung zurückzuführen. Die Autoren Beopple und Thompson (2013) untersuchten dazu 21 »healthy living«-Blogs auf ihre Inhalte. 5 Blogger:innen hatten nach einigen Angaben eine Essstörung, 7 berichteten in ihren Blogs von Problemen in Zusammenhang mit Zyklus oder Fruchtbarkeit, 11 Blogs enthielten Texte, in denen das schlechte Gewissen nach dem Essen thematisiert wurde. und einige Blogeinträge und »Über mich«-Seiten lieferten Hinweise auf ein ungesundes Essverhalten bzw. ein negatives Körperbild. Gleichzeitig verbreiteten diese Personen Ernährungs-, Fitness und Abnehmtipps.

Neben den Peers und den sozialen Vergleichen scheint das familiäre Umfeld, insbesondere jedoch Mütter, einen großen Einfluss auf das Körperbild der Kinder zu haben. Nachdem insbesondere Frauen häufiger von Unzufriedenheit und Problemen mit dem eigenen Körper betroffen sind und Mütter ein Vorbild für ihre Töchter darstellen, scheint vor allem das Körperbild der Mütter einen bedeutenden Einfluss auf die Entwicklung des Körperbildes der Töchter zu haben (Arroyo et al., 2017; Jones & Young, 2021). Hierbei spielen vor allem die Verherrlichung von Schönheitsidealen, Fat Talk, Abnehmvorhaben und restriktive Essverhaltensweisen sowie Einstellungen der Mütter eine besondere Rolle (Jones & Young, 2021).

Die Überzeugung, dass ein dünner Körper erstrebenswert und wünschenswert und damit von großer Wichtigkeit ist, wird als thin-idealization bezeichnet. Es zeigt sich, dass junge Frauen das gängige Schönheitsideal dazu heranziehen, um ihre eigene Position in der Gesellschaft zu evaluieren. Dünn zu sein, bedeutet oftmals liebenswert oder *gut genug* für andere Menschen oder die Gesellschaft zu sein. Dabei zeigt sich, dass die Verherrlichung von Schönheitsidealen einen Einfluss auf die thin-idealization der Töchter hat. Einen größeren Einfluss scheinen jedoch Fat Talks und gezügelte Essverhaltensweisen zu haben. Fat Talk bezeichnet Gesprächsinhalte, die sich auf die Unzufriedenheit mit dem Körper, dem Körpergewicht, dem Fettanteil oder der Körperform beziehen. Praktizieren Mütter Fat Talk und vergleichen damit ihren Körper mit anderen Körpern, scheint dies einen großen Einfluss auf die Töchter zu haben, sodass diese ebenfalls eine Unzufriedenheit mit dem eigenen Körper entwickeln. Anstatt mit Unzufriedenheiten adäquat umzugehen und diese zu bewältigen oder zu hinterfragen, lernen Töchter von ihren Müttern mit dem eigenen Körper unzufrieden zu sein und gezügelte Essverhaltensweisen zu praktizieren, um die Zufriedenheit mit dem Körper zu steigern (Jones & Young, 2021).

Auch zeigt sich, dass vor allem Mütter, die selbst Figur- und Gewichtssorgen oder etwa gezügeltes Essverhalten zeigen, eher dazu tendieren, das Essverhalten ihrer Töchter zu regulieren und ihre Töchter dazu motivieren, Gewicht zu verlieren. Auch Mütter, die dazu tendieren, das Gewicht ihrer Töchter zu beobachten oder Ängste haben, dass die Töchter im Laufe des Lebens Gewichtssorgen entwickeln, beginnen das Essverhalten der Töchter zu kontrollieren. Dabei zeigt sich, dass Töchter, deren Mütter das Essverhalten kontrollieren und beeinflussen, eine höhere Wahrscheinlichkeit aufweisen, ein gezügeltes Essverhalten zu entwickeln (Birch et al., 2001; Scaglioni et al., 2008; Shunk & Birch, 2004).

Beispiel

Vor einiger Zeit durfte ich mit einer Dame (38 Jahre) zusammenarbeiten, die als gezügelte Esserin zu beschreiben wäre. Seit ihrer Jugend steckt sie all ihre Hoffnungen in eine Diät nach der anderen. Als wir uns kennen lernten, hatte die Frau genug vom Diäthalten. Statt weniger Gewicht zu haben, waren all die Versuche in der Vergangenheit mehr als erfolglos. Stattdessen beschäftigte sie sich ständig mit Essen, hatte ein schlechtes Gewissen nach dem Essen und kämpfte tagtäglich mit ihrer inneren Unzufriedenheit. All dies war Auslöser für unsere Zusammenarbeit. Meine Klientin hatte mehrere Kinder, darunter eine Tochter, die zu dem damaligen Zeitpunkt 3 Jahre alt war. Sie gab sich außerordentliche Mühe, um ihrer Tochter ein gesundes Essverhalten zu vermitteln, um sie vor dem ständigen Diäthalten zu bewahren. Ihr war es wichtig, ihrer Tochter zu vermitteln, dass sie Gemüse essen musste und Süßigkeiten nur in einem geringen Ausmaß erlaubt waren. Eines Tages erschien sie mit einem traurigen Gesichtsausdruck zu unserem nächsten Termin. Als sie am Vortag in der Küche stand, kam ihre Tochter in den Raum und bat ihre Mutter wegzusehen. Sie tat, was ihre Tochter ihr aufgetragen hatte, lugte aber durch die Finger, die ihre Augen verdeckten, um zu beobachten, was ihre Tochter im Schilde führte. Was sie beobachtete, riss ihr das Herz aus der Brust. Das kleine liebenswerte Mädchen marschierte zum Küchentisch, auf dem sich noch vom Vorabend ein Teller mit Keksen befand. Sie nahm einen Keks, versteckte es unter ihrem Kleidchen und marschierte damit in ihr Zimmer. Für die Mutter war dies ein Schock. Sie wollte ihr Kind durch Essregeln vor einem ungünstigen Essverhalten bewahren. Stattdessen manövrierte sie ihre Tochter mitten hinein.

2.2.3 Sozioökonomischer Status

Der sozioökonomische Status wird häufig mit dem Essverhalten und Gewicht, insbesondere mit der Entstehung von Hochgewicht, in Verbindung gebracht. So wird beispielsweise angenommen, dass je niedriger der soziale Status einer Person ist, desto höher das Risiko dick zu werden. Menschen mit niedrigem sozioökonomischem Status wird eine geringere Gesundheitskompetenz zugeschrieben, die sich in ungesunden Lebensstilfaktoren wie unausgewogener oder einseitiger Ernährung oder aber auch mangelnder Bewegung niederschlägt. Auch sind Personen mit niedrigem sozioökonomischem Status häufig von einem schlechteren Zugang zu Gesundheitsversorgung betroffen. Diese Sichtweise auf den Zusammenhang zwischen Gesundheit und Essverhalten (oder Körpergewicht) konnte durchaus mehrfach in Studien aufgezeigt werden. Gleichzeitig ist diese Sichtweise auf den sozioökonomischen Status eine, die die Verantwortung für Gesundheitsverhalten fast ausschließlich der individuellen Person zuschreibt. Die Person ist damit für ihre Lebensgewohnheiten selbst verantwortlich (Hermann et al., 2022; B. Major et al., 2014; Puhl & Heuer, 2009; Rothblum, 1992). Damit wird impliziert, dass Personen mit Ernährungskompetenz schlank sein müssten und dass sich dicke Personen besser informieren oder verhalten müssten.

Während die individuelle Perspektive häufig in Gesundheitsdebatten diskutiert wird, fehlt die systemische Perspektive, die die gesellschaftlichen Auswirkungen auf Personen und ihr Verhalten erklärt, oftmals. Die Gesellschaft bestimmt, welchen Status eine Person in einem Kulturkreis einnimmt. In einer Kultur, die von Schönheits- und Schlankheitsidealen geprägt ist, gelten dicke oder fette Körper als nicht erstrebenswert. So werden dicke Menschen als faul, undiszipliniert, nicht compliant, krank und ungesund beschrieben. Es kommt zu zahlreichen Diskriminierungen und Stigmatisierungen. So ist es für dicke Menschen schwerer, einen höheren Bildungsabschluss zu erhalten, im Job aufzusteigen oder aber einen diskriminierungsfreien Zugang zu Gesundheitsversorgung zu erhalten (Hermann et al., 2022; B. Major et al., 2014; Puhl & Heuer, 2009; Rothblum, 1992). Eine Studie aus dem Jahr 2007 mit mehr als 2.800 Teilnehmer:innen konnte zeigen, dass hochgewichtige Personen eine höhere Wahrscheinlichkeit haben, am Arbeitsplatz diskriminiert zu werden. Dabei berichten stark hochgewichtige Personen 100-mal häufiger von Diskriminierungen am Arbeitsplatz im Vergleich zu schlanken Personen. Frauen zeigen dabei eine höhere Wahrscheinlichkeit von Diskriminierungen betroffen zu sein als Männer (Roehling et al., 2007). Ähnliche Daten zeigen sich auch im Ausbildungskontext. Laut BMI adipöse Schüler:innen sind häufiger von Gewichtsstigmata durch Lehrer, Kolleg:innen oder auch Eltern betroffen. Einige Studien zeigen, dass laut BMI adipöse Personen seltener einen höheren Bildungsabschluss erhalten oder das College besuchen (Crosnoe, 2007; Crosnoe & Muller, 2004; Karnehed et al., 2006). Für diese Erkenntnisse gibt es unterschiedliche Erklärungsmodelle. So wird beispielsweise argumentiert, dass dicke Schüler:innen von Lehrpersonen unterschätzt werden, weshalb sie nicht die gleichen Chancen bekommen wie laut BMI normgewichtige Schüler:innen. So zeigen Studien, dass laut BMI adipöse Schüler:innen eher als disziplinlos betrachtet werden, weshalb die Erwartungen an diese Schüler:innen niedriger ausfallen würden. In Folge trauen sich die Schüler:innen auch selbst weniger Leistung zu, was sich in Bewerbungen spiegeln könnte (Puhl & Heuer, 2009).

Dies wiederum hat einen Einfluss auf die mentale und körperliche Gesundheit und in Folge auf das Essverhalten. Die Auswirkung von Diskriminierung und Stigmatisierung auf das Essverhalten und die Gesundheit wird im weiteren Verlauf des Buches noch ausführlich besprochen (▶ Kap. 4).

2.3 Kognitive Einstellung

Das Essverhalten von Babys ist vor allem durch intuitive Selbstregulationsprozesse sowie durch intuitive Geschmackspräferenzen und Geschmacksaversionen dominiert. Diese intuitive Verhaltenssteuerung wird im Laufe des Heranwachsens durch Lernprozesse wie etwa das Erfahrungslernen (flavor flavor und flavor nutrient) sowie durch gesellschaftliche Faktoren beeinflusst. Die Interaktion aus Sozialisierung, Genetik und Erfahrung formt die Einstellung der Person, die sich im Laufe des Lebens entwickelt. Die resultierende kognitive Einstellung formt Denkstile und Verhaltensweisen. Diese Essverhaltensweisen und Denkstile lassen sich einem Esstyp zuordnen, welcher das Essverhalten auf dem Gesundheitskontinuum einordnet.

3 Kontinuum des Essverhaltens: Esstypen

Das Essverhalten einer Person kann einem Esstyp zugeordnet werden, der das Essverhalten auf einem Kontinuum mit den zwei Endpolen gesund und krank einordnet (▶ Abb. 3.1). Je mehr das Essverhalten auf dem Kontinuum nach rechts wandert, als desto ungesünder können die Essverhaltensweisen betrachtet werden. Wird der Cut-off (Diagnosegrenzwert) überschritten, ist das Essverhalten so ungesund, dass eine Essstörung diagnostiziert wird. Die jeweiligen Diagnosekritieren finden sich in den internationalen Klassifikationssystemen *Internationale statistische Klassifikation der Krankheiten und verwandter Gesundheitsprobleme* (ICD) und in dem *Diagnostischen und Statistischen Manual Psychischer Störungen* (DSM). Hierzu zählen laut ICD 11 Anorexia nervosa, Bulimia nervosa, Binge-Eating-Störung, vermeidend-restriktive Ernährungsstörung (ARFID), PICA, Ruminations- oder Regurgitationsstörungen, Sonstige näher bezeichnete Fütter- oder Essstörungen sowie Fütter- oder Essstörungen, nicht näher bezeichnet.

Personen mit einem gesunden Essverhalten werden heutzutage oftmals als intuitive Esser:innen bezeichnet. Sie haben einen leichten und natürlichen Zugang zu Ernährung, orientieren sich bei der Nahrungsaufnahme hauptsächlich an ihren Körpersignalen wie Hunger, Sättigung oder Verträglichkeit und greifen auf Nahrungsmittel zurück, die ihnen guttun (Tylka & Wilcox, 2006). Das Essverhalten kann als emotionskongruent beschrieben werden. Angenehme Emotionen führen dabei zu einer Förderung der Nahrungsaufnahme, während unangenehme Emotionen das Essverhalten hemmen (Macht, 2008). Intuitive Esser:innen machen sich während oder nach der Nahrungsaufnahme keine großen Gedanken über die verzehrte Energiemenge bzw. Kalorien (Boon et al., 2002). Essen wird meistens als genussvolles Erlebnis gesehen, wobei Essen keine übermäßige Bedeutung zugeschrieben wird. Intuitive Esser:innen essen meist vielfältig und integrieren in der Regel eine breite Palette an Lebensmitteln in ihren Speiseplan. Dabei liegt das Hauptaugenmerk bei der Auswahl von Lebensmitteln oftmals auf dem Geschmack und der Verträglichkeit.

Schränken sich Personen in ihrer Lebensmittelauswahl ein, haben ein schlechtes Gewissen nach dem Essen, leiden an Essdrang oder planen ihre Nahrungsauswahl akribisch, wandern sie auf dem Kontinuum nach rechts. Sie verändern ihr Essverhalten und entfernen sich zunehmend von ihrem natürlichen, intuitiven Essverhalten. Die Gründe dafür können vielfältig sein.

Verändern Personen ihre Essverhaltensweisen, mit dem Ziel das Körpergewicht zu reduzieren oder zumindest konstant zu halten, spricht man von einem gezügelten (restriktiven) Essverhalten (Macht, 2008). Während ca. 5–6 % der Menschen im Laufe ihres Lebens zumindest einmal an einer Essstörung erkranken, sind circa

3 Kontinuum des Essverhaltens: Esstypen

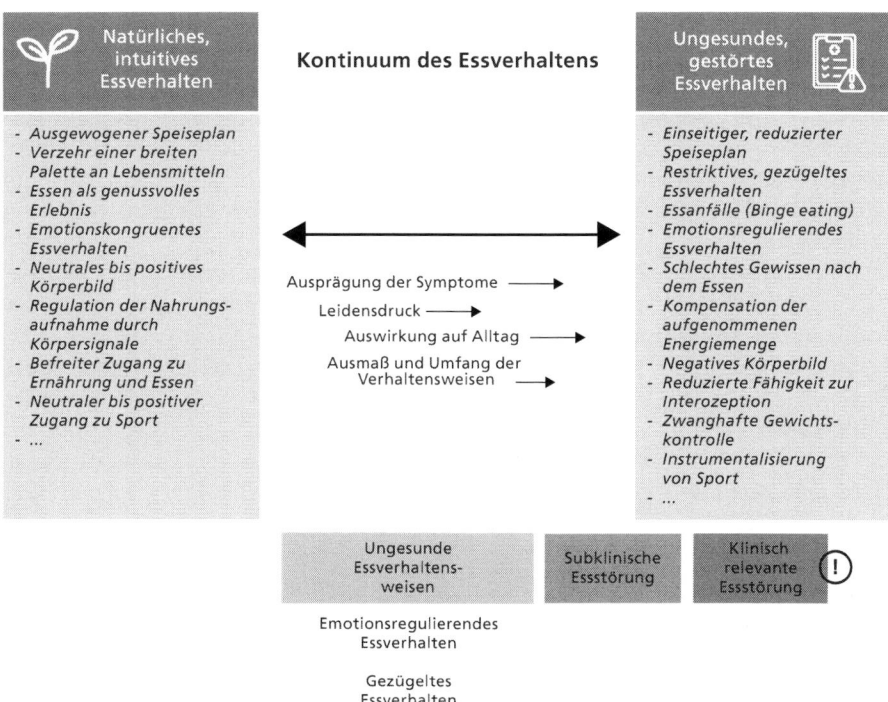

Abb. 3.1: Das Kontinuum des Essverhaltens von gesund (links) zu ungesund (rechts). Je weiter Personen auf dem Kontinuum nach rechts wandern, desto mehr nimmt das Ausmaß des ungesunden Essverhaltens, der Leidensdruck oder etwa die Einschränkungen im Alltag zu.

60 % der Menschen von einem ungesunden Essverhalten betroffen (de Ridder et al., 2014).

Emotionsregulierendes Essverhalten (mood control eating) bezeichnet ein Essverhalten, bei dem emotionale Auslöser (Trigger) zur Nahrungsaufnahme führen (Brytek-Matera, 2021). Essen nimmt dabei eine regulierende Funktion ein und hilft dabei Gefühle abzumildern. Dieses Essverhalten wird häufig auch als *Stressessen, Frustessen, Langweileessen, Beruhigungs-* oder *Belohnungsessen* (comfort eating) bezeichnet. Die Prävalenz von Essanfällen (Binge Eating) liegt in der Bevölkerung Schätzungen zufolge zwischen 7 % und 13 % (Burton & Abbott, 2019).

Die Prävalenz von ungesundem Essverhaltensweisen ist in der Bevölkerung damit deutlich höher als jene von Essstörungen. Dabei haben die Merkmale des Essverhaltens bei Betroffenen, den Cut-off-Wert für Essstörungen (noch) nicht überschritten. Man spricht von einem Essverhalten im nicht psychopathologischen Bereich (McCargar & McBurney, 1999).

Während Diagnosekriterien nach ICD sowie DSM dabei helfen, eine klinisch relevante Essstörung zu diagnostizieren, ist die Unterscheidung zwischen einem gesunden und ungesunden Essverhalten weniger eindeutig. Gezügeltes Essverhalten wird in unserer Gesellschaft gemeinhin als positive Persönlichkeitseigenschaft gesehen, die mit Eigenschaften wie zielstrebig, leistungsorientiert oder erfolgreich gleichgesetzt wird. Gewichtsverlust wird unabhängig von der auslösenden Ursache in den meisten Fällen beglückwünscht und als erstrebenswert betrachtet. Auch Menschen mit Essdrang scheinen oftmals keine entsprechende und adäquate Therapie zu erhalten (Agüera et al., 2021). Binge Eating geht nicht selten mit einem höheren Körpergewicht einher, weshalb der Fokus der Therapie meist auf dem Gewichtsmanagement und weniger in der Therapie des Essverhaltens liegt (van Strien, 2018).

Da ein ungesundes Essverhalten einen Prädiktor für Essstörungen darstellt, ist es von enormer Bedeutung, es rechtzeitig zu erkennen, zu hinterfragen und zu behandeln. Die Einordnung des Essverhaltens auf einem Kontinuum erlaubt das Erkennen von ungesunden Essverhaltensweisen und eine rechtzeitige Intervention.

Beispiel

Im Jahr 2022 durfte ich die Autorin und Podcasterin Beatrice Frasl für meinen Podcast Food Feelings interviewen. In dem Podcastinterview berichtete Beatrice Frasl von einer besonders schweren depressiven Episode, in der sie innerhalb kurzer Zeit eine große Menge an Körpergewicht verloren hatte. Sie konnte zu dem damaligen Zeitpunkt weder einkaufen gehen, noch kochen oder sich selbst mit Mahlzeiten versorgen. Als es ihr besser ging, nahm sie an einer Feier teil, wo sie für den durch die starke depressive Episode verursachten Gewichtsverlust bejubelt und beglückwünscht wurde. Nicht im Entferntesten wurde daran gedacht, dass ein derartiger Gewichtsverlust ein negatives Zeichen sein konnte.

Das Beispiel zeigt, wie positiv und erstrebenswert Gewichtsverlust in unserer Gesellschaft gesehen wird. Durch die Verherrlichung von Gewichtsreduktion scheinen gezügelte Verhaltensweisen in unserer Gesellschaft so normal, dass ungesunde bis gestörte Essverhaltensweisen weder Freund:innen, Familie oder Gesundheitsfachkräften auffallen. Aus diesem Grund stehen vor allem das gezügelte Essverhalten sowie das emotionsregulierende Essverhalten im Fokus dieses Buches. Informationen zu Essstörungen finden interessierte Leser:innen in den zahlreichen einschlägigen Fachbüchern und Behandlungsmanualen.

3.1 Gezügeltes Essverhalten

Gezügeltes Essverhalten (restrained eating) beschreibt eine Verhaltensintention, bei der die Nahrungsaufnahme bewusst eingeschränkt wird. Ziel ist, das Körpergewicht zu reduzieren oder zumindest konstant zu halten. Verhaltensintention bedeutet in diesem Zusammenhang, dass die Definition von gezügeltem Essen nicht voraussetzt, dass auch tatsächlich eine Zügelung stattfindet. Tatsächlich gelingt es den meisten Menschen nicht, ihr Essverhalten langfristig zu zügeln. Kennzeichnend für das Essverhalten ist die kognitive Kontrolle und die Übersteuerung körperlicher Hunger- und Sättigungssignale.

Gezügelte Esser:innen verzichten auf energiereiche Nahrungsmittel, schränken deren Verzehr ein oder überwachen die Energieaufnahme. Die Gedanken kreisen sehr häufig um Essen und können dabei auch den Großteil des Tages einnehmen. Betroffene mit einem restriktiven Essverhalten werden oftmals von Schuldgefühlen nach der Nahrungsaufnahme geplagt und kompensieren die aufgenommene Energiemenge oftmals durch Fastentage oder Sport. Gezügelte Esser:innen haben nicht selten ein großes, jedoch oft oberflächliches Wissen im Bereich der Ernährungslehre. Die Ausprägung des gezügelten Essverhaltens kann von einer temporären Fastenphase bis hin zu einer subklinischen Essstörung reichen. Eine subklinische Essstörung bezeichnet Essverhaltensmuster, die den Alltag der betreffenden Person einschränken sowie einen Leidensdruck verursachen, jedoch nicht das Ausmaß erreichen, in dem eine Krankheit (Störung) diagnostiziert wird. Als Folge des gezügelten Essverhaltens entwickelt sich oftmals ein Kreislauf aus stark gezügelten Essensphasen, unterbrochen von Phasen des enthemmten bzw. emotionsregulierenden Essverhaltens (Johnson et al., 2012).

Gezügeltes Essverhalten wurde im Jahr 1950 durch Zufall entdeckt und erforscht. 1950 führte eine Forschergruppe rund um Angel Keys eine Studie durch, die den Nährstoffbedarf bei Menschen ermitteln sollte, der notwendig war, um sie nach einer Hungersnot adäquat zu versorgen. Eine Gruppe an freiwilligen Soldaten unterzog sich 18 Monate einem Experiment, das mehrere Phasen durchlief. Nachdem das Gewicht der Soldaten stabilisiert wurde, wurden sie einer Vielzahl an Tests unterzogen. Psychologische Tests wurden ebenso durchgeführt wie medizinische. Diese Tests wurden in regelmäßigen Abständen wiederholt, um den physischen sowie den psychischen Gesundheitszustand der Soldaten während der Studie zu überwachen. Die Soldaten bekamen Aufgaben zugeteilt, die sie während der Zeit des Experimentes erledigen sollten. In Phase zwei begann die Restriktion. Ziel war es, die Energieaufnahme Schritt für Schritt zu reduzieren, um herauszufinden, welche physischen und psychischen Folgen Hungersnot hatte und wie sich der Energie- sowie der Nährstoffmangel auswirkte. Besonders überraschend war, dass die mentalen Folgen in der Phase der Restriktion schlimmer waren als die physischen. Die Studienteilnehmer entwickelten seltsame Verhaltensmuster beim Essen. Manche schlangen das Essen in sich hinein, während andere sich mit ihrer Mahlzeit zurückzogen. Andere begannen Bilder von Speisen zu sammeln, sahen sich Kochbücher an oder beschäftigten sich wie besessen mit Essen. Die Gespräche und die Gedanken rund um Essen nahmen deutlich zu. Die Teilnehmer verloren das Interesse an Frauen sowie ihren Hobbys und manche entwickelten eine depressive Stimmungslage. In der Schlussphase der Studie wurden die Soldaten wieder zunehmend mit Energie versorgt, wobei der Energie- und Nährstoffbedarf dokumentiert wurde. Auch in dieser Phase zeigten sich starke Auffälligkeiten im Essverhalten der Teilnehmer. Die jungen Soldaten litten zum Teil unter Essattacken und hatten ständig das Gefühl, nicht genug zu bekommen. Einige der Studienteilnehmer nahmen nach Abschluss des Experimentes deutlich über das Ausgangsgewicht hinaus zu (Eckert et al., 2018).

Die Studienergebnisse von Keys waren bahnbrechend und spielen noch heute eine große Rolle für die Forschung im Zusammenhang mit Restriktion. Die Essverhaltensweisen, die Keys und sein Team während der Studie entdeckt hatten, konnten seither näher erforscht und in Restriktionsstudien repliziert werden. Menschen, die chronisch auf Diät sind, unterscheiden sich in ihrem Metabolismus, Verhalten, Kognitionen oder Emotionen, von jenen, die sich nicht zügeln (Polivy & Herman, 1987). Die Kombination von Verhaltensweisen und Kognitionen, die restriktive Esser:innen kennzeichnen, wird in der Fachliteratur mit dem Begriff *chronisches Diätsyndrom* zusammengefasst.

Zum chronischen Diätsyndrom zählen ein gezügeltes Essverhalten sowie ständige Gedanken rund um das Essen, Unzufriedenheit mit dem Körpergewicht oder der Körperform, Bewegung mit dem Zweck Energie zu verbrennen, Essanfälle oder etwa Gewichtsschwankungen sowie Gewichtszunahme.

Im Folgenden werden die einzelnen Verhaltensweisen und Kognitionen, die unter das chronische Diätsyndrom fallen, näher beleuchtet.

Hinweis

Die Begriffe gezügeltes Essverhalten und Diäten werden in diesem Buch synonym verwendet. Wenn in diesem Buch von Diäten gesprochen wird, dann sind damit alle möglichen Ernährungsformen gemeint, die das Ziel haben, das Körpergewicht zu reduzieren. Unabhängig davon, ob die Diät selbstständig durchgeführt wird oder Klient:innen durch Expert:innen begleitet werden. Damit zählen auch Lebensstilmodifikationsprogramme, die im klinischen Setting oder im Zuge von Präventionsprojekten durchgeführt werden, zu gezügeltem Essverhalten. Die im Folgenden beschriebenen Auswirkungen des gezügelten Essverhaltens sind die gleichen, unabhängig davon, ob eine Crash-Diät oder ein Programm zur Lebensstilmodifikation unter professioneller Begleitung absolviert wird. Lediglich das Ausmaß bzw. die Schwere der Folgen unterscheiden sich.

3.1.1 Das-letzte-Abendmahl-Effekt

Nach dem Entschluss das Essverhalten zu zügeln, folgen Betroffene oft dem Impuls, genau die Lebensmittel zu verzehren, die ab dem Start der Diät oder im Rahmen des neuen Lebensstils nicht mehr Teil des Speiseplans sein werden. Dieser Effekt wird als Das-letzte-Abendmahl (*last supper effect*) bezeichnet (Eldredge et al., 1994). Dahinter verbirgt sich der Gedanke, die Lebensmittel noch »ein letztes Mal« zu genießen und zu verzehren, bevor diesen entsagt wird. Sehr häufig führt dieses Verhalten zu einem Überessen an Speisen, die ab dem nächsten Tag verboten sind. Dabei handelt es sich hauptsächlich um hochkalorische Speisen. Eine antizipierte Restriktion führt demnach zu einer übermäßigen Nahrungsaufnahme, die zu einem unangenehmen Völlegefühl führen kann (Tronieri et al., 2018; Urbszat et al., 2002).

Der initiale Effekt von Abnehmvorhaben ist mit einer Zunahme im Körpergewicht assoziiert. In einer Studie mit 178 Versuchspersonen kam es bei 48,9 % der Versuchsteilnehmer:innen zu einer Gewichtszunahme von 1,15 % des Ausgangsgewichtes. Bei einem Körpergewicht von 90 Kilogramm kann alleine der beschriebene Effekt zu einer Gewichtszunahme von über einem Kilo führen. Um den Effekt auszulösen, wurden die Versuchsteilnehmer:innen 14 Tage vor Beginn der Lebensstilmodifikation auf die Phase der Gewichtsreduktion vorbereitet bzw. mit Informationen zur Intervention versorgt.

3.1.2 Kognitive Kontrolle

Zu Beginn einer Diätphase gestaltet sich das Einhalten von Diätregeln einfacher. *Verbotene* Lebensmittel werden zu Beginn der Zügelungsphase oftmals abgewertet. Das führt zu einer Reduktion ihres emotionalen Anreizes. Mit der Zeit verändert sich diese emotionale Bewertung. Der ihnen zugeschriebene Wert wird aufgewertet, wodurch ihr Verzehr einen immer stärker werdenden emotionalen Genussmoment verspricht. Verbote führen damit sozusagen zu einer Aufwertung von verbotenen Lebensmitteln (Urbszat et al., 2002). Der Drang ebendiese Lebensmittel zu essen steigt (Reaktanz). Daraus resultiert ein Wunsch (Verzehr) und ein Ziel (Abnehmen), die einander entgegenstehen. Der Konflikt zwischen dem Wunsch, die Speise zu verzehren und der Tatsache, dass dieses Verhalten der Zielerreichung im Wege steht, führt zu einer kognitiven Dissonanz (Stroebe et al., 2013). Kognitive Dissonanz ist ein als unangenehm erlebter Gefühlszustand, der innere Spannung auslöst. Um diesen Spannungszustand auszuhalten, wird ein hohes Ausmaß an Energie gefordert. Die Nahrungsaufnahme wird immer stärker durch rational festgelegte Regeln und Vorgaben bestimmt. Dies können beispielsweise Fastentage, eine bestimmte Anzahl von Mahlzeiten pro Tag oder etwa eine bestimmte, festgelegte Kalorienmenge sein. Zügelung setzt eine laufende Kontrolle und Überwachung des Essverhaltens und eine ständige Beschäftigung mit Essen voraus. Um den Spannungszustand zu reduzieren, wird oftmals versucht entsprechende Lebensmittel und Möglichkeiten diese zu verzehren, zu meiden. Nicht selten werden Verabredungen mit Freund:innen abgesagt, Speisepläne akribisch ausgearbeitet oder bis spät nachts vorgekocht.

Beispiel

Lana war 32 Jahre alt, als sie ihr neues Abnehmvorhaben startete. Die Low-Carb-Diät lief gut und auch das bevorstehende Ski- und Wellness-Wochenende in der Therme sollte die Diät nicht sabotieren. Als Lana im Hotel ankam, hatte sie riesengroßen Hunger. Es war 12.00 Uhr. Abendessen gab es erst ab 19.30 Uhr. Lana war erleichtert, als sie sah, dass das Hotel einen 14.00 Uhr Snack anbot. 2 volle Stunden fieberte sie auf den Nachmittagssnack hin. Als es endlich so weit war, sichtete Lana das Buffet: eine kleine Schüssel grüner Salat, verschiedenste Aufstriche und Brot – ganz viel Brot. Weder das Brot noch die Aufstriche entsprachen Lanas Low-Carb-Vorhaben. Das einzige grüne Licht gab es für den angebotenen Blattsalat. Lanas Magen krampfte sich vor Hunger zusammen, während ihr Freund sich genüsslich ein Stück Brot nach dem anderen auf den Teller lud.

Aus der kognitiven Kontrolle ergeben sich Vorgaben und Regeln, die meist nicht mit den Körpersignalen im Einklang stehen. So verzichten gezügelte Esser:innen zum Beispiel trotz des Vorhandenseins eines moderaten oder starken Hungergefühls auf eine Nahrungsaufnahme, wenn der Essensplan noch keine Nahrungsaufnahme vorsieht. Körpergefühle wie Hunger oder Sättigung werden mehr und mehr in den Hintergrund gedrängt und zu Gunsten des Ernährungsplans ignoriert. Mit der Zeit führt dies zu einer Verdrängung jener Signale, die eigentlich die Nahrungsaufnahme regulieren. Statt Hunger- oder Sättigungssignale differenziert wahrzunehmen, kommt es zu einer nachlassenden Sensitivität gegenüber der Körperwahrnehmung (▶ Abb. 3.2). Volker Pudel geht davon aus, dass Hungersignale konditioniert sind und gezügeltes Essverhalten zu einer Löschung der konditionierten Stimuli führt (Pudel & Westenhöfer, 2003). So kann das chronische Auslassen des Abendessens mit der Zeit zu einer verringerten Sensitivität gegenüber Hungersignalen führen. Viele Betroffene nehmen oftmals nur noch zwei Körperwahrnehmungen war: Heißhunger oder Völlegefühl (▶ Abb.3.2).

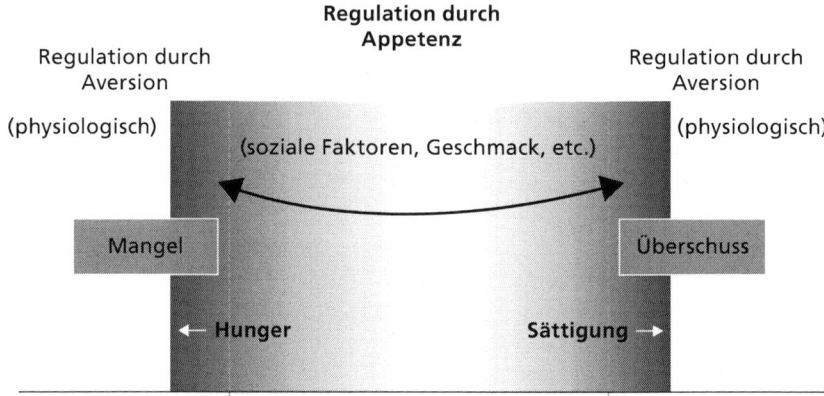

Abb. 3.2: Angelehnt an das Boundary-Modell des Essverhaltens nach Herman und Polivy, 1984. Die Grenzen für Hunger und Sättigung verschieben sich zunehmend nach außen. Die Wahrnehmung von Hunger und Sättigung erfolgt erst bei einer stärkeren Reizintensität. Hunger wird in Folge erst bei starkem Hunger wahrgenommen, während Sättigung erst bei einem Völlegefühl wahrgenommen wird. Dies hat unter anderem Auswirkungen auf die Essgeschwindigkeit oder gegessene Nahrungsmenge.

Bei einigen Menschen ist Heißhunger die einzige Hungerintensität, die wahrnehmbar ist (E. Martin et al., 2019). Eine Sättigungsstörung stellt sich ein. Herman und Polivy gehen in ihrem Boundary-Modell des Essverhaltens davon aus, dass jeder Mensch eine andere Grenze für Hunger oder Sättigung aufweist. Durch ständiges Diäthalten, bei dem beispielsweise die Hungerwahrnehmung verdrängt wird, kann die Toleranzgrenze gegenüber Hungersignalen verschoben werden. Gezügelte Esser:innen lernen demnach ein höheres Ausmaß an Hunger zu tolerieren (Pudel & Westenhöfer, 2003). Je mehr Körpersignale in den Hintergrund geraten, desto mehr geht das Gefühl für Portionsgrößen und Verzehrmengen verloren. Es entwickelt sich eine zunehmende Abhängigkeit von Regeln und Vorgaben (Herman & Polivy, 1983).

Damit einhergehend kommt es zu einer laufenden Überwachung und Bewertung des eigenen Ernährungsverhaltens, indem beispielsweise der Soll- und Ist-Zustand der verzehrten Energiemenge evaluiert wird. *Gute* Tage sind meist die, an denen die Pläne eingehalten werden konnten. *Schlechte* Tage sind die, an denen die Grenzen überschritten bzw. Pläne nicht eingehalten wurden. Für gezügelte Esser:innen spielt es dabei keine Rolle, ob die Kaloriengrenze um 5 kcal oder um 300 kcal überschritten wurde (Urbszat et al., 2002). Es gibt nur *gut* oder *schlecht*. Fällt der Tag in die Kategorie *schlecht* ist das Vorhaben für den entsprechenden Tag gescheitert. Die Gefahr zur Enthemmung des Essverhaltens steigt.

3.1.3 Disinhibition des Essverhaltens

Verhaltensänderung verläuft stets in unterschiedlichen Phasen, die aufeinander aufbauen und unterschiedliche motivationale Stadien einschließen (vgl. Transtheoretisches Modell von Prochaska & Di Clemente). Zu Beginn des Vorhabens ist die Motivation der Verhaltensänderung hoch. Im Fokus der Aufmerksamkeit stehen die Vorteile der Verhaltensänderung bzw. Verhaltensunterdrückung sowie die Vorteile des Verzichtes. Erste Erfolge bestärken und verschaffen einen weiteren Motivationsschub. Im weiteren Verlauf nimmt die Motivation zunehmend ab. Die laufende Planung und Beschäftigung mit dem Essverhalten erfordern ein hohes Maß an geistigen Ressourcen und Energie.

Je häufiger Betroffene bereits ein Abnehmvorhaben durchgeführt haben oder je länger das Diätvorhaben bereits umgesetzt wird, desto mehr nimmt die Störbarkeit des restriktiven Essverhaltens zu (Pudel & Westenhöfer, 2003). Eine hohe Störbarkeit bedeutet, dass das gezügelte Essverhalten mit Leichtigkeit durch situative oder emotionale Trigger außer Kraft gesetzt werden kann. Während gezügelte Esser:innen das Essverhalten bei ihrer ersten Diät kontrollieren, um abzunehmen, scheint es so, als würden sie sich später nach mehreren Abnehmversuchen zügeln, um Überessen und eine Gewichtszunahme zu verhindern. Gezügelte Esser:innen scheinen stärkeren hedonischen Hunger zu verspüren als zu Beginn der »Diätkarriere« (Lowe & Butryn, 2007). Der Anreiz verbotene Lebensmittel zu essen nimmt zu (Reaktanz). Es wird schwieriger die Zügelung aufrecht zu erhalten. Gezügelte Esser:innen benötigen an dieser Stelle ein hohes Ausmaß an (mentaler) Energie zur Einhaltung der Zügelung, zur Bewältigung bzw. dem Aushalten des stärker werdenden Zielkonflikts (Essen vs. Abnehmen) sowie der kognitiven Dissonanz (Stroebe, 2022; Stroebe et al., 2013).

Nach der Theorie der begrenzten Energiereserven des Gehirns, stehen dem Gehirn nur begrenzte Energiemengen für die Aufrechterhaltung der Kontrolle zur Verfügung (Stroebe et al., 2013). Sind die Energiereserven erschöpft, kann die Kontrolle nur mehr schwer aufrechterhalten werden (Boon et al., 2002; Herman & Polivy, 1984). Ein anstrengender Arbeitstag, der viel geistige Ressourcen benötigt, ein Konflikt, der Emotionen hochkommen lässt, aber auch schlichtweg Erschöpfung können das gesamte Kontrollsystem außer Kraft setzen (Herman & Polivy,

1984; Stroebe et al., 2013). Fällt die kognitive Kontrolle, gibt es keine Kontrollmechanismen mehr, die das gezügelte Essverhalten aufrechterhalten. Dem inneren Konflikt (goal conflict) kann nicht mehr Stand gehalten werden. Betroffene greifen zu denjenigen Lebensmitteln, die sie sich eigentlich verwehrt haben. Die Theorie der begrenzten Energiereserven des Gehirns erklärt, warum es tagsüber vergleichsweise einfach ist, zu verzichten und sich an Regeln zu halten, wohingegen es gegen Abend immer schwieriger wird, sich zu zügeln.

Wird die geplante Energiemenge absichtlich oder unabsichtlich überschritten, kommt es zu einer Enthemmung des Essverhaltens. Ein Gedanke, der von Patient:innen in diesem Zusammenhang häufig genannt wird, ist »*Jetzt ist es eh schon egal*«. Die Kontrolle fällt und gezügelte Esser:innen kippen in ein übermäßiges Essen von denjenigen Lebensmitteln, die als *ungesund* oder *verboten* gelten (Polivy & Herman, 2020; Urbszat et al., 2002). Dabei ist es irrelevant, in welchem Ausmaß die Kalorienvorgaben überschritten wurden. Schon ein Überschreiten von 10 Kalorien kann zu einer Enthemmung führen.

Die durch die Enthemmung entstehenden Essanfälle können umso stärker ausfallen, je mehr die zuvor festgesetzte Kaloriengrenze (real oder gedanklich) überschritten wurde (Herman & Mack, 1975). Auch ein starker oder leidvoller Verzicht, bei gleichzeitig ausbleibendem Erfolg, kann frustrieren und eine Kaskade an Kognitionen und Emotionen nach sich ziehen, die das Essverhalten enthemmen können. Die Enthemmung konnte bereits mehrfach in so genannten Pre-Load-Experimenten nachgewiesen werden (Martins et al., 2008).

Das Preload-Experiment von Herman & Mack (1975) war eines der ersten Experimente, die die Auswirkung von Nahrungsaufnahme auf das Essverhalten systematisch bei verschiedenen Typen von Esserinnen (gezügelt/nicht gezügelt) untersuchte. Untersucht wurden 45 Studentinnen. Ohne zu wissen, dass es sich bei dem Experiment um Essen drehen würde, nahmen 45 Studentinnen an der Untersuchung teil. Den Studienteilnehmerinnen wurde erklärt, dass es bei dem Experiment um die sensorischen Empfindungen beim Essen gehen würde, sowie die nachfolgende Auswirkung auf die Bewertung eines weiteren Geschmackserlebnisses. Auf Basis eines Fragebogens wurden die Teilnehmerinnen zu der Gruppe mit geringer Zügelung oder zu der Gruppe mit hoher Zügelung eingeteilt. In der ersten Phase des Experimentes bekamen die Teilnehmerinnen Milchshakes zur Geschmacksbeurteilung. Dabei wurden sie zu einer von 3 Versuchsbedingungen zugeteilt.

In der ersten Bedingung bekamen die Teilnehmerinnen keinen Milchshake zur Beurteilung, in der zweiten einen Schokoladen-Milchshake zur Beurteilung und in der dritten zwei Milchshakes (Schokolade und Erdbeere) zur Beurteilung. In Phase 2 des Experimentes erhielten die Studienteilnehmerinnen die Möglichkeit drei verschiedene Sorten Eis (Schokolade, Vanille und Erdbeere) zu verkosten und bezüglich ihrer sensorischen Qualität zu bewerten. Die Teilnehmerinnen wurden dabei instruiert, so viel von dem Eis essen zu dürfen, wie sie mochten, auch nachdem sie alle Sorten probiert hatten. In Wahrheit ermittelten die Forscher nicht die sensorische Qualität des Eises, sondern die gegessene Menge.

Die Ergebnisse zeigten, dass sich das Essverhalten zwischen gezügelten Esserinnen und natürlichen Esserinnen markant unterschied (▶ Abb. 3.3). Je mehr Milchshakes

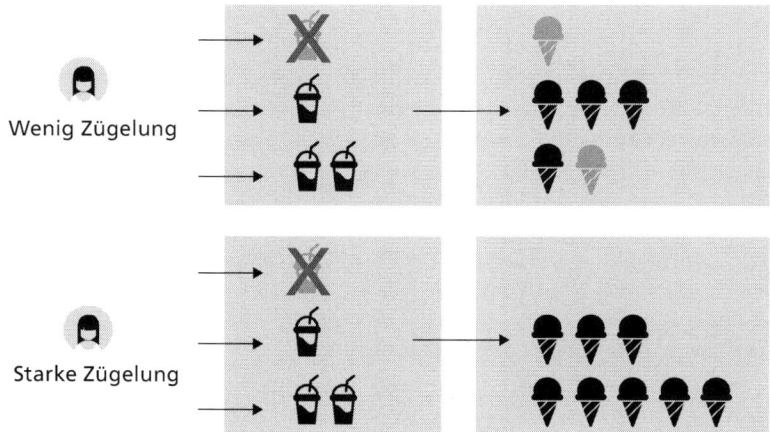

Abb. 3.3: Ergebnisse des Pre-Load-Experimentes. Gezügelte Esser:innen aßen mehr Eis als natürliche Esser:innen. Natürliche Esser:innen aßen weniger Eis, je mehr Shakes sie getrunken hatten. Bei gezügelten Esser:innen war es umgekehrt. Sie aßen mehr Eis, wenn sie mehr Shakes verzehrt hatten.

natürliche Esserinnen konsumierten, desto weniger Eis aßen sie in Folge. Sie waren schlichtweg gesättigt. Teilnehmerinnen mit gezügeltem Essverhalten verhielten sich genau gegenteilig. Je mehr Milchshakes sie zuvor verzehrt hatten, desto mehr Eis aßen sie. Die Autoren zeigten mit ihrer Studie, dass die kognitive Kontrolle des Essverhaltens bei gezügelten Esser:innen durch den Konsum von Nahrung zusammenzubrechen scheint. Diese Erkenntnisse wurden auch in weiteren Preload-Experimenten bestätigt (Hibscher & Herman, 1977; Polivy et al., 1988). Einige Studien zeigen jedoch auch nur signifikante Effekte, wenn der Preload als energiereich empfunden wurde (Polivy, 1976; Woody et al., 1981).

Auch alleine der Gedanke (nicht die Tatsache!), die vorgegebene Energiemenge überschritten zu haben oder in Zukunft zu überschreiten, kann ausreichen, um ein Überessen auszulösen. In einer Studie aus dem Jahr 2002 wurden Studienteilnehmer:innen zu einem Verkostungsexperiment mit anschließender Restriktionsdiät eingeladen (Urbszat et al.). Studienteilnehmer:innen wurden per Zufall auf eine Studien- oder eine Kontrollgruppe aufgeteilt, wobei zwischen restriktiven und nicht restriktiven Esser:innen unterschieden wurde. Allen Teilnehmer:innen wurde verkündet, dass sie einen Geschmackstest mit Keksen absolvieren würden. Einer der Studiengruppen wurde zusätzlich vermittelt, dass sie im Anschluss an die Verkostung mit einer restriktiven Diätphase starten würden. Hierzu wurden den Teilnehmer:innen alle Details zu der fiktiven Diätphase vermittelt: Was sie essen durften, was sie nicht essen durften und wie die Diätphase ablaufen würde. Im Anschluss startete die Keksverkostung, bei der die verzehrten Mengen analysiert wurden. Es zeigte sich, dass die Studienteilnehmer:innen mit restriktiven Essstil, die dachten, dass sie nach der Verkostung mit einer Restriktionsdiät starten würden, mehr Kekse verkosteten als die Teilnehmer:innen, die dachten, sie würden bei einem reinen Verkostungsexperiment teilnehmen (Urbszat et al., 2002).

Je mehr Diäten im Leben durchgeführt werden, desto kürzer scheint die Phase der Restriktion zu werden. So kann die Restriktion bei der ersten Diät ein Jahr oder länger aufrechterhalten werden, während gezügelte Esser:innen nach 20 Jahren *Diätkarriere* extreme Energie aufwenden müssen, um die Restriktion überhaupt einen Tag aufrecht erhalten zu können. Nicht selten entsteht ein wiederkehrendes Muster aus strenger Zügelung, gefolgt von Enthemmung, wobei die Phasen der Enthemmung über die Zeit länger und die Restriktion über die Zeit kürzer wird. Gezügeltes Essverhalten führt demnach auf lange Sicht nicht zu weniger, sondern zu mehr Gewicht (Restrained Theory nach Herman & Mack).

> **Abgrenzung Überessen und Enthemmung**
>
> Überessen meint ein Essverhalten, bei dem Personen unter einer Bedingung mehr essen, als sie es in der anderen Bedingung tun würden. Überessen ist ein Phänomen, das bei jedem Esstypus, auch bei natürlichen Esser:innen, vorkommt. Dieses Essverhalten ist typischerweise durch externe Reize oder Faktoren ausgelöst, wie dies beispielsweise im Zuge von seltenen Gelegenheiten oder zu besonderen Anlässen der Fall ist, wie etwa bei Geburtstagsfeiern, Weihnachtsfeiern, im Urlaub oder bei einem gemeinsamen Kochabend mit Freunden.
>
> Im Gegensatz dazu geht es bei der Enthemmung (Disinhibition) um eine Veränderung des Essverhaltens, die nur dann möglich ist, wenn vorher eine Zügelung (Hemmung) stattgefunden hat (Boon et al., 2002).

3.1.4 Essanfälle (Binge Eating)

Die Enthemmung des Essverhaltens führt in der Regel zu Binge Eating. Im Gegensatz zu der Binge-Eating-Störung werden unter Binge Eating subklinische Essanfälle verstanden. Der innere Drang, Lebensmittel zu verzehren, ist für Binge-Anfälle kennzeichnend. Auch Kontrollverlust, also das Gefühl keine Kontrolle über die Steuerung des eigenen Essverhaltens zu haben, wird häufig von Patient:innen berichtet.

2018 fand eine Follow-up-Erhebung mit 19 Teilnehmern des von Keys durchgeführten Semi-Starvation-Experimentes statt. Einige der Studienteilnehmer gaben an nach dem Experiment die Kontrolle über das Essen verloren zu haben. 6 Männer berichteten von Essanfällen und 11 Teilnehmer berichteten von Überessen. Die Männer beschrieben weitergegessen zu haben, obwohl sie bereits voll waren und andere berichteten davon, dass ein befriedigendes Gefühl nach dem Essen ausblieb, sodass sie weiter aßen (Eckert et al., 2018). Der BMI der Teilnehmer lag am Ende des Experimentes zwischen 14,9 und 18,6. Nach 33 Wochen lag der BMI zwischen 19,6 und 29,2. Während die Teilnehmer 25 % ihres Gewichtes in dem Experiment verlieren sollten, nahmen sie während des Re-Feedings bis zu 110–114 % des ursprünglichen Gewichtes zu. Einige Monate nach dem Start der Re-Feeding-Phase zeigten 10 von 14 Personen eine Normalisierung des Essverhaltens. Die aufgenommene Menge und der Essensfokus reduzierten sich zunehmend. Für einige

Teilnehmer dauerte es im Schnitt über 14 Monate, um zu ihrem ursprünglichen Gewicht zurückzukehren. Ein Mann benötigte 4–5 Jahre und 3 erreichten ihr Ausgangsgewicht nie wieder (Eckert et al., 2018). John Graham, einer der Studienteilnehmer des Minnesota Semi-Starvation- Experimentes von Keys, berichtete, dass er noch Jahre nach dem Ende der Studie unter Essanfällen litt und ständig Essen bei sich trug. Laut seiner Auskunft dauerte es mehrere Jahre, bis sich sein Essverhalten und sein Körpergewicht normalisierten (University of Minnesota School of Public Health, 2021).

In der Forschung konnte ein enger Zusammenhang zwischen gezügeltem Essverhalten und der Entwicklung des Binge Eating belegt werden (Field et al., 2004; Johnson et al., 2012; Kukk & Akkermann, 2020). Gezügeltes Essverhalten kann zu der Entwicklung von Binge Eating beitragen. Essverhalten mit solch einem Entwicklungsverlauf kann als diet-first-Typus bezeichnet werden (Haiman & Devlin, 1999). Gleichzeitig konnte auch der umgekehrte Mechanismus beobachtet werden. So kann Binge Eating zu gezügeltem Essverhalten führen. Hierbei wird gezügeltes Essverhalten als kompensatorische Maßnahme eingesetzt. Dieser Entwicklungsverlauf wird als binge-first-Typus bezeichnet.

Die Folge von Binge-Anfällen ist meist ein unangenehmes Völlegefühl sowie das Gefühl der Betäubung oder Energielosigkeit. Damit einhergehend verbinden viele Betroffene Essanfälle mit einem Loslassen der Kontrolle und den ständigen Gedanken rund ums Essen. Daher können Binge-Anfälle als Entlastung (*nicht mehr ankämpfen müssen*) von den ständigen Gedanken rund um Essen betrachtet werden (Johnson et al., 2012). Während Essanfälle von einem entlastenden Gefühl begleitet werden, stellt sich *nach* Essanfällen oftmals eine starke psychische Belastung durch Selbstabwertungen, negative Bewertungen des Verhaltens, Selbstkritik, Hoffnungslosigkeit oder etwa Frust ein.

Beispiel

Als ich Frau L. kennenlernte, hatte sie 30 Kilo mit Hilfe eines Abnehmprogrammes abgenommen. Nachdem dies ihr letzter, jedoch nicht ihr einziger Abnehmerfolg war, vereinbarte sie ein Erstgespräch in meiner Praxis. Sie erzählte mir von den vergangenen Abnehmvorhaben, wobei schnell ein klares Muster erkennbar war. Nach ihrer anfänglichen Erfolgsphase wurde das Aufrechterhalten der Diätregeln ihrer Beschreibung nach zunehmend schwerer. Es stellte sich immer mehr das Gefühl ein, dass sie etwas vom Leben versäumen würde. Geburtstagsfeiern, Essenseinladungen, Essen gehen und viele andere Aktivitäten sagte sie stets und über Monate hinweg ab. Anfänglich half ihr das dabei, ihre Diätregeln einzuhalten, doch mit der Zeit gesellte sich eine große Angst dazu. Jedes Mal, wenn sie beschlossen hatte, wieder mehr am Leben teilzuhaben und sich zum Essen gehen zu verabreden, setzte sich das gleiche Muster in Gange. Sobald sie ihre Zügel lockerließ, wie sie beschrieb, aß sie stets mehr. Als würde ein Teil in ihr die Kontrolle übernehmen und sich eine Speise, ein Lebensmittel nach dem nächsten in den Mund schieben. Dieses Verhalten setzte sich stets über die folgenden Tage fort. Aus einem schönen Abend wurde so oftmals eine ungehemmte Essphase, die sich über Tage oder Wochen zog. In diesen Phasen nahm sie innerhalb weniger Wochen entweder einen großen Teil oder das gesamte Gewicht wieder zu, welches ihr Monate an Zügelung und

Kraft gekostet hatten. Der einzige Ausweg, den die beruflich erfolgreiche Frau kannte, war sich in die nächste strikte Diät zu begeben. Als Frau L. vor mir saß, konnte ich ihre große Verzweiflung und Angst deutlich spüren. Sie fühlte sich gefangen zwischen einer massiven Angst wieder zuzunehmen und der Angst nicht am Leben teilzunehmen. Sie war gefangen zwischen Zügelung und Binge-Anfällen.

3.1.5 Adaptive Thermogenese

Die Theorie der Kalorienbilanz besagt, dass Körpergewicht/Körpergewichtsveränderung ein Resultat aus der Differenz von Kalorienzufuhr und Energieverbrauch ist. Die Theorie der negativen Kalorienbilanz besagt demnach, dass die Reduktion der aufgenommenen Energiemenge eine Gewichtsabnahme zur Folge hat.

Diese Annahme bildet die Basis für sämtliche Gewichtsreduktionsmaßnahmen. Was in der Theorie zu logisch klingt, um es in Frage zu stellen, zeigt sich in der Praxis wesentlich komplexer.

Bereits Keys wurde im Rahmen seines Experiments mit den Grenzen der Theorie konfrontiert. In der ersten Phase des Experimentes wurde der Energiebedarf ermittelt, der notwendig war, um das Gewicht der Soldaten konstant zu halten. Bereits in dieser Phase gab es Überraschungen, da der zuvor sorgfältig errechnete Energiebedarf bei einigen Soldaten nicht stimmte und eine Gewichtsabnahme zur Folge hatte. Dies zeigt auf, dass die Berechnung des Grund- sowie Leistungsumsatzes eine reine Theorie ist. Der reale Energiebedarf sowie Energieverbrauch des Körpers können mit Formeln oder derartigen Theorien nicht zuverlässig berechnet werden. Der Metabolismus wird von einer Vielzahl an Faktoren beeinflusst. Ein häufig unterschätzter Einflussfaktor ist gezügeltes Essverhalten. Gezügeltes Essverhalten führt zu einer Anpassungsreaktion der Thermogenese (Rosenbaum et al., 2008; Schwartz & Doucet, 2010; Tremblay et al., 2013; Vettor et al., 2020). Dabei folgt die Thermogenese einem Reiz-Reaktions-Muster. Wird die Energieaufnahme reduziert, wird dies vom Hypothalamus, der die Energieflüsse im Gehirn überwacht und lenkt, registriert. In weiterer Folge passt der Körper den Grundumsatz, also diejenige Energiemenge, die benötigt wird, um die Funktionen des Körpers aufrecht zu erhalten, an. Dies geschieht beispielsweise über Energieeinsparungsprozesse. Wird also weniger Energie aufgenommen, gibt der menschliche Körper auch weniger Energie aus. Das Ausmaß der adaptiven Thermogenese scheint proportional zum Ausmaß der Kalorienrestriktion zu sein (Schwartz & Doucet, 2010). So führen Energieeinsparungen von 500 kcal oder darunter zu geringeren thermogenetischen Anpassungen als stärkere Energieeinsparungen. Je intensiver oder restriktiver die Zügelung bzw. das Abnehmvorhaben ist, desto größere Stoffwechselanpassungen scheinen stattzufinden (Schwartz & Doucet, 2010). Diese metabolischen Veränderungen bleiben in der Regel auch nach Beendigung der Restriktion weiter bestehen. In Studien konnte gezeigt werden, dass die thermogenetischen Anpassungen noch bis zu 9 Jahre nach Ende der Zügelung nachweisbar waren (Rosenbaum et al., 2008).

Die Vorhersagen der Theorie der negativen Energiebilanz, nämlich dass eine Kalorienreduktion in jedem Fall zu einer Gewichtsabnahme führt, stimmen nur dann, wenn der Energieverbrauch des Körpers gleichbleiben würde. Dies ist jedoch nicht der Fall, da Reduktionsdiäten und Gewichtsverlust eine Einsparung im Energieverbrauch bewirken (Johannsen et al., 2012).

Die adaptive Thermogenese trägt ebenfalls dazu bei, dass nach einer Gewichtsabnahme Schwierigkeiten bestehen, das Gewicht zu halten. Eine folgende Gewichtszunahme wird begünstigt (Hollstein et al., 2019; Reinhardt et al., 2016). Die Veränderung des Energieverbrauches ist dabei ein komplexes und multifaktorielles Phänomen, das großen individuellen Unterschieden unterliegt (G. C. Major et al., 2007; Tremblay et al., 2013; Vettor et al., 2020).

Die Mechanismen, die für die Gewichtszunahme (*fat overshoot*) verantwortlich sind, scheinen unter anderem einem Ungleichgewicht zwischen dem Verhältnis von fettfreier Masse und Fettmasse zu unterliegen. Während der Diätphase kommt es zu einer Reduktion sowohl der Fettmasse als auch zu einer Reduktion der fettfreien Masse. Während einer Phase der Gewichtszunahme kommt es zu einem erneuten Aufbau der fettfreien Masse sowie der Fettmasse. Dabei wird so lange Fettmasse aufgebaut, bis das Level der fettfreien Masse dem ursprünglichen Level entspricht. Da sich die fettfreie Masse langsamer aufbaut als die Fettmasse, kommt es zu einem Überschuss an Fettmasse (Dulloo et al., 2012; Jacquet et al., 2020).

Der Effekt dürfte umso stärker sein, je größer der Gewichtsverlust vorher war. Bei wiederholtem Gewichtsschwankungen steigt so die Fettmasse im Verhältnis zur fettfreien Masse kontinuierlich an (Gaesser & Angadi, 2021).

Erklärt wird der Mechanismus anhand der Set-Point-Theorie. Nach der Theorie wird das Körpergewicht von Menschen zu einem großen Teil biologisch determiniert. Den bisherigen Forschungsergebnissen zufolge besteht ein genetisch festgelegtes Verhältnis zwischen Fettmasse und fettfreier Masse, das wiederum das Körpergewicht oder den Bereich, in dem sich das Gewicht einer Person befindet, vorgibt. Zwillingsstudien deuten darauf hin, dass die Vererbbarkeit des BMI bei 70 % oder darüber liegt (Lister et al., 2023; Silventoinen et al., 2016). Aktuell werden über 1000 Genloki mit dem Gewicht in Verbindung gebracht, wobei die Frage nach dem Kausalzusammenhang bis dato nicht geklärt ist (Yengo et al., 2018).

Der Set Point beschreibt damit eine Balance, die vom Körper kontrolliert und verteidigt wird Harris, 1990; Müller et al., 2010). Gäbe es keine solche Kontrollinstanz, würde jegliche Energieaufnahme oder jegliche Energierestriktion zu einer unmittelbaren Veränderung des Körpergewichtes führen. Dem ist jedoch nicht so. Über Energieeinsparungen oder Energieausgabe versucht der Körper den Ausgangszustand zu gut wie möglich aufrecht zu erhalten. Entsteht durch Abnehmvorhaben oder Gewichtszunahmen eine Dysbalance, versucht der Körper eine neue Balance herzustellen (Lister et al., 2023). Dies geschieht über Hormonprozesse.

Eine besondere Rolle dürfte in diesem Zusammenhang das Hormon Leptin einnehmen. Als Adipokin wird Leptin in den Fettzellen produziert und sezerniert. In Folge wandert es über den Blutkreislauf in das Gehirn, wo es registriert wird und als Sättigungshormon zu einer Einstellung der Nahrungsaufnahme führt. Die Konzentration des Hormons steht im Verhältnis zur Fettmasse. Daher wird Leptin als potenziell wichtiger Einflussfaktor der Änderung des Energieverbrauchs betrachtet (Redman et al., 2018). Durch eine Gewichtsabnahme im Zuge der Zügelung wird weniger Leptin sezerniert (Most & Redman, 2020). Die Abnahme des

Leptinspiegels im Blut führt auf diesem Wege zu Energieeinsparungen (Most & Redman, 2020). In einer Restriktionsstudie wurde die Auswirkung der Gewichtsreduktion auf den Leptinspiegel beobachtet. Im Rahmen der Diät sank der Leptinspiegel. Die Gabe von Leptin im Anschluss an die Restriktionsdiät steigerte den Energieverbrauch (Rosenbaum et al., 2002). Eine Reduktion der Fettmasse führt damit zu einem reduzierten Leptinspiegel und damit zu einem reduzierten Energieverbrauch, während eine Steigerung der Fettmasse den Leptinspiegel und den Energieverbrauch steigert.

Gleichzeitig scheint es zu einem Anstieg des Hormons Ghrelin zu kommen, welches für die Vermittlung von Hungersignalen zuständig ist. Wissenschaftliche Arbeiten liefern eine Evidenz dafür, dass das Ghrelinlevel nach einem Gewichtsverlust steigt und noch ein Jahr nach Ende der Studie erhöht ist (Rosenbaum et al., 2008). Damit könnten Ghrelin und Leptin eine wichtige Rolle in der Aufrechterhaltung und Verteidigung eines höheren Set Points innehaben (Rosenbaum et al., 2002; Zigman et al., 2016).

Das Körpergewicht, bei dem der Körper eine Balance erreicht, ist oftmals nach einer Diät höher als das Ausgangsgewicht. Der ursprüngliche Set Point wurde verändert und ein neuer Set Point hat sich eingestellt (▶ Abb. 3.4). Je öfter dieser Prozess stattfindet, desto höher ist die Wahrscheinlichkeit für weitere Gleichgewichtseinstellungen *(steady states)*. Daher wird in neuerer Fachliteratur nicht von einem Sollgewicht (Set Point), sondern von mehreren Sollgewichten (settling points) gesprochen (Müller et al., 2010).

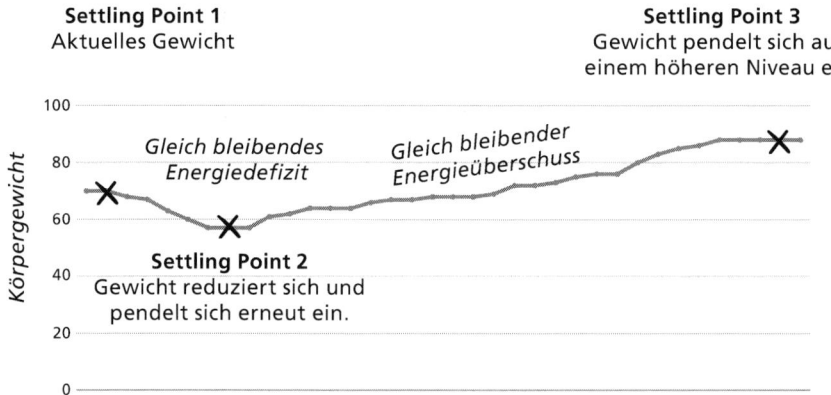

Abb. 3.4: Es besteht ein gewisser Settling Point (Ausgangsgewicht). Während einer Diät kommt es zu einer Gewichtsreduktion, wobei sich das Körpergewicht an einem gewissen Punkt erneut einpendelt (Settling Point 2). Das Körpergewicht ist stabil, bis es zu einem erneuten Ungleichgewicht zwischen Energieaufnahme und Energieverbraucht kommt und sich der Körper bei einem neuen Gewicht einpendelt (Settling Point 3).

Kommt es zu einem starken Überschuss an Fett, kann sich eine Leptinresistenz entwickeln. Entsprechende Level an Leptin, die zu einer Einstellung der Nahrungsaufnahme führen würden, sind im Blutkreislauf vorhanden, der Hypothalamus reagiert jedoch nicht mehr darauf.

Eine Studie aus dem Jahr 2012 begleitete Teilnehmer:innen eines intensiven Gewichtsreduktionsprogrammes, welches im Fernsehen übertragen wurde. Teilnehmer:innen wurden dazu angehalten, eine massiv kalorienreduzierte Diät durchzuführen, die jedoch nicht überwacht wurde. Zusätzlich wurden täglich mindestens 90 Minuten Sport durchgeführt, wobei die Teilnehmer:innen angehalten wurden, bis zu 3 Stunden Sport zusätzlich pro Tag zu treiben. Nach 30 Wochen konnte eine Reduktion des Ruheumsatzes im Ausmaß von ca. 789 kcal gemessen werden (Johannsen et al., 2012). Die fettfreie Masse reduzierte sich von im Schnitt 75,5 kg auf 64,4 kg (Johannsen et al., 2012). Statt ursprünglich 2607 kcal/Tag Ruheumsatz, zeigten die Teilnehmer:innen nur noch 1996 kcal/Tag Ruheumsatz. Einige der gemessenen metabolischen Werte (Glucose, Insulin, HOMA-Index) zeigten eine Verbesserung. Andere Werte, wie etwa Adiponectin, zeigten eine Verschlechterung (Johannsen et al., 2012).

Eine Follow-up-Erhebung nach 6 Jahren zeigte, dass der Ruheumsatz nach wie vor drastisch reduziert war. Er lag im Schnitt bei 1903 kcal und damit im Schnitt um 499 kcal/Tag niedriger als vor dem Abnehmprojekt. Zum Vergleich: Eine Frau mit 36 Jahren und 1,67 Meter Körpergröße, 67 kg und niedriger Aktivität hat einen Ruheenergiebedarf von ca. 1430 kcal/Tag. Die gleiche Person mit 120 kg hat einen Ruheumsatz von ca. 1938 kcal/Tag (Berechnung gemäß der Mifflin-St. Jeor-Formel).

Die Studienteilnehmer:innen verbrauchen demnach noch 6 Jahre nach der TV-Serie drastisch weniger Energie als vor dem Abnehmcamp. Außerdem hatten viele der Teilnehmer:innen ihr Ausgangsgewicht wieder erreicht. Die Glucoselevel lagen später im Schnitt bei 104,9 mg/dl (Baseline: 95,7 mg/dl), der HOMA-Index lag bei 3,6 (Baseline: 2,5), Leptin lag bei 27,68 ng/ml (Baseline: 41,14 ng/ml), Adiponektin (Hormon, beteiligt an der Regulation der Nahrungsaufnahme) lag bei 7,29 mg/ml (Baseline: 2,46) (Fothergill et al., 2016).

Zugegeben, die hier beschriebene Intervention mag extrem klingen und ein derartiges Vorgehen ist hoffentlich die Seltenheit und nicht die Regel. Dennoch zeigt uns die Interventionsstudie die massiven Effekte auf, die Abnehmvorhaben nach sich ziehen können. Die metabolischen Anpassungsprozesse finden darüber hinaus in jedem Fall statt, ungeachtet wie extrem oder milde die Abnehmvorhaben oder Lebensstilmodifikationen sein möchten. Schlichtweg das Ausmaß der Anpassungsprozesse ändert sich.

Veränderung der Wahrnehmung von Hunger und Sättigung

Durch gezügeltes Essverhalten verändert sich nicht nur das Körpergewicht, sondern auch diejenigen physiologischen Prozesse, die die Nahrungsaufnahme steuern. Das Boundary-Modell des Essverhaltens besagt, dass die Grenzen für Hunger durch restriktives Essverhalten verschoben werden. Gezügelte Esser:innen lernen ein höheres Level an Nahrungsdeprivation auszuhalten. Es ist mehr Hungerreiz notwendig, bis es zur Nahrungsaufnahme kommt. Gleichzeitig entwickelt sich eine höhere Sättigungsgrenze, die eine höhere Nahrungsaufnahme erlaubt (▶ Abb. 3.2). So besitzen gezügelte Esser:innen eine reduzierte Grenze für Hunger und eine höhere Grenze für Sättigung, was zu einem größeren Bereich zwischen den beiden Grenzen führt. Auf diese Weise können sich die Grenzen verschieben, und es kommt zu einem größeren Bereich zwischen den Grenzen (Herman & Polivy, 1984). Gezügelte Esser:innen nehmen damit häufig nur noch eine dichotome Hungerwahrnehmung mit den Gefühlen »extremer Hunger« und »Vollsein« wahr.

Durch eine Gewichtsabnahme im Zuge der Zügelung wird weniger Leptin sezerniert. Dies wirkt sich auf die Wahrnehmung der Sättigung aus. Gleichzeitig scheint es zu einem Anstieg des Hormons Ghrelin zu kommen, welches für die Vermittlung von Hungersignalen zuständig ist. Die erhöhten Hormonlevel von Ghrelin und die herabgesetzte Sensitivität gegenüber dem Hormon Leptin führen bei Betroffenen zu mehr Hunger und weniger Sättigung (Harrison et al., 2019).

Selbstwert und Körperbild

Der Selbstwert, also der Wert, den sich eine Person selbst zuschreibt, entsteht in Abhängigkeit von Vergleichen. Hierzu benötigt es einen bestimmten Lebensbereich, der als wichtig erachtet wird (z. B. das Aussehen), ein Standard, der als wichtig erachtet wird (z. B. Schlanksein), sowie der Vergleich des Selbst mit diesen Standards (z. B. Körpergewicht). Die Vergleiche mit und das Feedback von anderen stellen damit die Grundlage für die Ableitung des eigenen Selbstwertes dar (Neff, 2003; Schachinger, 2005). Nachdem diese Vergleiche in mehreren Lebensbereichen (z. B. Schule, Beruf, Beziehung, Soziales, Sport, ...) stattfinden, kann von unterschiedlichen Selbstwerten gesprochen werden, die zusammen den globalen (stabilen) Selbstwert bilden (Schachinger, 2005). Der globale Selbstwert ist ein relativ stabiler Wert. Er entwickelt sich durch Lernprozesse über die Zeit und kann als Summe aller Selbstbewertungen gesehen werden. Im Gegensatz dazu beschreibt der situative Selbstwert den Einfluss einer bestimmten Situation oder eines bestimmten Ereignisses auf den wahrgenommenen Selbstwert in einer bestimmten Situation (Rosenberg et al., 1995). So kann sich eine Person nach einer gelungenen Präsentation besonders gut und selbstbewusst fühlen, wobei sich der stabile Selbstwert durch diese Situation nicht verändert.

Abnehmvorhaben verlaufen in verschiedenen Phasen, die ihrerseits einen unterschiedlichen Einfluss auf das wahrgenommene Selbstwertgefühl haben können. In den ersten paar Wochen oder Monaten eines Abnehmvorhabens kann es zu einem Gewichtsverlust kommen. Dieser Gewichtsverlust wird als besonders positiv und bestärkend wahrgenommen. Gewichtsverlust oder ein geringes Körpergewicht wird mit Eigenschaften wie *diszipliniert, erfolgreich, zielstrebig, liebenswert* oder *intelligent* assoziiert, während ein hohes Körpergewicht eher mit *Disziplinlosigkeit* assoziiert ist (Harris & Smith, 1983; Larkin & Pines, 1979; Rothblum, 1992). Dem BMI nach adipöse Personen werden mehr negative Persönlichkeitseigenschaften zugeschrieben als dicken oder normgewichtigen Personen. Besonders spannend in dem Zusammenhang ist, dass Personen, die sich selbst als negativ beschreiben, auch andere dicke Personen negativer beschreiben (Carels et al., 2013). Durch den Gewichtsverlust werden die positiven Eigenschaften, die mit schlanken Menschen assoziiert werden, auf die eigene Person projiziert, was eine Veränderung des situativen Selbstwertes zur Folge haben kann. Durch den Gewichtsverlust fühlen sich Betroffene erfolgreich, zielstrebig oder liebenswerter als vorher. Es handelt sich um eine temporär begrenzte und situative Wertsteigerung des Selbst (Hofmann et al., 2014). Die wahrgenommene Steigerung des situativen Selbstwertes wird auf den Gewichtsverlust bezogen. Selbstkritik und Selbstabwertung bleiben aus. Es kommt zu einer Konditionierung, in Form einer negativen Verstärkung. Die Steigerung des Selbstwertes ist an den Gewichtsverlust, also an externe, situative Faktoren gebunden. Nicht die Person selbst, sondern der Gewichtsverlust (ergo die Diät) ist für die Steigerung des Selbstwertes zuständig. Damit ist die Wertsteigerung vom Körpergewicht abhängig. Daher sind viele gezügelte Esser:innen davon überzeugt, sich durch den Gewichtsverlust besser und wertvoller zu fühlen.

Nach der ersten markanten Gewichtsabnahme zeigt sich oftmals ein Gewichtsplateau bzw. ein Anstieg im Körpergewicht.

Mit der Zunahme im Körpergewicht kehren die negativen Bewertungen des Selbst und mit ihnen die Abwertung des Körpers zurück. Nun wandelt sich die Ursachenzuschreibung (Attribuierung) von außen nach innen. Personen machen nicht die Diät, sondern sich selbst für das Scheitern verantwortlich. Es kommt zu einer Reduktion der Selbstwertes. Gewichtszunahme wird als persönliches Versagen betrachtet und dies schlägt sich in der eigenen Beurteilung wieder. Auf diese Weise führen Diätvorhaben in der Regel langfristig zu einer Verstärkung der Selbstkritik und Selbstabwertung und in Folge zu einer Reduktion des globalen, stabilen Selbstwertes und einem schlechteren Körperbild (Ackard et al., 2002; Markey et al., 2023; Neumark-Sztainer et al., 2002; Paxton et al., 2006; Ricciardelli & McCabe, 2001; Ura & Preston, 2015; Urbszat et al., 2002). Diätvorhaben haben damit in der Regel einen positiven Einfluss auf den kurzfristigen situativen und einen negativen Einfluss auf den langfristigen stabilen Selbstwert.

In einer Studie aus dem Jahr 2002 wurde der Zusammenhang zwischen der Anzahl der durchgeführten Diäten über die Lebensspanne in Zusammenhang mit Selbstwert, Körperbild und Essverhaltensweisen an 345 Frauen untersucht (Ackard et al., 2002). Dabei wurden die Frauen in 4 Gruppen, je nach Anzahl der von ihnen durchgeführten Diätvorhaben, unterteilt: niemals, 1–5 Diäten, 6 oder mehr Diäten). Je mehr Diäten die Frauen unternommen hatten, desto schlechter war ihr Selbstwert und desto mehr nahm die Selbstkritik zu (Ackard et al., 2002). Hierfür verantwortlich sind mitunter negative gesellschaftliche Stereotype (z. B. *dicke Menschen sind undiszipliniert* oder *dicke Menschen haben sich nicht im Griff*), die von Betroffenen internalisiert werden (internalisierte Gewichtsstigmata) und so den Selbstwert beeinflussen. Eine Diät kann als Versuch gesehen werden, den negativen Bewertungen zu entkommen.

Mit zunehmenden Diäten entsteht zunehmend die innere Überzeugung, sehr schnell zuzunehmen. Alleine der Gedanke an den Verzehr von fettreichen oder verbotenen Lebensmitteln führt zu dem Gefühl, dicker zu sein, oder erzeugt das Gefühl, zugenommen zu haben (»*Ich nehme alleine zu, wenn ich die Schokolade nur ansehe!*«). Diese kognitiven Verzerrungen werden als *Thought-Shape Fusion* bezeichnet (Coelho et al., 2008; Shafran & Robinson, 2004). Sie finden sich nicht nur bei

Patien:innen mit Essstörungen, sondern auch bei gezügelten Esser:innen, wobei das Ausmaß oder die Intensität dieser kognitiven Verzerrungen auf dem Kontinuum Richtung Essstörungen zuzunehmen scheint. Thought-Shape Fusions führen zu Schuldgefühlen sowie Ängsten (Coelho et al., 2008).

3.1.6 Zusammenfassung

Gezügeltes Essverhalten, führt zu zahlreichen physischen und mentalen Anpassungsprozessen (▶ Abb. 3.5). Das Essverhalten wird zunehmend verkopfter, die Körpersignale treten in den Hintergrund, was zu einer veränderten Wahrnehmung von Hunger- oder Sättigungssignalen in Richtung Extrembereiche führt. Dies führt dazu, dass Betroffene das Gefühl für Portionsgrößen verlieren, weshalb sie wiederum auf der Suche nach konkreten Vorgaben und Richtlinien sind. Gleichzeitig kann es im Zuge des gezügelten Essverhaltens zu Binge-Anfällen kommen, die durch das Überschreiten der festgelegten Kaloriengrenze ausgelöst werden oder aber durch Emotionen eine Enthemmung des Essverhaltens stattfindet. Begleitet wird das gezügelte Essverhalten oftmals von Gewichtsschwankungen, die wiederum zu Selbstvorwürfen und einem negativen Körperbild führen.

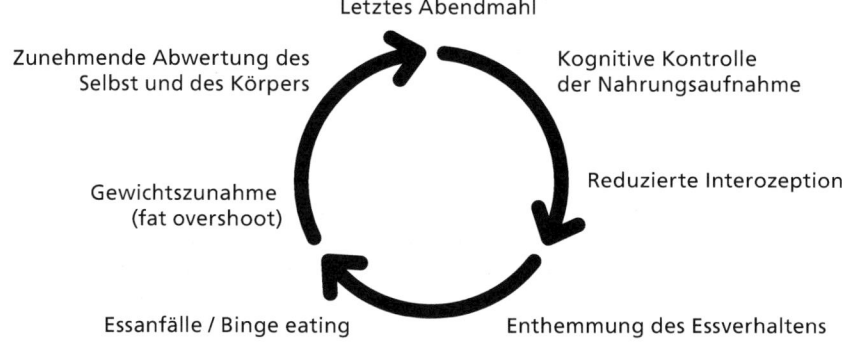

Abb. 3.5: Darstellung eines typischen Diätkreislaufes mit ihrem Beginn bei dem »letzten Abendmahl«.

Studien zeigen, dass die Folgeprobleme durch Diäten mit der Anzahl der durchgeführten Diäten zunehmen. Gezügeltes Essverhalten kann langfristig zu körperlichen und mentalen Folgeschäden und Erkrankungen führen. Die Auswirkungen umfassen das Essverhalten, das Körperbild, den Selbstwert, Stimmungslagen wie Niedergeschlagenheit, die Emotionsregulation oder das Bewegungsverhalten. So steht die Anzahl an durchgeführten Diäten in einem engen Zusammenhang mit Essstörungen wie Bulimia nervosa, Anorexia nervosa sowie der Binge-Eating-Störung Darüber hinaus entstehen mit der zunehmenden Häufigkeit von Abnehmvorhaben Schwierigkeiten, der Impulskontrolle sowie in zwischenmenschlichen Beziehungen zu vertrauen, eine Zunahme von sozialen Ängsten, eine Zunahme von unangenehmen Gefühlen sowie depressiven Symptomen. Außerdem kommt es zunehmend zu Problemen bei der Wahrnehmung, Differenzierung sowie der Regulation von Gefühlen (Ackard et al., 2002).

Gezügeltes Essverhalten führt also entgegen der allgemeinen Meinung häufig nicht zu einem gesünderen, sondern zu einem ungesunden Essverhalten, verminderter mentaler Gesundheit und Gewichtszunahme.

3.2 Emotionsregulierendes Essverhalten (Binge Eating)

Eine Emotion ist eine Reaktion auf einen bestimmten Auslöser. Sie umfasst 3 verschiedene Reaktionsebenen: Denkprozesse (z. B. *Das ist so grandios*), Gefühle (z. B. *Freude*) sowie körperliche Empfindungen (z. B. *innere Unruhe, Lächeln*). In der Emotionspsychologie werden zahlreiche Emotionen differenziert, wobei sieben universelle Haupt-Emotionsqualitäten unterschieden werden. Dazu gehören Freude, Ekel, Trauer, Ärger, Verachtung, Überraschung und Angst. Während die Stimmung eine langanhaltende Gefühlslage ist, die sich über die Zeit hinweg relativ stabil verhält (z. B. depressive oder fröhliche Stimmung), können Emotionen schnell entstehen und ebenso schnell abflachen. Die Grundstimmung eines Menschen wird demnach von situationsbedingten Emotionen (Gefühlen) unterbrochen.

Emotionen und Essverhalten beeinflussen sich wechselseitig (Macht, 2005). Dabei sind Emotionen für das Essverhalten äußerst wichtig. Ohne angenehme Emotionen gegenüber Speisen findet keine Nahrungsaufnahme statt. Demnach kann und muss Essverhalten immer als emotional bezeichnet werden. Dem gegenüber steht ein maladaptives emotionales Essverhalten als Reaktion auf Stress oder Belastungen. Um das maladaptive Essverhalten von dem durchaus normalen emotionalen Essverhalten abzugrenzen, wird in der Fachliteratur immer häufiger auf den Begriff emotionsregulierendes Essverhalten (*mood control eating*) oder Binge Eating zurückgegriffen.

Emotionsregulierendes Essverhalten oder Binge Eating beschreibt ein Essverhalten als Reaktion auf Anspannung bzw. unangenehme Emotionen. Dieses Essverhalten wird häufig auch als *Stressessen, Frustessen, Langweileessen, Beruhigungs-* oder *Belohnungsessen* (comfort eating) bezeichnet (Burton & Abbott, 2019). Emotionsregulierendes Essen tritt als eigenständiges Essverhalten auf, ist jedoch auch ein zentrales Symptom von Essstörungen wie der Bulimia nervosa, Anorexia nervosa – Purging type sowie der Binge-Eating-Störung. Essanfälle sind bei emotionsregulierendem Essverhalten in einem solchen Ausmaß vorhanden, dass sie als ungesundes Essverhalten bezeichnet werden können, aber entsprechen noch nicht dem Ausmaß oder Umfang, um als Krankheit (Binge-Eating-Störung) erfasst zu werden (Johnson et al., 2012).

Die bei Essanfällen verzehrte Energiemenge ist sehr variabel, sodass die verzehrte Menge kaum ein geeignetes Maß darstellt, um Essanfälle zu definieren. Bei Betroffenen von Anorexia nervosa werden beispielsweise Essanfälle im Umfang von wenigen hundert Kalorien beobachtet, während andere Personen pro Essanfall zwischen 1500–3000 Kalorien oder sogar mehr verzehren (Johnson et al., 2012). Das Essen verläuft dabei sehr mechanisch: Die Essgeschwindigkeit ist hoch, die Kautätigkeit gering, die Wahrnehmung des Geschmackes sekundär. Im Vordergrund steht schlichtweg zu essen. Außerdem sind Essanfälle nicht selten von einem dissoziativen Bewusstseinszustand begleitet. Patient:innen beschreiben oftmals während des Essens *neben sich zu stehen* oder *abwesend* zu sein. Bevorzugt werden meist fettreiche, zuckerhaltige sowie salzige Lebensmittel wie Chips, Schokolade oder Kekse (Müller et al., 2021). Durch das regelmäßige Überessen kommt es nicht selten zu einem unangenehmen Körpergefühl, einer Gewichtszunahme oder Selbstvorwürfen.

Binge-Anfälle können punktuell auftreten und sich auf einen Abend beschränken. Bei einigen Patient:innen zeigt sich ein fortlaufendes Binge-Eating-Muster über einen oder mehrere Tage. Darüber hinaus können sich Essanfälle über die Zeit steigern. So kann sich eine anfängliche Enthemmung des Essverhaltens zu Binge-Anfällen mit völligem Kontrollverlust entwickeln.

Das Vorhandensein von unangenehmen Emotionen, wie Ärger, Langweile, Traurigkeit oder Angst, aktiviert emotionsregulierendes Essverhalten. Da unangenehme Emotionen das Essverhalten in der Regel hemmen, nicht aber aktivieren, führte dies zur Erforschung von dahinterliegenden Denkmustern. Es konnte gezeigt werden, dass vor allem Situationen, die mit Selbstwertverlust (wie beispielsweise Scham, Selbstkritik, Selbstabwertung oder Versagensängsten) assoziiert sind, Essanfälle provozieren. So würde beispielsweise ein Denkmuster wie »*Ach Mist, jetzt habe ich den Bus versäumt*« vermutlich keinen Binge-Anfall aktivieren, während ein Denkmuster wie »*Ich bin eine Versagerin, ich schaffe es nicht einmal pünktlich zu sein*« sehr wohl einen Essanfall auslösen kann. Die Erkenntnisse darüber, dass nicht der Erregungszustand (Stress) per se für die Aktivierung der maladaptiven Essverhaltensweise verantwortlich ist, sondern den Emotionen zugrundeliegende Gedanken, Bewertungen, Kognitionen oder Glaubenssätze, ist für die Ableitung von therapeutischen Maßnahmen essentiell (Raspopow et al., 2010).

Darüber hinaus weisen emotionsregulierende Esser:innen grundsätzlich ein erhöhtes Erregungs- bzw. Spannungsniveau auf. In Folge reagieren sie allgemein emotionaler oder stärker auf Stressoren als nicht emotionsregulierende Esser:innen (Raspopow et al., 2010). In Folge können bereits Kleinigkeiten zu einem Überschreiten des *point of no returns* führen, wohingegen dies bei einem niedrigen Spannungsniveau nicht der Fall wäre. Der *point of no return* bezeichnet einen Punkt, an dem eine Person keine Kontrolle mehr über Gedanken und Verhalten hat. Eine Art Automatikmodus getrieben durch Emotionen läuft ab. Personen greifen auf diejenigen Strategien zurück, die in dem entsprechenden Moment verfügbar sind. Demnach liegt dem emotionsregulierendem Essverhalten eine gestörte Emotionsregulation zugrunde. Negativer Affekt kann aufgrund fehlender Strategien zur Emotionsregulation nicht angemessen reguliert werden, weshalb auf maladaptive Strategien zurückgegriffen wird (Brytek-Matera, 2021). Auch bei bulimischen Patient:innen, bei denen das Erbrechen eine emotionsregulierende Funktion einnimmt, zeigt sich eine Zunahme der Nahrungsaufnahme bei dem Vorhandensein von unangenehmen Emotionen und ein Sinken der Nahrungsaufnahme bei dem

Vorhandensein von angenehmen Emotionen (Meule et al., 2019). Dies unterstützt die Theorie/Annahme von Essen als Strategie zur Erregungs- und Emotionsregulation.

Burton und Abbott (2019) führen die Faktoren in ihrem integrated cognitive and behavioural model of binge eating zusammen (▶ Abb. 3.6). Demnach besitzen Personen ein negatives Konzept (Schema) über sich selbst. Dies wiederum führt zu der Präsenz von unangenehmen Emotionen, die aufgrund einer Schwäche in der Emotionsregulation nicht angemessen reguliert werden können. Von hier beschreiben die Autoren zwei Wege, die Binge Eating begünstigen: über gezügeltes Essverhalten oder aber über essensbezogene Gedanken (Glaubenssätze). Gezügeltes Essverhalten wird häufig als Versuch gesehen, den eigenen Selbstwert zu steigern. Gezügeltes Essverhalten wiederum fördert Essanfälle. Diese Art wird auch als diet-first-Typus bezeichnet (Haiman & Devlin, 1999). Der zweite Weg wird in der Literatur auch als binge-first-Typus bezeichnet. Im Vordergrund stehen essensbezogene Gedanken wie *etwa »Ich darf mich belohnen«, »Ich habe es verdient mich zu belohnen«, »Nach dem Essen fühle ich mich besser oder essen hilft mir«* (Burton & Abbott, 2019).

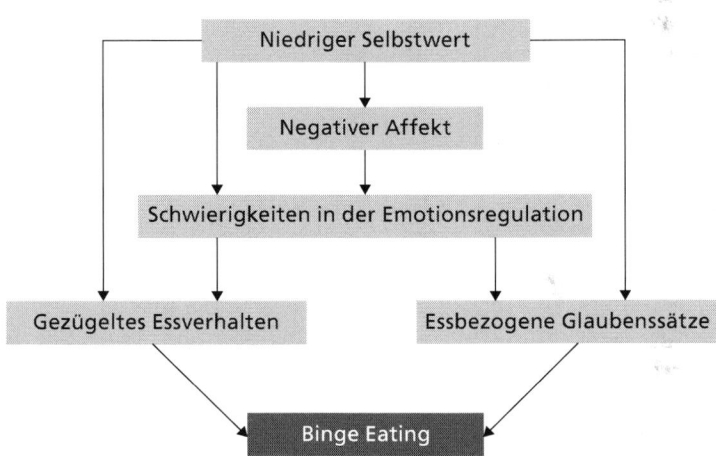

Abb. 3.6: Integrated cognitive and behavioural model of binge eating zur Entstehung von Binge Eating angelehnt an Burton & Abbott (2019).

3.2.1 Warum essen hilft: Die Theorie des emotionalen Essverhaltens

Das sympathische und parasympathische Nervensystem wirkt im Körper als Gegenspieler. Während das sympathische System zu einer Aktivierung führt, führt das parasympathische System zu Ruhe. Während einer Stressreaktion kommt es zu einer Aktivierung des sympathischen Systems. Eine Stressreaktion ist eine unspezifische Reaktion des Körpers auf jede an ihn gestellte Anforderung. Für das Körpersystem ist es völlig irrelevant, was den Stress ausgelöst hat, es reagiert immer gleich. Diskussionen mit Familienmitgliedern, eine bevorstehende Präsentation, Zeitdruck, Lärm ebenso wie Vergleiche mit anderen, Körperscham, Selbstzweifel, negative Selbstgespräche, Abwertung des Körpers, Diäthalten oder etwa Hunger – alles führt zu der gleichen (unspezifischen) Reaktion. Diese unspezifische Reaktion des Körpers umfasst eine Vielzahl unterschiedlichster Anpassungsreaktionen.

Als Zentrum der Stressreaktion kann das Gehirn gesehen werden. Die 3 wesentlichen Strukturen sind die folgenden:

- Der Hirnstamm steuert automatisierte, autonome Lebensfunktionen. Zu ihnen zählt die Atmung, der Herzschlag, die Muskelspannung, die periphere Körpertemperatur oder der Blutdruck. Im Rahmen einer Stressreaktion kommt es zu einer Anpassung der Atmung (schnell, flach), des Herzschlages (Anstieg der Herzfrequenz, Erhöhung des Blutdrucks) sowie zu einer Erhöhung der Muskelspannung, mit dem Ziel die Stressbelastung zu bewältigen. Außerdem kommt es zu einer Veränderung der Dünn- und Dickdarmmotilität, einer Veränderung der Energieversorgung des Verdauungstraktes oder etwa einer Verstärkung der Ösophaguskontraktion. Alles Reaktionen, die sich nicht mit einer Nahrungsaufnahme vereinbaren lassen (Desmet & Schifferstein, 2008; Gorard et al., 1996; Moser & Peter, 2017). Die Nahrungsaufnahme wird gehemmt. In Situationen, in denen man sich beispielsweise erschreckt, reagiert der Körper. Erst viel später wird analysiert, was das System aktiviert hat.
- Das limbische System setzt sich aus dem Thalamus, der Amygdala und dem Hypothalamus zusammen. Der Thalamus erstellt ein erstes grobes Screening der eintreffenden Informationen bzw. der Situation. In der Amygdala findet die Emotionsverarbeitung und -speicherung statt. Der Hypothalamus ist für die Steuerung des Hormonhaushaltes und der vegetativen Funktionen zuständig.
- Die Großhirnrinde ist für die bewusste Wahrnehmung und die damit einhergehenden kognitiven Prozesse zuständig. Die Analyse und Bewertung von Situationen finden hier statt. In akuten Stresssituationen wird die Großhirnrinde erst dann aktiviert, wenn die akute Stressreaktion abflacht und eine kognitive Nachbearbeitung und Einordnung der Situation stattfindet (Kaluza, 2018).

Evolutionstheoretisch dient die Stressreaktion dazu, Menschen auf zwei überlebenswichtige Reaktionen vorzubereiten: Kampf oder Flucht. Beide Antworten auf Stressoren erfordern eine gezielte Mobilisierung und Ausrichtung von Energie und Aufmerksamkeit. Dazu bedient sich unser Stresssystem zwei Stressachsen (Kaluza, 2018).

Die erste Stressachse (Sympathikus-Nebennierenmark-Achse) umfasst die Ausschüttung des Stresshormons Adrenalin und ist für das kurzfristige Stressmanagement zuständig. Die erste körperliche Reaktion wird über den im Hirnstamm angesiedelten blauen Kern ausgelöst. Die Nervenzellen des »blauen Kerns« produzieren den Botenstoff Noradrenalin. Noradrenalin aktiviert den Sympathikus, einen Nervenstrang des vegetativen Nervensystems, der für die körperliche Aktivierung zuständig ist. Auf diesem Wege werden durch Noradrenalin die körperliche Stressreaktion wie Erhöhung der Atem- und Herzfrequenz ausgelöst. Zusätzlich werden die Nebennieren stimuliert und das Nebennierenmark zur Ausschüttung des Stresshormons Adrenalin angeregt. Befinden wir uns außer Gefahr, wird die Stressreaktion zurückgefahren, der Körper beginnt sich zu erholen und das Adrenalin im Blut wird abgebaut (Kaluza, 2018).

Die zweite Stressachse (Hypothalamus-Hypophysen-Nebennieren-Achse) ist für das längerfristige Stressmanagement zuständig. Der Hypothalamus setzt das Cortikotropin-realeasing-Hormon (CRH) frei. Dieses Hormon sorgt über die Erregung der Hypophyse für die Freisetzung des adrenokortikotropen Hormons (ACTH). Infolge wird die Freisetzung des Stresshormons Cortisol aus der Nebennierenrinde veranlasst. Cortisol bereitet den Körper auf eine länger andauernde Stressbelastung vor. Nachdem das Gehirn laufend Signale aus dem Körper erhält (z. B. Cortisolspiegel im Blut), können diese wiederum ihrerseits Stressreaktionen im Gehirn anstoßen (z. B. weitere Ausschüttung von Cortisol). So besteht ein ständiger Kreislauf von Informationen, die in die Peripherie führen und Informationen, die von der Peripherie zum Gehirn gesendet werden (Kaluza, 2018; Sominsky & Spencer, 2014).

Während Adrenalin zu einer spürbaren Aktivierung führt, führt Cortisol zu einer scheinbaren Dämpfung des Stresssystems. Die Atmung beruhigt sich, die Muskelspannung geht zurück, die Herzfrequenz sinkt. Betroffene sind also aktiviert, spüren es jedoch nicht so deutlich, wie unter der Adrenalinwirkung.

Die durch die Stressreaktion aktivierte Ausschüttung des Glucocorticoids Cortisol führt seinerseits zu einer Kaskade an hormonellen Anpassungsprozessen, mit dem Ziel Energie zu sparen sowie weitere Energie zu mobilisieren (Sominsky & Spencer, 2014).

Cortisol führt zu einer herabgesetzten Sensibilität der Insulinrezeptoren und stimuliert gleichzeitig die Glucosefreisetzung im Körper. Der Glucosespiegel im Blut steigt an, die insulinabhängige Glucoseaufnahme in Muskel- und Fettgewebe ist jedoch limitiert. Auf diese Weise führen Stressbelastungen zu einem erhöhten Blutzuckerspiegel, wodurch Energie für den Körper sowie für das Gehirn verfügbar gemacht wird (Sominsky & Spencer, 2014).

Langanhaltende chronische Belastungen können auf diesem Wege zur Entwicklung einer Insulinresistenz beitragen: Die Zellen signalisieren einen Energiebedarf, was zur Ausschüttung von weiterem Insulin führt. Dennoch gelangt die Energie aufgrund der herabgesetzten Sensibilität nicht in die Zelle (Sominsky & Spencer, 2014). Erneut erhält der Hypothalamus die Information, dass Energiebedarf besteht, was zur Ausschüttung von weiterem Insulin führen würde. Der Hypothalamus reagiert jedoch irgendwann nicht mehr darauf, da genug Insulin im Körper zirkuliert. Es wird kein Insulin mehr abgesondert, Körperzellen können keine (oder zu wenig) Glucose mehr aufnehmen (Sominsky & Spencer, 2014). Der von Achim Peters beschriebene *Body Pull* wird aktiviert. Die Nahrungsaufnahme wird gefördert (Peters, 2011).

Auch dem Hormon Ghrelin kommt im Zuge der Stressreaktion eine besondere Bedeutung zu: So konnte beispielsweise zeigt werden, dass Fastenphasen zu einem massiven Anstieg des Hormons und zu einer Steigerung der Sensitivität der Ghrelinrezeptoren im Hypothalamus führen (Zigman et al., 2016). In diesem Zusammenhang scheint es einen Einfluss auf Energieeinsparung im Metabolismus auszuüben, wobei gleichzeitig der Appetit auf süße und fettreiche Lebensmittel angeregt wird. Außerdem fördert Ghrelin lustgesteuertes (hedonisches) Essverhalten. Ghrelin ist auf verschiedene Arten und Weisen dazu in der Lage, eine Veränderung im Blutzuckerspiegel auszulösen (Zigman et al., 2016). Ghrelin spielt eine wichtige Rolle im Schutz- und Verteidigungssystem des Körpers, das dabei hilft Lebensgefahren zu bewältigen. Daher wird Ghrelin auch als Überlebenshormon bezeichnet (Zigman et al., 2016).

Mehrere Studien an Ratten konnten zeigen, dass energiereiche Lebensmittel die Stressreaktion der Ratten unter chronischem Stress reduzieren konnten. In Folge zeigten die Ratten eine geringere Aktivierung der Stressachse der Hypothalamus-Hypophysen-Nebennierenrinde (HPA-Achse) sowie ein niedrigeres Basallevel des Hormons Cortisol (Dallman et al., 2005; Sominsky & Spencer, 2014).

Die Theorie des emotionalen Essens (*Escape Theory*) geht davon aus, dass hochkalorische Lebensmittel einen negativen Einfluss auf die HPA-Achse haben und so die Stressreaktion abmildern (Dallman et al., 2005; Sominsky & Spencer, 2014). Nach der Escape Theory kann das maladaptive Essverhalten demnach als eine Art SOS-Strategie des Organismus gesehen werden (Heatherton & Baumeister, 1991; Logan, 2015). Es wird davon ausgegangen, dass der Erregungszustand ein derart hohes Ausmaß erreicht, sodass es mit Hilfe der durch die Nahrungsaufnahme ausgeschütteten Hormone zu einer Gegenregulation kommt (Yan et al., 2018). Essen hilft dabei, die Stressreaktion abzumildern, indem Dopamin ausgeschüttet wird (Dallman et al., 2005; Sominsky & Spencer, 2014).

Eine Stressinduktion führt in der Regel zu einem Anstieg des Plasmalevels von Ghrelin sowie des Hormons Neuropeptid Y. Während der Nahrungsaufnahme reduziert sich das Ghrelinlevel um rund 20 % bei natürlichen Esser:innen, während sich bei emotionsregulierenden Esser:innen keine Veränderung des Ghrelinlevels nach der Nahrungsaufnahme zeigt (Cummings et al., 2002; Raspopow et al., 2010; Sominsky & Spencer, 2014). Dies deutet darauf hin, dass emotionsregulierende Esser:innen mehr Nahrung benötigen, um den stressinduzierten Ghrelinbedarf zu decken als nicht emotionsregulierende Esser:innen. Erste essen unter Stressbedingungen in Folge mehr. Die gleichen Effekte können bei Menschen nachgewiesen werden, die eine Binge-Eating-Störung aufweisen. Emotionsregulierende Esser:innen sowie Binge-Eating-Betroffene zeigen generell höhere Basallevel des Hungerhormons Ghrelin im Vergleich zu natürlichen Esser:innen (Cummings et al., 2002; Raspopow et al., 2010; Sominsky & Spencer, 2014).

Auch bei der Essstörung Anorexia nervosa ist das Level des Hormons erhöht, wobei in Fachkreisen vermutet wird, dass es hierbei um eine bedeutende Rolle in der Verteidigung des Lebens einnimmt. So wird aktuell davon ausgegangen, dass höhere Ghrelinlevel unter psychosozialem Stress wie etwa bei Depressionen oder Angststörungen eine beschützende Eigenschaft besitzen und so die Resilienz erhöhen. In Rattenversuchen konnte die antidepressive und angstlösende Wirkung von Ghrelin nachgewiesen werden. Es wird davon ausgegangen, dass Ghrelin auf diese Weise evolutionsbedingt dazu beigetragen hat, dass Menschen bzw. Tiere unter Nahrungsentzug oder bei schlechtem Befinden noch immer in der Lage waren, proaktiv weiterzuziehen, um Nahrung zu suchen. Damit übereinstimmend kann bei Menschen gezeigt werden, dass die Ghrelinlevel bei hochgewichtigen Personen sowie bei

Personen, die psychosozialen Stress, wie etwa mentalen Belastungen oder Diäten, ausgesetzt sind, erhöht sind. Bei hochgewichtigen Personen dürften diese Prozesse nicht wirken, da sie scheinbar nicht mehr auf die Effekte von Ghrelin reagieren (Zigman et al., 2016).

Gleichzeitig scheint es unter chronischer Stressbelastung zu einer herabgesetzten Sensibilität der Leptinrezeptoren zu kommen. Obwohl also Leptin im Blutkreislauf vorhanden wäre und Sättigung signalisiert, dringt das Signal nicht bis in die Gehirnstrukturen des Hypothalamus vor. Das Gehirn reagiert also nicht auf die Sättigungssignale des Hormons Leptin. Die Sättigung wird nicht wahrgenommen, was zu einer größeren Menge bei der Nahrungsaufnahme führt (Lister et al., 2023).

3.2.2 Reinforcement Sensitivity Theory

Die Reinforcement Sensitivity Theory (RST) ist eine psychologische Theorie, die die individuellen Unterschiede in der jeweiligen Reaktion auf Belohnungs- und Bestrafungsreize erklärt. Dabei geht die Theorie von verschiedenen Systemen aus, die das menschliche Verhalten steuern.

Das Behavioral Approach System (Verhaltensaktivierung, BAS) bezieht sich auf einen Teil des Gehirns, das für die Aktivierung und den Antrieb von Verhalten verantwortlich ist. Hierzu ist das BAS eng mit dem Belohnungssystem des Gehirns verbunden. Das BAS zeigt eine Aktivität, wenn eine Person positive Verstärkung oder positive Emotionen erlebt. Menschen mit einem starken BAS neigen dazu, auf Belohnungen (z. B. Lob, Anerkennung, Essen) empfindlicher zu reagieren. Sie zeigen eine erhöhte Aufmerksamkeit für Belohnungsreize und tendieren zu impulsiverem Verhalten.

Das Behavioral Inhibition System (Verhaltensunterdrückung, BIS) beschreibt ein biologisches System im Gehirn, das für die Erkennung und Reaktion auf potenzielle Strafen oder Bedrohungen verantwortlich ist. Das BIS ist eng mit dem Angstsystem des Gehirns verbunden. Es reagiert auf aversive Reize aus der Umwelt und ist darauf ausgerichtet, Verhalten zu hemmen oder zu vermeiden. Das BIS spielt eine wichtige Rolle bei der Wahrnehmung von Gefahren, der Risikoeinschätzung und der Aktivierung von Angst- und Vermeidungsreaktionen. Menschen mit einem stärkeren BIS neigen dazu, auf Bedrohungen oder Warnsignale empfindlicher zu reagieren. Sie zeigen eine erhöhte Aufmerksamkeit für negative Reize und haben möglicherweise eine größere Neigung zu Ängstlichkeit oder Angststörungen (Weydmann et al., 2022).

Laut der Reinforcement Sensitivity Theory sind die Systeme bei Menschen unterschiedlich ausgeprägt. Ihr Zusammenspiel, so die Theorie, beeinflusst das Verhalten, die emotionalen Reaktionen und die Persönlichkeit eines Individuums. In einer Studie wurden normgewichtige Personen, die unter Essanfällen litten, einer funktionellen Magnetresonanztomographie (fMRI) unterzogen, während sie verschiedene Aufgaben durchführten, die mit Impulsivität und Belohnungsverarbeitung in Zusammenhang stehen. Die Forscher analysierten dann die neuronalen Aktivitätsmuster während dieser Aufgaben und verglichen sie zwischen der Studien- und einer Kontrollgruppe mit normgewichtigen Teilnehmer:innen ohne Essanfälle.

Die Ergebnisse der Studie zeigen, dass die Gruppe mit Essanfällen im Vergleich zur Kontrollgruppe eine erhöhte Aktivität in bestimmten Gehirnregionen aufwies, die mit Impulsivität und Belohnungsverarbeitung in Verbindung gebracht werden. Insbesondere wurde eine erhöhte Aktivität im präfrontalen Kortex (Antizipation), im ventralen Striatum (Entstehung von Motivation und Glücksgefühlen) und in der Amygdala festgestellt (Oliva et al., 2019). Diese Ergebnisse deuten darauf hin, dass bei normgewichtigen Erwachsenen mit Essanfällen bestimmte Hirnregionen, die für die Impulskontrolle und die Verarbeitung von Belohnungsreizen wichtig sind, überaktiv sind. Dies unterstützt die Idee, dass impulsives Verhalten und eine gesteigerte Reaktion auf Belohnungsreize mit Essanfällen in Verbindung stehen können (Oliva et al., 2019).

Im Jahr 2022 untersuchte eine Überblicksarbeit den Zusammenhang zwischen der Theorie der Belohnungssensitivität und Essverhaltensweisen wie emotionsregulierendem Essverhalten oder Binge Eating (Sutton et al.). In die Überblicksarbeit flossen 19 einschlägige Studien ein. Die Ergebnisse der Metaanalyse unterstützen die Annahme, dass eine hohe Belohnungssensitivität mit entsprechenden Essverhaltensweisen einhergeht (Sutton et al., 2022). Menschen, die von Binge Eating, emotionsregulierendem Essverhalten oder der Binge-Eating-Störung betroffen sind, haben demnach eine höher ausgeprägtes BAS-System, was zu dem maladaptiven Essverhalten beiträgt.

Eine besondere Rolle spielt in diesem Zusammenhang das Dopaminsystem und die D2-Rezeptoren, die an der Regulierung der Nahrungsmittelbelohnung beteiligt sind. Bei Menschen mit Binge Eating wurde eine niedrigere Aktivität des Rezeptors nachgewiesen. In diesem Zusammenhang wird vermutet, dass das Binge-Essverhalten dabei hilft, die D2-Rezeptor-Schwäche zu kompensieren (Gearhardt et al., 2011; Wang et al., 2001). Die Frage, ob Binge Eating zu einer verminderten Sensitivität der D2-Rezeptoren führt oder ob Menschen mit einer geringen Anzahl an D2-Rezeptoren zu einem derartigen Essverhalten neigen, konnte bis dato noch nicht geklärt werden.

4 Körpergewicht und Gesundheit

Die Definition von Gesundheit und Krankheit unterliegt Gesundheitsparadigmen. Ein Gesundheitsparadigma ist eine Sammlung von Ideen, Konzepten, Werten und Überzeugungen, die zusammen das Fundament des Gesundheitssystems bilden. Ein Paradigma gibt vor, welche Forschungsfrage ausgewählt und formuliert wird, welche Methoden zur Erhebung in Frage kommen, welche statistischen Auswertungen durchgeführt werden, wie die Ergebnisse interpretiert werden, welche Gesundheitsmaßnahmen schlussendlich umgesetzt werden oder welche Gesundheitsinformationen in den Medien und der Bevölkerung verbreitet werden (O'Hara & Taylor, 2018).

Das aktuell geltende Gesundheitsparadigma besagt, dass die Gesundheit mit zunehmendem Gewicht abnimmt und eine Gesundheitsförderung über eine Reduktion des Körpergewichts erreichbar ist. Verhaltensänderung, so die häufige Annahme, wird immer von Gewichtsreduktion begleitet. Demnach umfassen viele Programme zur Förderung der Gesundheit gewichtszentrierte (z.B. Gewichtsreduktion im Ausmaß von 10% des Ausgangsgewichtes) und nicht verhaltenszentrierte Ziele (z.B. ausgewogene Mahlzeiten zusammenstellen können).

Dies äußert sich unter anderem darin, dass beispielsweise der Erfolg von Programmen zur Lebensstilmodifikation in der Regel anhand der erzielten Gewichtsreduktion gemessen wird. Nehmen die Teilnehmer:innen ab, war die Intervention erfolgreich. Neben sie nicht ab, waren sie ungeachtet der Verhaltensänderungen nicht erfolgreich. Ob die Betroffenen demnach mehr Sport treiben, sich vielfältiger ernähren oder ihre Hunger- oder Sättigungssignale spüren oder nicht, ist dabei meist nicht relevant für die Überprüfung der Zielerreichung, die anhand von handfesten Kennzahlen erfolgt. Oder anders ausgedrückt: Aktuell ist es für eine Versicherung oder ein staatliches Programm, welches Gesundheitsziele vorgibt, irrelevant, ob Menschen gesunde Verhaltensweisen entwickeln, wenn sich dies nicht in Form einer Gewichtsreduktion spiegelt.

Da die Manipulation des Körpergewichtes für die Erreichung von Gesundheit eine wichtige Rolle einnimmt, wird das in unserer Gesellschaft geltende Paradigma auch als gewichtszentriertes Gesundheitsparadigma bezeichnet.

Ein System, das davon ausgeht, dass dicke Menschen automatisch ungesünder/kränker sind als Dünne oder dass Gewichtreduktion *eine der wichtigsten* Gesundheitsinterventionen ist, kann als ein System bezeichnet werden, dass dicke Menschen stigmatisiert und diskriminiert (O'Hara & Taylor, 2018; Puhl & Heuer, 2009; Tomiyama et al., 2018). Und das hat zahlreiche Folgen für Betroffene.

Es kommt nicht nur zu einer gesellschaftlichen Abwertung von dicken Menschen, sondern auch zu einer Abwertung im Behandlungskontext, wo dicken

Menschen nicht immer die gleiche Gesundheitsversorgung zukommt wie schlanken Menschen (Puhl & Heuer, 2009). Einige Studien liefern dramatische Zahlen was die Gesundheitsversorgung von dicken/fetten Menschen betrifft. In einer Studie mit Diätolog:innen (Diätassistent:innen), die im Rahmen ihrer Ausbildung über die Entwicklung von Hochgewicht aufgeklärt werden, zeigte sich, dass 16 % der Befragten hohe Ausprägungen in Fettfeindlichkeit zeigen. Die anderen Teilnehmer:innen der Studie zeigten laut Fragebogen moderate Level an Fettfeindlichkeit. 71 bis 91 % der Teilnehmer:innen bewerteten dicke Personen als inaktiv, langsam, unsicher, unförmig, ohne Ausdauer, wenig selbstbewusst oder mit mangelnder Selbstkontrolle (Puhl & Heuer, 2009).

In einer Studie mit über 620 Allgemeinmediziner:innen bewerteten mehr als 50 % der Mediziner:innen laut BMI adipöse Personen als komisch, unattraktiv, hässlich und nicht compliant. 1/3 der Stichprobe beschrieb laut BMI adipöse Personen als willensschwach und faul. Die Ursache für das Gewicht wurde auf zu wenig Bewegung und Überessen zurückgeführt (Foster et al., 2003). Auch in einer anderen Studie mit über 600 Gesundheitsfachkräften wurde das Gewicht auf mangelnde Bewegung, Überessen, Esssucht und die Persönlichkeit zurückgeführt (Harvey & Hill, 2001). Ähnliche Bewertungen zeigen sich auch in der Population von Fitnesstrainer:innen oder Krankenschwestern und -pflegern (Puhl & Heuer, 2009). Untersuchungen an Personen mit einem hohen BMI zeigen, dass Fachkräfte die Zeit anders mit ihnen verbracht haben als mit schlankeren Personen. So haben Mediziner:innen laut Angaben der Patient:innen weniger Zeit für Psychoedukation verwendet (Bertakis & Azari, 2005).

Durch die Stigmatisierung dicker Menschen durch unsere Gesellschaft, aber auch durch Fachkräfte, werden Gesundheitsdienstleistungen weniger häufig von dicken/fetten Menschen in Anspruch genommen. Und dies kann wiederum verheerende Folgen nach sich ziehen. Im World Wide Web finden sich tragische Schicksalsberichte, bei denen beispielsweise Krebserkrankungen nicht festgestellt wurden oder Patient:innen mit äußerst stigmatisierenden Aussagen aus der Arztpraxis geschickt wurden. Tatsächlich geht Gewichtsdiskriminierung sogar mit einem 60 % erhöhtem Mortalitätsrisiko einher. Der Zusammenhang zwischen Gewichtsdiskriminierung und Mortalitätsrisiko ist dabei stärker als bei jeder anderen Form der Diskriminierung (Sutin et al., 2015).

Auch im Zusammenhang mit dem Essverhalten zeigen sich Folgen der Gewichtsstigmatisierung. In einem Laborexperiment konnte beispielsweise gezeigt werden, dass die verzehrte Essensmenge bei Frauen signifikant anstieg, wenn sie Zeitungsartikel lasen, die auf die durch das Körpergewicht verursachten sozialen und wirtschaftlichen Kosten hinwiesen (Major et al., 2014). Eine Überblicksarbeit im Jahr 2016 untersuchte die Beziehung zwischen Gewichtsstigmatisierung und Essverhalten. Die Ergebnisse der Literaturübersicht zeigen, dass Gewichtsstigmatisierung die Entwicklung von emotionalem Essen, enthemmtem Essen oder gezügeltem Essverhalten begünstigt (Vartanian & Porter, 2016). Dieses Essverhalten ist wiederum mit einem erhöhten Körpergewicht assoziiert.

Kinder, die von ihren Eltern als zu dick betrachtet werden, tendierten dazu, ungünstige Essverhaltensweisen zu entwickeln und zuzunehmen. Langzeitstudien zeigen, dass das Erleben von Gewichtsstigmata in frühen Lebensjahren, unabhängig vom Ausgangs-BMI, als Prädiktor für ein später höheres Körpergewicht gesehen werden kann (Tomiyama et al., 2018). Auch das Auftreten von viszeralem Bauchfett, die Entwicklung eines erhöhten Langzeitblutzuckers (HbA1c – Werte) sowie die Wahrscheinlichkeit am metabolischen Syndrom zu erkranken, wird durch Gewichtsdiskriminierung beeinflusst (Tsenkova et al., 2011).

Gewichtsstigmatisierung und Diskriminierung sind darüber hinaus Risikofaktor für die Entwicklung einer so genannten *social identity threat*. Darunter wird die zunehmende Angst verstanden, selbst diskriminiert oder stigmatisiert zu werden. Schon die bloße Wahrnehmung mehr Gewicht zu haben als andere Personen ist bereits mit schlechteren Gesundheitsmarkern verbunden (Daly et al., 2017). So zeigen Personen, die sich unabhängig von ihrem tatsächlichen BMI als dick oder im Vergleich zu dick wahrnehmen, erhöhte Werte des Blutdruckes, C-reaktives Protein, HDL Cholesterin Triglyceride, Glucose und HbA1c-Level aufweisen (Daly et al., 2017). Jugendliche, die sich trotz ihres Normgewichtes zu dick fühlen, haben ein erhöhtes Risiko für ungesunde Essverhaltensweisen und Gewichtszunahme. Gleiches gilt für Erwachsene (Daly et al., 2017).

In Summe verstärkt Gewichtsdiskriminierung, sowie die Angst davor, ungünstige Essverhaltensweisen wie etwa den übermäßigen Verzehr von energiereichen Lebensmitteln oder gezügeltes Essverhalten. Dies wiederum kann zu einer mangelnden Nährstoffaufnahme sowie zu einer reduzierten Wahrnehmung von Empfindungen wie Hunger oder Sättigung führen. Das Leben fokussiert sich schlussendlich zunehmend auf die Themen Ernährung oder Abnehmen, wobei andere Lebensziele zunehmend weniger Raum erhalten (Puhl & Heuer, 2009; O'Hara & Taylor, 2018). Nicht selten entsteht eine Negativspirale. Die Stigmatisierung aufgrund des Körpergewichtes kann sich negativ auf den Selbstwert sowie das Körperbild auswirken. Nicht selten isolieren sich Betroffene aufgrund ihres hohen Leidensdrucks, was zu einer Verschlechterung der Lebensunzufriedenheit und einer Zunahme an psychischen Erkrankungen wie Depressionen, Angststörungen oder etwa Essstörungen führen kann (Puhl & Heuer, 2009; Vartanian & Porter, 2016).

In dem Modell cyclic obesity/weight-based stigma (COBWEBS) fasst Tomiyama (2014) den Teufelskreis der Stigmatisierung unter Berücksichtigung sozialpsychologischer, gesundheitspsychologischer und neuroendokriner Erkenntnisse zusammen (▶ Abb. 4.1). In dem Modell wird dargestellt, wie Stigmatisierung zu einer Aktivierung des Stresssystems führt, was wiederum ein gesteigertes Essverhalten in Form eines maladaptiven Copingmechanismus fördert, und in Gewichtszunahme resultiert (Tomiyama, 2014).

Das gewichtszentrierte Gesundheitssystem trägt maßgeblich zur Entwicklung und Aufrechterhaltung von negativen Einstellungen und Überzeugungen gegenüber Menschen mit hohem Gewicht bei. Diese Überzeugungen, auch *weight bias* bezeichnet, finden sich in der Gesellschaft, bei Menschen wie Sie und ich es sind, sowie auch häufig in der Forschung, wo sie wiederum repliziert werden (Gaesser & Angadi, 2021; O'Hara & Taylor, 2018). So werden beispielsweise Erkenntnisse, die allgemeinen Annahmen entgegenstehen, als Paradoxon gesehen und meistens nicht weiterverfolgt. Studienergebnisse, die etwa zeigen, dass laut BMI adipöse Personen in der Studienpopulation gleiche metabolische Werte aufweisen wie die laut BMI normalgewichtigen Personen, werden häufig belächelt und als »falsch« oder »feh-

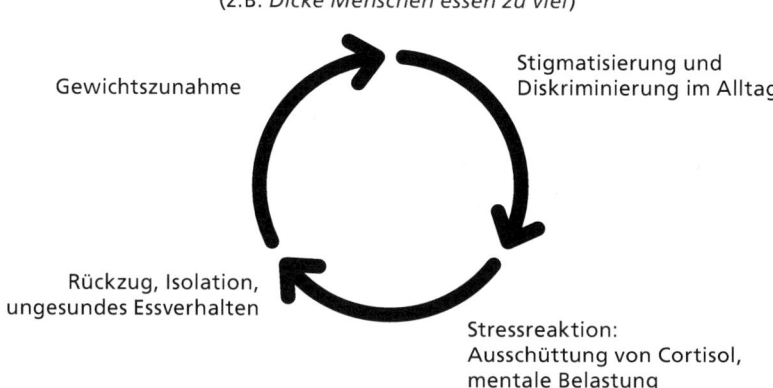

Abb. 4.1: Der Teufelskreis der Gewichtsstigmatisierung (cyclic obesity/weight-based stigma; COBWEBS). Angelehnt an Tomiyama (2014).

lerhaft« eingestuft. Dass die Werte tatsächlich richtig sein könnten, wird eher selten in Betracht gezogen, da es einfach nicht unserer Auffassung entspricht.

Beobachtungsstudien berücksichtigen Faktoren wie Bewegungsverhalten, Gewichtsschwankungen, Essverhalten oder etwa den sozioökonomischen Status in den meisten Fällen nicht, wenn der Zusammenhang zwischen Gesundheit und Körpergewicht untersucht wird, was zu einer verzerrten und stigmatisierenden Darstellung von Daten führt. In einer Überblicksarbeit wurden mehr als 14.500 Studien in wissenschaftlichen Datenbanken gefunden, die sich mit dem Zusammenhang zwischen Gewicht und Sterblichkeitsrisiko beschäftigen. Mehr als 14.000 Studien berechnen den Zusammenhang zwischen Adipositas und Sterblichkeitsrate, ohne die kardiovaskuläre Fitness oder physische Aktivität als Kontrollvariable einzubeziehen (Yerrakalva et al., 2015). In einer von Gaesser und Angadi zitierten Forschungsarbeit wurde beispielsweise der Zusammenhang zwischen dem BMI als Indikator für Gesundheit und dem allgemeinen sowie kardiovaskulären Sterblichkeitsrisiko untersucht. Der eventuelle Einbezug des Bewegungsverhaltens wurde von den Autoren als »over-adjustment«, also als übertrieben bezeichnet und das, obwohl die kardiovaskuläre Fitness einen massiven Einfluss auf die Herz-Kreislauf-Gesundheit hat. In einer anderen Studie wurde das Bewegungsverhalten nicht einbezogen, weil die Autoren Sorge hatten, dass das der Miteinbezug des Bewegungsverhalten das Sterblichkeitsrisiko bei Personen mit niedrigem Körpergewicht abschwächen würde. Dass das Bewegungsverhalten jedoch auch das Mortalitätsrisiko bei dicken Menschen reduzieren könnte, wurde ignoriert.

Bacon und Aphramor (2011) formulieren diesbezüglich: *»Researchers have demonstrated ways in which bias and convention interfere with robust scientific reasoning such that obesity research seems to »enjoy special immunity from accepted standards in clinical practice and publishing ethics«* (S. 2).

Diese Phänomene werden als Paradigmeneffekt bezeichnet. Dieser Effekt besagt, dass jegliche Beweise, die einem dominanten Paradigma (hier dem gewichtszentrierten Gesundheitsparadigma) widersprechen, abgelehnt bzw. ignoriert werden, da sie nicht zum geltenden Wertesystem passen. Menschen beispielsweise, die davon überzeugt sind, dass *übergewichtige* oder *adipöse* Menschen automatisch ungesünder sein müssen als schlankere Menschen, ignorieren gerne Erkenntnisse, die dem entgegenstehen und begründen die Erkenntnisse mit einem Zufall oder als Fehler in der Erhebung (O'Hara & Taylor, 2018). Begriffe wie *fit but fat, healthy fatties* oder *healthy obese* werden in wissenschaftlichen Arbeiten gerne als Ausdruck für das Vorliegen einer solchen Widersprüchlichkeit verwendet. Wenn das allgemeine Verständnis wäre, dass Fitness nicht zwangsläufig mit dem Körpergewicht in Zusammenhang steht, dann müssten wir nicht fett, *aber* fit zur Beschreibung einer Person verwenden. Auch würden Beschreibungen wie *dünn und unfit* gleichermaßen zur Beschreibung von Populationen herangezogen. Dies geschieht jedoch nicht.

Durch das gewichtszentrierte System ergeben sich 3 Hauptkonsequenzen (O'Hara & Taylor, 2018). Diese sind:

- die Förderung einer adipogenen Umgebung,
- reduzierte Gesundheit sowie reduziertes Wohlbefinden und
- reduzierte Lebensqualität.

Die Tatsache, dass dicke Menschen Stigmatisierung und Diskriminierung ausgesetzt sind, ist in den letzten Jahren zunehmend in das Zentrum der Aufmerksamkeit geraten. Im April 2020 erfolgte unter der Federführung von Francesco Rubino, einem international anerkannten Chirurgen und Experten im Bereich der Stoffwechselgesundheit, ein internationaler Konsens Gewichtsstigmatisierung zu beenden (Rubino et al., 2020). Dies kann als wichtiger Schritt in der Bekämpfung von Gewichtsstigmatisierung im Gesundheitsbereich gesehen werden, wenngleich ein einfacher Konsens nicht ausreicht, sofern sich dieser Konsens nicht in Leitlinien und der Haltung des Gesundheitspersonals wiederfindet.

Aufgrund ihrer weitreichenden Auswirkungen auf das Essverhalten und die Gesundheit müssen die Annahmen des gewichtszentrierten Ansatzes näher beleuchtet und kritisch hinterfragt werden. Diese Annahmen werden im folgenden Abschnitt näher beleuchtet.

4.1 Annahme 1: Das Körpergewicht ist ein Indikator für Gesundheit

Studien rund um Gesundheit beschäftigen sich seit Jahren mit dem Einfluss des Körpergewichts auf die Gesundheit. Diese scheinen seit Jahrzehnten das Körpergewicht als Risikofaktor für die Entstehung von Krankheiten zu belegen. Kaum jemand in der allgemeinen Bevölkerung würde dies in Frage stellen.

Tatsächlich handelt es sich bei den meisten Studien im Zusammenhang mit Gesundheit, Ernährung oder Körpergewicht (vor allem jene an Menschen) um Beobachtungs- oder Interventionsstudien. Bei Beobachtungsstudien werden beispielsweise Gruppen oder Personen über einen gewissen Zeitraum beobachtet, ohne dass Untersuchungsbedingungen beeinflusst oder kontrolliert werden. Zu einem gewissen Zeitpunkt werden mittels Fragebögen Daten erhoben und ausgewertet. Die Ergebnisse können nur Zusammenhänge darstellen, nicht aber die Richtung des Zusammenhangs (A beeinflusst B oder B beeinflusst A) oder die Ursächlichkeit des Zusammenhangs klären. Eine Korrelationsstudie, die beispielsweise beobachtet, dass Menschen mit BMI über 30 häufig Bluthochdruck haben, Menschen mit einem BMI darunter aber nicht, kann keine Aussage darüber treffen, ob der Bluthochdruck auf das Gewicht oder andere Ursachen zurückzuführen ist. Es könnte auch andere Faktoren geben, die den Bluthochdruck fördern. Zu behaupten, dass der Bluthochdruck auf den BMI zurückzuführen wäre, ist nichts anderes als Spekulation.

Ein Beispiel soll dies verdeutlichen: Eine statistische Analyse zeigt eine Korrelation zwischen der Scheidungsrate in Maine und des Pro-Kopf Konsums von Margarine. Es zeigt sich, dass Menschen, die viel Margarine verzehren, eine höhere Scheidungsrate aufweisen (Vigen, 2023). Tatsächlich würde niemand auf die Idee kommen zu schlussfolgern, dass die Scheidung die Folge des Margarinekonsums ist. Und niemand würde zur Rettung der Ehe auf Margarine verzichten. Statistisch gesehen, besteht kein Unterschied zwischen dem oben angeführten Beispiel mit dem BMI und dem hier angeführten Beispiel der Scheidungsrate. Beides sind Zusammenhänge. Was dazu führt, dass der Zusammenhang besteht, ist uns nicht bekannt. Dennoch wird die Kausalität (A führt zu B bzw. B führt zu A) zwischen BMI und Bluthochdruck vorschnell hergestellt. Es ist einfach plausibel. Im Gegensatz dazu würde wohl niemand einen echten Kausalzusammenhang zwischen Scheidung und Margarine sehen.

Anders ist dies bei Interventionsstudien. Hierbei werden Personen unterschiedlichen Interventionen oder Versuchsbedingungen ausgesetzt und deren Auswirkungen überwacht. Interventionsstudien mit randomisiertem kontrolliertem Studiendesign (RCT) sind der einzige Studientyp, der verlässliche Aussagen über einen Ursache-Wirkungs-Zusammenhang (Kausalzusammenhang) zulässt.

Nachdem solche Versuchsbedingungen oftmals weder methodisch noch ethisch umsetzbar sind, können derartige Ursache-Wirkungs-Zusammenhänge nicht festgestellt werden. Solange das der Fall ist, beruht der Großteil unseres Wissens über den Zusammenhang zwischen Körpergewicht und Gesundheit auf reinen Korrelationsstudien und damit auf Hypothesen und nicht auf bewiesenen Fakten! Die seit Jahren bestehende Berichterstattung, dass ein laut BMI hohes Körpergewicht für Knieprobleme oder etwa erhöhte Blutfettwerte verantwortlich sein soll, ist damit wissenschaftlich falsch. Das Ausmaß der dadurch stattfindenden Fehleinschätzung zeigte eine Studie aus dem Jahr 2016 (Tomiyama et al.). In dieser Studie wurden die Gesundheitsdaten von 221.813.615 Personen analysiert. Überprüft wurden metabolische Gesundheitsmarker wie etwa der Blutzuckerspiegel, Triglyceride, Cholesterinwerte (HDL-C), der HOMA-Index zur Abschätzung der Insulinresistenz, das hoch – sensitive C – reaktive Protein (hsCRP) als Biomarker für systemische Entzündungswerte im Körper, der Blutdruck (systolisch und diastolisch) sowie der

BMI. 50% der laut BMI übergewichtigen Personen, 30% der laut BMI adipösen Personen und 16% der Personen mit laut BMI Adipositas Grad 2 und 3 waren metabolisch gesund (▶ Abb. 4.2). Damit waren 19.761.047 Personen, die laut BMI als adipös und damit als krank eingestuft wurden, metabolisch völlig gesund. Im Gegensatz dazu zeigte sich, dass 30% der Personen mit Norm-BMI und damit als metabolisch gesund eingestuft wurden, metabolisch krank waren. Insgesamt wurden in der Studie anhand des BMI's 74.936.678 Personen falsch eingestuft (Tomiyama et al., 2016).

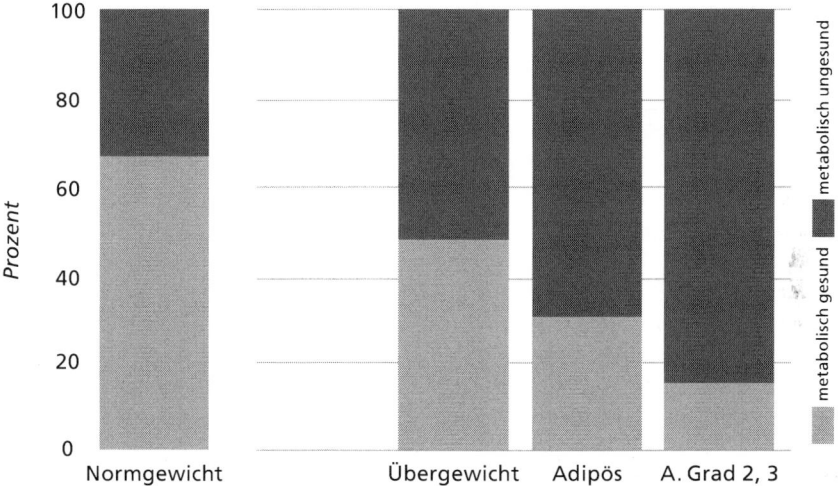

Abb. 4.2: Studienergebnisse nach Tomiyama et al. (2016). Darstellung der metabolischen Gesundheit nach unterschiedlichen BMI-Kategorien. 30% der Personen mit Normgewicht waren metabolisch ungesund, obwohl diese laut BMI als gesund gelten und 50% der Personen mit Übergewicht waren metabolisch gesund, obwohl diese laut BMI als ungesund gelten.

In einem im Jahr 2021 vom Lancet veröffentlichten Artikel forderte Francesco Rubino, ein international anerkannter Chirurg und Experte im Bereich der Stoffwechselgesundheit, dazu auf, diagnostische Kriterien festzulegen, die helfen zwischen hochgewichtigen Menschen zu unterscheiden, die tatsächlich krank sind und jenen für die das Hochgewicht lediglich einen Zustand des Körpers ausdrückt: »*… establishing better diagnostic criteria that distinguishes between individuals for whom obesity is a condition and those for whom it is a disease.*« *(Burki, S. 1)*

Bereits im Jahr 2009 wurde in Amerika ein neues Klassifikationssystem vorgeschlagen bzw. eingeführt, das Edmonton Obesity Staging System (kurz: EOSS; Sharma & Kushner, 2009). Dieses System folgt dem Ruf nach einer Differenzierung zwischen Körpergewicht und Gesundheit und versteht sich zusätzlich zum BMI. Das EOSS ist in 4 Stadien gegliedert, mit welchen die Beeinträchtigung sowie assoziierte Erkrankungen zunehmen. Dabei berücksichtigt werden metabolische, psychische und funktionelle Parameter:

- Stadium 0 beschreibt keine Risikofaktoren, keine körperlichen oder psychischen Symptome sowie keine funktionellen Einschränkungen.
- Stadium 1 beschreibt milde körperliche Symptome, die keiner Therapie bedürfen, milde psychische Symptome sowie das Vorhandensein von Risikofaktoren.
- Stadium 2 umfasst Nebenerkrankungen, moderate psychische Symptome sowie eine moderate funktionelle Einschränkung im Alltag.
- Stadium 3 umfasst erhebliche Erkrankungen mit Endorganschädigung, erhebliche psychische Symptome oder eine erhebliche Einschränkung des Wohlbefindens.
- Stadium 4 beschreibt eine schwere chronische Erkrankung, schwere psychische Symptome, die zur anhaltenden Arbeitsunfähigkeit führen, sowie schwere funktionelle Einschränkungen.

Während das EOSS bei Stadium 0 und 1 eine Förderung der Prävention sowie Lebensstilmodifikation vorschlägt, werden ab Stadium 2 zunehmend intensivere Interventionen, einschließlich geführter Programme sowie chirurgischer Eingriffe, vorgeschlagen. Je nach Stadium bzw. Gesundheitsbeeinträchtigung werden Empfehlungen zum Krankheitsmanagement gegeben (Sharma & Kushner, 2009).

Einige Fachgesellschaften, wie etwa die Chirurgische Arbeitsgemeinschaft Adipositastherapie und metabolische Chirurgie der Deutschen Gesellschaft für Allgemeine- und Viszeralchirurgie sowie die Österreichische Gesellschaft für Adipositas und Österreichischen Gesellschaft für Adipositas und Metabolische Chirurgie, einigten sich auf die Verwendung des EOSS-Systems zusätzlich zum BMI.

Fazit und Ausblick

Menschen alleine aufgrund ihres Gewichtes als gesund oder krank einzustufen ist diskriminierend und adipogen. Körpergewicht reicht als Indikator für Gesundheit und Krankheit nicht aus. Es braucht weitere Kriterien, die unabhängig vom Körpergewicht Hinweise liefern, ob eine Person ein erhöhtes Risiko für Erkrankungen aufweist. Solche Kriterien können metabolische Marker, Verhaltensweisen, das psychische Befinden und die subjektive Einschätzung der Lebensqualität darstellen. Das vorgeschlagene EOSS-System kann als wichtiger Schritt in die richtige Richtung gesehen werden. Solange jedoch der BMI zur Einschätzung von Gesundheit herangezogen wird, agieren wir in einem System, welches Stigmatisierungen fördert.

Beispiel

Vor einiger Zeit durfte ich eine junge Frau auf ihrem Weg zu einem gesunden Essverhalten begleiten. Nach mehreren Wochen der Zusammenarbeit war sie auf einem sehr guten Weg. Sie hatte die ständige Zügelung und die selbstabwertenden Gedanken abgelegt, konnte den Strand im Urlaub wieder im Badeanzug genießen, hatte Freude an Bewegung und ernährte sich regelmäßig und ausgewogen. Nachdem es in der Familie Häufungen von Herz-Kreislauf-Erkrankungen gab, ging die junge Frau regelmäßig zu Untersuchungen. Sie absolvierte unzählige Tests, gab ihr Blut ab und wartete nach einigen Stunden mit den Befunden auf das Arztgespräch. Als sie den Raum betrat und sich hinsetzte, sah die Ärztin sie an. Ohne einen Blick in die Befunde zu werfen, versicherte sie meiner Klientin, dass es kein Wunder wäre, wenn sie krank werden würde und dass sie unbedingt Gewicht verlieren müsse, bevor es zu spät sei. Die junge Frau zitterte am ganzen Körper, als sie den Raum verließ. Zu Hause warf sie einen Blick in ihre Befunde. Sämtliche Werte, das Leistungs-EKG, die Blutuntersuchungen und weitere Befunde zeigten das Bild einer kerngesunden jungen Frau, die sich keine Sorgen um ihre Gesundheit machen muss.

4.2 Annahme 2: Jeder Mensch kann mit einer Diät und ausreichend Bewegung Gewicht verlieren

Zügelung oder andere Maßnahmen, um Gewicht zu verlieren, sind in der Gesellschaft stark verbreitet. Gleichzeitig wird Gewichtsverlust vom Gesundheitssystem als gesundheitsförderliche und effektive Maßnahme zur Gesundheitsförderung befürwortet. Zwischen 1999 und 2000 stiegen die Abnehmversuche bei Amerikaner:innen von 34,3 auf 42,2 % (Han et al., 2019). Die Daten der *National Health and Nutrition Examination Survey* (NHANES)-Studie zeigen, dass ca. 49,1 % der amerikanischen Frauen zumindest einmal in den letzten 12 Monaten versucht hat abzunehmen (Martin et al., 2018). Das gleiche Bild zeigt sich auf internationaler Ebene. In einer Analyse von 72 Studien, mit mehr als 1.184.000 erwachsenen Teilnehmer:innen gaben zwischen 42 und 44,1 % an, aktuell zu versuchen abzunehmen (Santos et al., 2017). Gleichzeitig wird stets von einer Gewichtszunahme der Bevölkerung gesprochen. Sollte sich das Gewicht der Bevölkerung nicht reduzieren, wenn Abnehmvorhaben funktionieren und immer mehr Menschen versuchen abzunehmen?

Tatsächlich verzeichnet eine große Anzahl an Studien Erfolge bei Gewichtsreduktionsmaßnahmen (Skurk et al., 2021). Vielen Teilnehmer:innen gelingt es, das abgenommene Gewicht einige Monate oder Jahre zu halten. Danach verändert sich das Bild. Langzeitstudien zeigen, dass 1/3 bis 2/3 des verlorenen Gewichtes im ersten Jahr, der Rest spätestens in den folgenden 4 Jahren wieder zugenommen wird (Dulloo et al., 2012). Ein beträchtlicher Anteil der Personen wiegt nach der Diät mehr als vor der Diät (Mann et al., 2007). Auch die 2021 überarbeiteten Empfehlungen zur Ernährung von Personen mit Typ-2-Diabetes mellitus, herausgegeben von der Deutschen Diabetes Gesellschaft, weisen auf den ausbleibenden Erfolg von Lebensstilmodifikationsmaßnahmen hin (Skurk et al., 2021). Forschungsarbeiten aus der ganzen Welt sind sich darüber einig, dass circa 80 % der Lebensstilmodifikationsmaßnahmen langfristig scheitern (Skurk et al., 2021).

Im Jahr 2015 beschäftigte sich ein Forscherteam mit der Wahrscheinlichkeit, mit der eine laut BMI adipöse Person ein Normgewicht nach BMI oder einen Gewichtsverlust von minus 5 % des Ausgangsgewichtes erreichen und halten kann. Die

Ergebnisse der Kohortenstudie wurden im Jahr 2015 in der Fachzeitschrift American Journal of Public Health veröffentlicht. Die Autor:innen nutzen die Datenbank des UK Clinical Practice Research Datalink, einer anonymisierten Datenbank mit Patientendaten aus Primärversorgungseinrichtungen (Allgemeinmedizinische Arztpraxen). Die aus mehr als über 700 Allgemeinmedizinischen Praxen stammenden Gesundheitsdaten stammen von insgesamt 314.477 Personen. Darunter 76.704 adipöse Männer und 99.791 adipöse Frauen. Alle Patient:innen waren 20 Jahre oder älter. Für jede Person waren mindestens 3 BMI-Aufzeichnungen in der Patientenakte enthalten. Für die Analyse wurden die Patient:innen in die BMI-Kategorien eingeteilt. Nun wurden sämtliche Gewichtsentwicklungen der Patient:innen zwischen den Jahren 2004 und 2014 analysiert. Personen mit bariatrischen Operationen wurden ausgeschlossen. Nur 2,25 % der Frauen und 1,66 % der Männer haben ihr Gewicht innerhalb der 9 beobachteten Jahre reduziert. Von denjenigen Personen, die 5 % ihres Körpergewichtes verloren hatten, hatten 52,7 % innerhalb von 2 Jahren und 78,0 % innerhalb von 5 Jahren wieder zugenommen.

2 von 334 Personen mit BMI zwischen 30,0–34,9 und 2 von 1967 Personen mit einem BMI zwischen 40,0–44,9 erreichten im erfassten Zeitraum das ihnen gemäß BMI vorgegebene Normgewicht. Die Wahrscheinlichkeit, dass laut BMI adipöse oder übergewichtige Personen Normgewicht erreichen und halten ist der Datenanalyse zufolge äußerst gering (Fildes et al., 2015).

Die European Association for the Study of Obesity fasst zusammen, dass Sport und Bewegung zwar einen bedeutenden Einfluss auf die Gesundheit ausüben, eine Reduzierung des Körpergewichtes in einem großen Ausmaß jedoch nicht erzielt werden kann (Oppert et al., 2021). So liegt das erreichte Ausmaß an Gewichtsreduktion durch Sport und Bewegung (Aerobic & High Intensity Training) bei lediglich bei 2 bis 3 Kilo (Oppert et al., 2021).

Dies wird zunehmend von Fachgesellschaften anerkannt. Der Verein Obesity Canada, die kanadische Vereinigung bariatrischer Chirurgen und Internisten, schreibt in ihren Leitlinien:

> »The weight loss achieved with health behavioural changes is usually 3 %–5 % of body weight, which can result in meaningful improvement in obesity-related comorbidities. The amount of weight loss varies substantially among individuals, depending on biological and psychosocial factors and not simply on individual effort« (Wharton et al., 2020, S. E879).

Weiter betonen die Fachkräfte, dass Gewichtsverlust keine reine willentliche Angelegenheit ist und individuellen Grenzen unterliegt (Wharton et al., 2020).

Auch die Chirurgische Arbeitsgemeinschaft Adipositastherapie und metabolische Chirurgie der Deutschen Gesellschaft für Allgemeine- und Viszeralchirurgie fassen in dem Leitfaden *Adipositas – Leitfaden für Menschen mit starken Übergewicht* zusammen, dass bei der Adipositasbehandlung die Verbesserung des Gesundheitszustandes und der Lebensqualität der Patient:innen im Vordergrund stehen sollte und nicht lediglich eine Gewichtsreduktion. In dem von der Gesellschaft verfassten Leitfaden einigen sich die Fachgesellschaften darauf, dass eine Gewichtsreduktion nicht für alle Patient:innen ein Ziel sein muss.

Fazit

Wenn ein derartiger hoher Anteil an Gewichtsreduktionsmaßnahmen scheitert, dann kann davon ausgegangen werden, dass Gewichtsreduktion für den Großteil der Menschen nicht bzw. nicht in dem gewünschten Ausmaß möglich.

Übergewicht und Adipositas sind stets das Resultat eines komplexen Zusammenspiels von (epi-)genetischen, hormonellen, sozialen, verhaltenstechnischen, psychologischen, kulturellen, medizinischen und sozioökonomischen Faktoren. Der Fokus auf Gewichtsverlust ignoriert diese Tatsache und vermittelt eine Simplifizierung, die es in der Realität nicht gibt.

4.3 Annahme 3: Gewichtsverlust ist die primäre Maßnahme, um die Gesundheit zu fördern

Es ist unumstritten, dass sich Gesundheitsmarker verbessern, sobald es zu einem Gewichtsverlust kommt. Ein beträchtlicher Anteil an Studien zeigt, dass sich verschiedenste Gesundheitsmarker verbessern, sobald Gewicht reduziert wird. So hat Gewichtsverlust einen positiven Einfluss auf den Blutdruck oder den Langzeitblutzuckerspiegel (Skurk et al., 2021).

Leider ist dieser Effekt nur von kurzer Dauer. Wie bereits weiter vorne beschrieben, ist der Gewichtsverlust und damit die dadurch erreichten positiven Effekte in 80–95 % der Fälle nicht nachhaltig. Während häufig darüber gesprochen wird, welch kurzfristiger positiver Effekt durch Gewichtsverlust erzielt werden kann, wird kaum darüber gesprochen, welche Folgen sich durch die erneute Gewichtszunahme ergeben können.

Die Nurses Health Study untersucht seit 1976 die Risikofaktoren für chronische Erkrankungen bei Frauen. Seit 2015 läuft die Studie schon zum dritten Mal mit einer Studienpopulation von über 280.000 Frauen. Auch das Essverhalten wurde in der Nurses Health Study II, in der Frauen mit Geburtsdatum zwischen 1946 und 1964 inkludiert und begleitet wurden, untersucht. Die Autor:innen analysierten Gesundheitsdaten von 224 Personen mit starken Gewichtsschwankungen (weight cycling), 741 Personen mit »milden« Gewichtsschwankungen, 967 Personen ohne Gewichtsschwankungen und 554 Frauen, die ihr Gewicht halten konnten. Die Frauen füllten Fragebögen aus, die kürzliche Intentionen bezüglich Gewichtsverlusts, Gewichtskontrollmaßnahmen und Besorgnis aufgrund des Gewichts erfassten. Die Analyse der Daten zeigte, dass Frauen, die an Gewichtsschwankungen leiden (also gezügelte Esser:innen), mehr Gewicht zwischen 1997 und 2001 zunahmen als die Personen, die an keinen Gewichtsschwankungen leiden (natürliche Esser:innen) und zwar unabhängig des BMI und des Alters (Field et al., 2004). Auch die groß angelegten finnischen Studien Health 2000 und Health 2011 sammelten die Gesundheitsdaten von insgesamt 2.785 Personen (davon 1.517 Frauen). Ca. 1/3 der

Teilnehmer:innen gab an, versucht zu haben, an Körpergewicht zu verlieren. 28,4 % hatten Gewicht verloren, 34,2 % hatten Gewicht zugenommen und 12,6 % litten unter Gewichtsschwankungen. Diäthalter:innen hatten in Summe mehr Hochgewicht und litten unter Gewichtsschwankungen (Sares-Jäske et al., 2019). Auch wenn die Analysen keinen Kausalzusammenhang zeigen, liefern sie eine bedeutende Grundlage dafür, dass die Auswirkungen von Gewichtsreduktionsmaßnahmen einen negativen Einfluss auf die Gesundheit haben könnten und in Zukunft umfangreicher erforscht werden müssen.

Diäten und Abnehmvorhaben, egal ob diese von Fachkräften begleitet werden oder nicht, sagen in der Regel eine spätere Gewichtszunahme voraus. Tatsächlich kann davon ausgegangen werden, dass ziemlich jeder Versuch Gewicht zu verlieren, zu einer erneuten Gewichtszunahme führt, die über das Gewicht hinaus geht, welches zuvor abgenommen wurde. Menschen nehmen also mit jeder Diät mehr zu. Dies hat zur Folge, dass das Gewicht nach einigen Jahren *Diätkarriere* deutlich höher liegt als das Ausgangsgewicht vor der ersten Diät (Dulloo et al., 2012; Jacquet et al., 2020; s. auch adaptive Thermogenese in ▶ Kap. 3.1.5.

Laut aktueller Forschungsergebnisse sind diese Gewichtsschwankungen mit einem erheblichen Gesundheitsrisiko assoziiert. Bei mehrgewichtigen Menschen, die an Gewichtsschwankungen leiden, ist das Risiko für Bluthochdruck erhöht, im Vergleich zu mehrgewichtigen Personen ohne Gewichtschwankungen. Das Ausmaß an Gewicht, das bei Gewichtsschwankungen zugenommen wird, gilt als weiterer Risikofaktor. Je stärker die Gewichtsschwankungen sind, desto höher das Risiko an kardiovaskulären Erkrankungen, wie etwa Bluthochdruck, zu erkranken (Gaesser & Angadi, 2021; Guagnano et al., 2000; Montani et al., 2015).

In einer weiteren Studie wurden 258 laut BMI als adipös eingestufte Frauen im Alter zwischen 25 und 64 Jahren untersucht. Das Risiko, an Bluthochdruck zu erkranken, war bei Frauen mit einem hohen Taille-Hüft-Verhältnis bei gleichzeitig vorliegenden Gewichtsschwankungen erhöht. Jedoch nicht bei Frauen, die ein hohes Taille-Hüft-Verhältnis hatten, jedoch nicht unter Gewichtsschwankungen litten. Die Ergebnisse deuten darauf hin, dass den Gewichtsschwankungen eine bedeutendere Rolle als Risikofaktor zukommt als dem Körpergewicht per se (Montani, Schutz & Dulloo, 2015; Strohacker, Carpenter & McFarlin, 2009).

Weiter zeigte sich, dass Personen, die unter Gewichtsschwankungen leiden, häufiger auf ungesunde Strategien zurückgreifen, um das Körpergewicht zu reduzieren. Dazu zählte starke Kalorienrestriktion. Die Frauen, die unter milden bis starken Gewichtsschwankungen litten, führten auch weiterhin Maßnahmen durch, die zu starken Gewichtsreduktionen führten (Field et al., 2004).

Es zeigen sich kurzfristige Vorteile von Gewichtsreduktionsmaßnahmen und langfristige Nachteile, die mit 80–90 % Wahrscheinlichkeit eintreten können. Aus aktuellen wissenschaftlichen Arbeiten scheint außerdem hervorzugehen, dass das stabile Halten egal welchen Körpergewichtes gesünder ist als Gewichtsschwankungen (Skurk, 2021).

Fazit

Es lässt sich zusammenfassen, dass 80–95 % der Gewichtsreduktionsmaßnahmen scheitern und auf diesem Wege die Gesundheit nicht fördern, sondern ihr sogar schaden können.

Wenn man diesen Gedanken weiterverfolgt, dann lässt sich folgende Annahme ableiten: Ein hohes Körpergewicht steht mit metabolischen Erkrankungen wie Diabetes Typ 2, Bluthochdruck, weiteren metabolischen Erkrankungen und kardiovaskulären Erkrankungen in Zusammenhang. Gleichzeitig ist durch die Forschung gut belegt, dass der Großteil der Abnehmvorhaben scheitert und Gewichtsschwankungen nach sich zieht (Field et al., 2004; Montani et al., 2015; Skurk et al., 2021). Es ist gut belegt, dass diese Gewichtsschwankungen mit den gleichen Erkrankungen in Zusammenhang stehen, wie Adipositas selbst. Da stellt sich die Frage, ob die Erkrankungen, die auf Hochgewicht zurückgeführt werden, wirklich die Folge des Hochgewichtes oder vielmehr die Folge von ständiger Kalorienrestriktion samt Gewichtsschwankungen sind.

Bereits im Jahr 1999 wurde vermutet, dass ein erheblicher Teil des mit Fettleibigkeit verbundenen kardiovaskulären Risikos eigentlich auf das Konto von Gewichtsschwankungen gehen könnte (Ernsberger & Koletsky, 1999).

4.4 Annahme 4: Dicke Menschen haben ein höheres Risiko zu sterben

Das Risiko, früher zu sterben, ist wohl eines der am häufigsten genannten Argumente, welches Betroffene motivieren soll, Gewicht zu verlieren.

Gaesser und Angadi (2012) untersuchten in ihrer Überblicksarbeit die Auswirkungen von Abnehmvorhaben sowie die Auswirkungen von Fitness auf verschiedene Gesundheitsparameter sowie das Mortalitätsrisiko. In ihrer Metaanalyse kommen die Forscher zu dem Schluss, dass Gewichtsreduktionsmaßnahmen zu keiner signifikanten Reduktion der Sterblichkeitsrate führen. Sobald Bewegung oder die kardiorespiratorische Fitness als Kontrollvariable eingeführt wurde, sank das Sterblichkeitsrisiko für alle BMI-Gruppen. So zeigen unfitte schlanke Menschen, unfitte hochgewichtige sowie unfitte und laut BMI adipöse Personen ein erhöhtes Sterblichkeitsrisiko im Gegensatz zu fitten schlanken Menschen oder fitten hochgewichtigen und fitten laut BMI adipösen Personen. Dabei scheint es keinen statistischen Unterschied zwischen fitten schlanken und fitten hochgewichtigen bzw. fitten laut BMI adipösen Personen zu geben. Dies deutet darauf hin, dass nicht das Körpergewicht, sondern das Ausmaß an Bewegung und kardiorespiratorischer Fitness einen Einfluss auf das Sterblichkeitsrisiko ausüben (Gaesser & Angadi, 2012).

Eine Studie aus dem Jahr 2012 kommt zu einem ähnlichen Schluss. Die kardiorespiratorische Fitness wurde anhand des Blake-Protokolls gemessen. Dabei befinden sich Probanden bis zur Erschöpfung auf einem Laufband, dessen Steigung bei konstanter Geschwindigkeit über die Laufzeit zunimmt. Zwischen den Jahren 1977 und 2003 nahmen 9.563 Männer zwischen 20 und 84 Jahren an der epidemiologischen Studie teil. Insgesamt 733 Personen starben während der folgenden 13,4 Jahre. Davon starben 348 Personen an kardiovaskulären Erkrankungen. Bei Männern im Alter von 55 Jahren oder jünger zeigten die Daten keinen Unterschied in der Sterblichkeitsrate abhängig vom Körpergewicht. Die Sterblichkeitsrate war für normgewichtige Personen die gleiche wie für laut BMI übergewichtige oder laut BMI adipöse Personen. Bei Personen, die älter als 55 Jahre waren, zeigte sich kein erhöhtes Sterblichkeitsrisiko für übergewichtige oder adipöse Personen. Übergewichtige oder adipöse Personen hatten kein erhöhtes Risiko zu sterben, weder was die allgemeine Sterblichkeitsrate noch was die kardiovaskuläre Sterblichkeitsrate betrifft. Bei Personen mit hoher kardiovaskulärer Fitness zeigten sich keine Unterschiede in den Sterblichkeitsraten. Normgewichtige, Übergewichtige oder stark übergewichtige Personen zeigten bei gleicher Fitness die gleiche Sterblichkeitsrate. Bei Personen mit niedriger kardiovaskulärer Fitness war das Sterblichkeitsrisiko bei normgewichtigen oder adipösen Personen gleich. Überraschenderweise zeigte sich kein erhöhtes Sterblichkeitsrisiko bei *übergewichtigen* Personen (McAuley et al., 2012)

Auch eine Evaluierung von 15 Kohortenstudien zeigte, dass es keinen konsistenten Zusammenhang zwischen dem BMI und dem Sterblichkeitsrisiko zu geben scheint (Yerrakalva et al., 2015). Die Autoren führten eine Metastudie durch, die den Zusammenhang zwischen BMI, Fitness und physischer Aktivität in Zusammenhang mit der Sterblichkeitsrate bei älteren Erwachsenen untersuchte. In die Studie wurden ausschließlich RCT-Studien sowie Kohortenstudien eingeschlossen, die eine Studienpopulation über 1000 Personen mit einem Mindestalter von 60 Jahren aufwiesen und eine Follow-up-Erhebung nach 2 Jahren einschlossen. Von über 14.800 Studien entsprachen nur 15 Studien den Kriterien. Keine von 14 Studien konnte einen Zusammenhang zwischen Adipositas und Sterblichkeitsrate herstellen, nachdem für physische Aktivität oder kardiovaskuläre Fitness kontrolliert wurde. Die einzige Studie, die einen Zusammenhang herstellen konnte, bezog sich auf den asiatischen Raum. Im Vergleich zu laut BMI normgewichtigen Personen zeigten laut BMI übergewichtige Personen die gleichen Lebenschancen. Auch im Vergleich zwischen laut BMI adipösen Personen und laut BMI normgewichtigen Personen zeigten sich keine Vor- oder Nachteile in der Mortalitätsrate.

Barry, Cputo und Kang (2018) führten eine Metaanalyse durch, in der sie den Einfluss des Körpergewichts in Zusammenhang mit dem Sterblichkeitsrisiko untersuchen. Insgesamt 8 Studien aus den Jahren 1998 bis 2004 mit Stichprobengrößen zwischen 1.359 und 44.674 Personen wurden in die Metaanalyse einbezogen. Als Kontrollvariable wurde die kardiorespiratorische Fitness (CRF) gemessen. Die Metaanalyse zeigte, dass das Sterblichkeitsrisiko für alle BMI-Gruppen höher war, wenn eine schlechte kardiorespiratorische Fitness vorhanden war. Unfitte Personen gemessen an der CRF haben unabhängig vom BMI ein zweimal so hohes Mortalitätsrisiko wie fitte Personen.

Fazit

Lebensstilfaktoren wie das Bewegungsverhalten oder die kardiovaskuläre Fitness spielen eine wichtigere Rolle als das Körpergewicht per se (Bacon & Aphramor, 2011; Campos et al., 2006). Die Förderung des Bewegungsverhaltens an sich, unabhängig vom aktuellen Körpergewicht oder dessen Manipulation, sollte daher für alle Menschen gleichermaßen im Vordergrund stehen. In der Realität wird das Bewegungsverhalten bei schlanken Personen als Gesundheitsförderung, bei dicken Personen als Intrument zur Gewichtsreduktion gesehen. Dies hat in weiterer Folge massive negative Auswirkungen auf das Bewegungsverhalten und die Bewegungsmotivation (▶ Kap. 5.2.5). Folgen, die sich durch einen veränderten Zugang zum Thema Körpergewicht und Bewegung leicht vermeiden liesen.

4.5 Zusammenfassung

Die Leitlinien schreiben einen Gewichtsverlust für adipöse oder übergewichtige Personen vor, um die Gesundheit zu verbessern. Diät- und Abnehmprogramme haben sich als überaus erfolgreich erwiesen, wenn es um die kurzzeitige Gewichtsabnahme geht. Über einen längeren Zeitraum hinweg kann die Gewichtsreduktion nicht aufrechterhalten werden. Die Gewichtszunahme, vor allem wenn diese chronisch ausfällt, ist ihrerseits mit hohen Risikofaktoren und einer reduzierten mentalen und körperlichen Gesundheit verbunden. Außerdem zeigt sich, dass Betroffene sich im Verlauf von gesundheitsförderlichen Verhaltensweisen abwenden. Gleichzeitig zeigt sich eine massive Zunahme im gezügelten Essverhalten in der Population, vor allem auch in jeder Population an Menschen, die laut BMI Normgewicht oder nur leichtes Übergewicht aufweisen.

Die Entstehung von Hochgewicht ist ein Prozess, der einer komplexen Interaktion vielfältigster Faktoren unterliegt. Gesundheit und Gewicht unterliegen dabei keinem Kausalzusammenhang. Im Zusammenhang mit Gesundheitsförderung darf der Einfluss von Gewichtsstigmata und Gewichtsdiskriminierung nicht unterschätzt werden. Auch müssen weit verbreitete und seit Jahren verankerte Annahmen über Gesundheit hinterfragt werden, um eine Umgebung zu schaffen, die es Menschen ermöglicht, ihre Gesundheit zu fördern.

Schlussfolgerungen:

- Körpergewicht als Indikator für Gesundheit oder Krankheit besitzt keine valide Aussagekraft.
- Aktuelle Maßnahmen zur Förderung des Gewichtsverlustes scheitern langfristig und führen zu Gewichtsschwankungen.
- Gewichtsreduktionsmaßnahmen fördern ein ungesundes Essverhalten und ein negatives Körperbild.

- Das stabile Halten des Körpergewichtes ist gesünder als Gewichtsschwankungen.
- Es sind andere Ansätze notwendig, um die Gesundheit von Menschen, egal welchen Gewichtes, zu fördern.

Das aktuelle Wissen liefert mehr als genug Evidenz für ein Umdenken in der Gesundheitsförderung (O'Hara & Taylor, 2018).

5 Gesundheitsförderung neu gedacht

Stellen Sie sich die Frage, wie es Ihnen gehen würde, wenn Sie beispielsweise aufgrund von Depressionen auf eine psychische Reha angewiesen sind und ihnen mitgeteilt wird, dass Sie abnehmen sollten, da Ihr Körpergewicht den Behandlungserfolg bestimmt. Oder wenn Sie eine gynäkologische Untersuchung durchführen lassen, und Ihnen aus dem Nichts eine bariatrische Operation empfohlen wird, ohne dass die Medizinerin die Gesundheitsdaten kennt. Oder, wenn Sie ein für Sie hinterlegtes Paket bei einem Selbstbedingungslager abholen, und Ihnen eine Magenverkleinerung ans Herz gelegt wird. Wenn Sie in ein Wellnesshotel fahren und die dort verfügbaren Bademäntel und Handtücher nicht mal ihren kompletten Körper bedecken, obwohl Sie schon dutzende Diäten gemacht haben. Wenn Sie in ein Restaurant gehen oder eine Psychotherapie aufsuchen und Ihr Gesäß durch den Sessel so eingeschnürt wird, dass es Ihnen schmerzt. Wenn Sie bei der österreichischen Sozialversicherung der Selbstständigen mehr Selbstbehalt zahlen müssen als laut BMI Normgewichtige. Wenn Sie im Zug aufgefordert werden, zwei Tickets zu kaufen. Wenn Sie in einer Dating-App unterwegs sind und plötzlich eine Nachricht von einem Unbekannten erhalten, in der steht, dass ihr Körper ungesund sei. Stellen Sie sich vor, dass Sie als Diätolog:in Angst haben, vor Studierende zu treten und zu referieren, weil sie Angst davor haben, dass Ihre Kompetenz aufgrund des Gewichtes angezweifelt wird.

Aufgrund der Folgen des gewichtszentrierten Systems hat sich in den letzten Jahren ein neuer Ansatz in der Gesundheitsförderung entwickelt, der das Individuum, die wahrgenommene Lebensqualität und Verhaltensweisen ins Zentrum stellt. Durch die Veränderung der Verhaltensweisen soll eine Förderung der Gesundheit stattfinden. In der Auffassung, wie gesundheitsförderliches Verhalten letztendlich aussieht, besteht kaum ein Unterschied zur gewichtszentrierten Gesundheitsförderung: Bewegung, abwechslungsreiche und vollwertige Ernährung, gesundes Essverhalten sowie Wohlbefinden. Der große Unterschied besteht im Weg dorthin. Bewegung oder etwa Ernährung werden im gewichtszentrierten Ansatz oftmals als Instrument eingesetzt, um eine Gewichtsreduktion zu erreichen. Erst durch Gewichtsreduktion findet eine Förderung der Gesundheit statt.

Der gewichtsneutrale Gesundheitsansatz vertritt im Gegensatz dazu die Haltung, dass sich Verhaltensänderungen nicht unbedingt in einer Veränderung des Körpergewichts manifestieren müssen. So ist es beispielsweise möglich, den Anteil des Bewegungsverhaltens im Alltag zu steigern, ohne dass sich das Körpergewicht verändert. Auch ist es möglich, Binge-Anfälle zu therapieren, wobei sich der Therapieerfolg in einer Steigerung der mentalen Gesundheit, nicht aber in einer Gewichtsveränderung spiegeln kann. Durch ein verändertes Bewegungsverhalten kann sich der Anteil von Muskel- zu Körperfettmasse verändern, das Körpergewicht an

5 Gesundheitsförderung neu gedacht

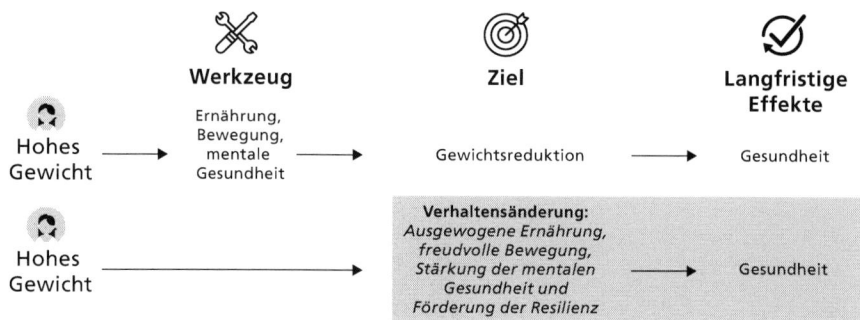

Abb. 5.1: In der gewichtszentrierten Therapie wird davon ausgegangen, dass Gesundheit durch Gewichtsreduktion erreicht werden kann. Das Ziel der Therapie ist daher Gewichtsreduktion. In der gewichtsneutralen Gesundheitsförderung wird davon ausgegangen, dass Gesundheit durch gesunde Verhaltensweisen erreicht bzw. gefördert werden kann. Das Ziel der Therapie ist daher Verhaltensänderung.

sich jedoch gleichbleiben oder sogar steigen. Bei Menschen, die aufgrund des gezügelten Essverhaltens mit zu wenig Nährstoffen versorgt werden, kann das Einführen einer nährstoffreichen Mahlzeitengestaltung zu einer Gewichtszunahme führen (Bacon & Aphramor, 2011; McGregor et al., 2022; Tylka et al., 2014). Demnach wird das Körpergewicht auch als Kennzahl für Therapieerfolg kritisch betrachtet und abgelehnt. Dieser alternative Ansatz wird in der Forschung als *gewichtsneutrales oder gewichtsinklusives Gesundheitsparadigma* bezeichnet.

> »Avoid making assumptions in population health policies that healthy behaviours will or should result in weight change. Weight is not a behaviour and should not be a target for behaviour change. Avoid evaluating healthy eating and physical activity policies, programs and campaigns in terms of population level weight or BMI outcomes. Instead, emphasize health and quality of life for people of all sizes. Because weight bias contributes to health and social inequalities, advocate for and support people living with obesity. This includes supporting policy action to prevent weight bias and weight-based discrimination. (Kirk et al., o. J., p. 1)«

Der gewichtsneutrale Ansatz fokussiert damit die Veränderung von Verhaltensweisen, nicht aber die Veränderung des Körpergewichtes. Ob eine Person mit den Verhaltensweisen Gewicht verliert oder nicht, ist von sekundärer Bedeutung. Veränderungen werden anhand veränderter Verhaltensweisen, dem Wohlbefinden, der Lebensqualität oder etwa metabolischen Markern sichtbar gemacht.

Daraus ergeben sich 4 wesentliche Vorteile:

- Selbstwirksamkeit und Autonomie: Während das Körpergewicht von vielen Faktoren beeinflusst wird und damit nicht zu 100 % beeinflussbar ist, ist die Veränderung von Verhaltensweisen zu 100 % autonom steuerbar. Damit erleben Personen Selbstwirksamkeit und Kontrolle.
- Nachhaltigkeit: Verhaltensweisen, die in unserer Gesellschaft als gesund definiert werden, werden um ihretwillen gefördert. So steht die freudvolle Bewegung oder ein gesundes Essverhalten langfristig im Fokus.

- Stigmatisierungsfreie Gesundheitsförderung: Gesundheitsförderung wird für alle Menschen gleichermaßen definiert, nämlich über die Förderung von gesunden Verhaltensweisen. Aktuell sieht die Gesundheitsdefinition abhängig vom BMI anders aus: Bei schlanken Menschen steht die Veränderung von Verhaltensweisen im Vordergrund, während bei dicken Menschen Gewichtsverlust im Vordergrund steht. Dies stigmatisiert dicke Personen als »krank« und führt zu einem Übersehen von Krankheiten bei schlanken Personen.
- Wertschätzung und Respekt: Durch die Definition von Gesundheit über Verhaltensweisen und etwa metabolische Marker, ergibt sich ein wertschätzender Umgang mit dicken/fetten Personen. Es wird anerkannt, dass Menschen mit unterschiedlichen Körpern gesund sein können.

Nachdem Gesundheit und Körpergewicht in unserem bestehenden gewichtszentrierten Gesundheitsansatz eng miteinander verwoben sind, besteht bei der ersten Berührung mit gewichtsneutralen Ansätzen schnell die Angst, dass hohes Körpergewicht befürwortet und dessen Entstehung unterstützt wird. An dieser Stelle sei daher ausdrücklich darauf hingewiesen, dass sich die gewichtsneutrale Gesundheitsförderung aus einer Menschenrechtsbewegung (Body-Positivity-Bewegung sowie der *Fat-acceptance*-Bewegung) entwickelt hat, die das Ziel verfolgt, Diskriminierung und Stigmatisierung zu bekämpfen und Menschen den Zugang zu Gesundheitsangeboten gleichermaßen zugänglich zu machen. Die Aufforderung, Diskriminierung zu beenden, unterschiedliche Körperformen zu akzeptieren und Gesundheit und Gewicht zu differenzieren, hat nichts mit einer Verherrlichung eines hohen Körpergewichtes oder ungesunden Lebensstiles zu tun. Diskriminierung und Lebensstil sind zwei verschiedene Dinge, die nicht vermischt werden dürfen. Die alleinige Tatsache, dass dies geschieht, zeigt, dass wir in einem stigmatisierenden System leben, dass dick automatisch mit einem ungesunden Lebensstil und *sich gehen lassen* gleichsetzt.

Wir sollten nicht die Diskussion führen, ob ein hohes Körpergewicht gesund oder ungesund ist. Diese Diskussion wird uns immer wieder zurück zu Abnehmvorhaben bringen, die in der Regel langfristig scheitern und zahlreiche Nebenwirkungen mit sich bringen. Die einzige Frage, die wirklich zählt, lautet: *Wie kann die Gesundheit von Menschen gefördert werden, und zwar in dem Körper und in der Lebensrealität, in der sie sich aktuell befinden?* Dass Abnehmvorhaben Menschen in 90 % der Fälle nicht zum Ziel bringen, wissen wir an dieser Stelle bereits. Es ist daher Zeit für einen alternativen Weg in der Gesundheitsförderung.

5.1 Health at every size®

Als federführend im Bereich der gewichtsneutralen Gesundheitsförderung gilt die im Jahr 2003 gegründete amerikanische Non-Profit-Organisation für Körperdiversität und Gesundheit (Association for size diversity and health, ASDAH). Seit ihrer

Gründung setzt sich die Organisation, zu der Ärzt:innen, Psycholog:innen, Diätolog:innen ebenso wie Menschenrechtsaktivist:innen zählen, unter dem Namen Health at every size ® (HAES) für gewichtsneutrale Forschung ein. Übersetzt lautet der Name *Gesundheit bei jedem Gewicht*, was die Haltung ausdrücken soll, dass Gesundheit *bei* jedem Körpergewicht gefördert werden kann, sofern ein stigmatisierungs- und diskriminierungsfreier Raum geschaffen wird und der Zugang zur Gesundheitsförderung für jede Person gleichermaßen geschaffen würde (Tylka et al., 2014).

> *»As an alternative to the weight-normative paradigm, the weight-inclusive approach rests on the assumption that everybody is capable of achieving health and well-being independent of weight, given access to nonstigmatizing health care« (Tylka et al., 2014, p. 6).*

HAES® vertritt den Ansatz, dass ein angemessenes, gesundes Körpergewicht nicht anhand von Kennzahlen oder auf einer Waage dargestellt werden kann. Daher geht der HAES®-Ansatz davon aus, dass das gesunde Körpergewicht jenes ist, bei dem sich eine Person einpendelt, wenn sie einen gesunden Lebensstil verfolgt (Robison, 2005). Das Körpergewicht pendelt sich gemäß dem Ansatz also im Verlauf der Verhaltensänderung in einem für die Person passenden Bereich ein.

Außerdem setzt sich HAES® dafür ein, dass dicke und schlanke Personen die gleiche Gesundheitsversorgung erhalten. So führt Robison als Beispiel an:

> *»In the case of a thin person with essential hypertension, for example, conventional wisdom suggests dietary changes, increases in aerobic physical activity, and stress management followed by medication if necessary. Yet a heavy person presenting with the same diagnosis is told to lose weight, regardless of all that is known about the most likely consequences of this recommendation«. (Robison, 2005, p. 1)*

Die Kernziele der HAES®-Bewegung sind die Förderung der Gesundheit und der Lebensqualität. Um dies zu erreichen, stehen in der Therapie die Förderung der Selbstakzeptanz, die Förderung von Bewegung und das Kultivieren eines gesunden Essverhaltens im Vordergrund. Im Zentrum steht die Gesundheitsförderung, nicht aber der Gewichtsverlust (Robison, 2005).

Eine Interventionsstudie aus dem Jahr 2005 untersuchte die Auswirkungen einer HAES®-Interventionsgruppe im Vergleich zu einer konventionellen Diätgruppe (Bacon et al., 2005). Insgesamt 78 Personen im Alter zwischen 30 und 48 Jahren nahmen an der Studie teil. Die Teilnehmer:innen wurden über 6 Monate in Form von Workshops begleitet. Die Diätgruppe wurde dabei unterstützt, Gewicht zu verlieren. Die Teilnehmer:innen der Gruppe erhielten Vorträge zu Ernährung, lernten, Lebensmittel zu bewerten, wurden angehalten, Sport zu treiben und die aufgenommene Kalorienmenge moderat zu reduzieren. Die HAES®-Gruppe lernte den Körper und sich selbst zu akzeptieren und den Selbstwert vom Körpergewicht zu entkoppeln. Außerdem lernten sie ein natürliches und gesundes Essverhalten zu kultivieren. Bei allen Teilnehmer:innen wurde diverse Fragebögen zum Körperbild, zur mentalen Gesundheit oder dem Essverhalten vorgebeben. Metabolische Marker wurden ebenfalls gemessen. Nach 2 Jahren wurde eine Follow-up-Erhebung durchgeführt.

Die HAES®-Gruppe zeigte über den gesamten Studienverlauf sowie nach 2 Jahren signifikante Verbesserungen (Bacon et al., 2005):

- Gezügeltes Essverhalten: Das gezügelte Essverhalten konnte in der HAES®-Gruppe im Vergleich zur Diätgruppe signifikant reduziert werden.
- Enthemmung: Die Enthemmung des Essverhaltens nahm in beiden Gruppen ab. Die Follow-up-Erhebung nach 2 Jahren zeigte, dass die Enthemmung in der Diätgruppe, nicht jedoch in der HAES®-Gruppe wieder zunahm.
- Körperunzufriedenheit: Die Diätgruppe zeigte während der Studie sowie zum Zeitpunkt der Follow-up-Erhebung hohe Werte in der Körperunzufriedenheit. Es kam zu keiner Veränderung. In der HAES®-Gruppe reduzierte sich die Körperunzufriedenheit. Die Effekte hielten sich auch zum Zeitpunkt der Follow-up-Erhebung noch konstant.
- Selbstwert: Der Selbstwert verbesserte sich in der Diätgruppe zunächst, lag jedoch nach 2 Jahren niedriger als vor der Studie. Der Selbstwert in der HAES®-Gruppe verbesserte sich und stieg bis zur Follow-up-Erhebung noch weiter an.
- Hunger: Die erlebten Hungergefühle reduzierten sich in beiden Gruppen, waren aber in der Diätgruppe nach 2 Jahren wieder erhöht, während sie sich in der HAES®-Gruppe über die Zeit reduzierten und auch 2 Jahre nach der Studie noch niedrig blieben.
- Körpergewicht: Das Körpergewicht verhielt sich in der HAES®-Gruppe über die gesamte Zeit stabil, während sich das Körpergewicht in der Diätgruppe zunächst um ca. 6 Kilo reduzierte, um dann nach 2 Jahren wieder beim Ausgangsgewicht anzukommen.
- Streben nach Schlanksein: Das Streben, schlanker zu werden, blieb in der Diätgruppe auch bis zum Follow-up vorhanden, wohingegen sich das Streben abzunehmen in der HAES®-Gruppe reduzierte und reduziert blieb.
- Metabolische Marker: Die Cholesterolwerte, die HDL- und LDL-Werte sowie der systolische Blutdruck reduzierten sich in beiden Gruppen. Der diastolische Blutdruck reduzierte sich nur in der HAES®-Gruppe. Die HAES®-Gruppe war der Diätgruppe in allen Werten überlegen.

Alle Teilnehmer:innen der HAES®-Gruppe gaben an, sich besser zu fühlen, wohingegen die Hälfte der Diätgruppe angab, das Gefühl zu haben versagt zu haben. Beide Gruppen zeigten eine Verbesserung über den Studienverlauf. Im Gegensatz zur Diätgruppe konnte die HAES®-Gruppe die Verbesserungen auch noch 2 Jahre nach der Studie aufrecht erhalten (Bacon et al., 2005). Zu einem ähnlichen Schluss kommt eine Studie aus dem Jahr 2010. Die RCT-Studie zeigt, dass sich die positiven Effekte der HAES®-Interventionsstudie auch noch nach dem Ende der Studie weiter verbesserten und nach einem Jahr nach wie vor vorhanden waren (Gagnon-Girouard et al., 2010).

Damit unterstützt die Studie die bisherigen Erkenntnisse im Zusammenhang mit Abnehmvorhaben und liefert gleichzeitig Evidenz für eine Alternative in der Gesundheitsförderung. Außerdem spricht dies dafür, dass die HAES®-Philosophie langfristige gesundheitsförderliche Einflüsse haben könnte und damit gewichtszentrierten Interventionen überlegen ist.

Seit der Gründung der ASDAH hat die Anzahl der gewichtsneutralen Forschungsarbeiten deutlich zugenommen. Ein Grund dafür sind die zahlreichen an Universitäten tätigen Forscher:innen, die hinter der HAES®-Bewegung stehen und die Forschung der so genannten Fat Studies vorantreiben. Die Fat Studies sind ein Forschungsgebiet, in dem *Übergewicht* und der gesellschaftliche Umgang damit untersucht werden. Die Ursprünge gehen auf die Fat-Acceptance-Bewegung im Jahr 1960 zurück, die sich das Ziel gesetzt hat, gegen Diskriminierung und Stigmatisierung von dicken/fetten Menschen anzukämpfen. Aus ihr entstand eine Bewegung, die sich zunehmend mit Gesundheitsförderung aus gewichtsneutraler Perspektive beschäftigte.

5.2 Therapieinhalte in der gewichtsneutralen Therapie

Seit einigen Jahren finden sich vermehrt Studien zu gewichtsneutraler Gesundheitsförderung, die die Auswirkungen von Interventionsprogrammen abseits von Gewichtsverlust untersuchen. Die Inhalte dieser Präventionsprogramme umfassen das Vermitteln von Ernährungskompetenz, die Vermittlung eines gesunden und achtsamen Essverhaltens, die Kultivierung von Freude an Bewegung oder etwa das Ablegen von emotionsregulierendem Essverhalten, die Förderung von Selbstfürsorge, das Vermitteln von Selbstakzeptanz sowie Selbstmitgefühl und Körperrespekt.

5.2.1 Regulation der Nahrungsaufnahme durch Hunger- und Sättigungssignale

Gerade in der heutigen Zeit, in der die Lebensmittelindustrie und das Nutrition-Marketing stärker sind wie nie zuvor und Essen an jeder Ecke sichtbar und erhältlich ist, ist es wichtiger denn je, einen bewussten Umgang mit der ständigen Verfügbarkeit von Lebensmitteln sowie den eigenen Körpersignalen zu erlernen. Wir können Lebensmitteln nicht aus dem Weg gehen, aber wir können lernen mit dem ständigen Angebot umzugehen.

Es wird davon ausgegangen, dass Menschen mit einem natürlichen Mechanismus ausgestattet sind, der es ihnen erlaubt eine adäquate Nährstoffversorgung sowie ein natürlich gesundes Gewicht aufrecht zu erhalten. Sensorische Nervenfasern leiten Reize zum zentralen Nervensystem. Sie dienen der Wahrnehmung innerer und äußerer Reize, die sie vom Körpersystem an das Gehirn weiterleiten. Interozeption umfasst damit die Fähigkeit, die Körpersignale bewusst wahrzunehmen und entsprechend darauf zu reagieren. Forschungsarbeiten konnten zeigen, dass entsprechende Nervenfasern sämtliche Signale von inneren Organen erfassen und an das Gehirn weiterleiten (Craig, 2002; Craig, 2004). Sie spielen einen wichtigen Einfluss in der Wahrnehmung und Regulation von Gefühlen und Verhaltensweisen (Herbert, Pollatos, et al., 2007; Herbert, Ulbrich, et al., 2007).

Diese Körperwahrnehmung erlaubt es Menschen in Abstimmung mit Signalen wie Hunger oder Sättigung zu essen. Dabei wird der Nährstoff- und Energiebedarf des Körpers gedeckt und das Körpergewicht stabil gehalten. Die Vorgabe von Portionsgrößen oder Mengenangaben wird überflüssig. Außerdem werden Überessen, gezügeltes Essverhalten oder Essattacken durch den Mechanismus vorgebeugt (Herbert et al., 2013).

Die adaptive Regulation der Nahrungsaufnahme setzt die Fähigkeit zur Interozeption und eine enge Verbindung mit dem Körper voraus. Interozeption steht für die Fähigkeit, Körpersignale wahrzunehmen und zu verarbeiten. Dabei scheinen Menschen eine unterschiedliche Fähigkeit zu besitzen, diese Signale wahrzunehmen (Herbert et al., 2007; Herbert et al., 2007).

Personen mit einem gestörten bzw. ungesunden Essverhalten zeigen ein rational reguliertes Essverhalten. Körpersignale wie Hunger oder Sättigung können in der Regel nicht mehr differenziert wahrgenommen werden (Herman & Mack, 1975). Eine schlechte interozeptive Wahrnehmung steht mit ungesunden Essverhaltensweisen wie emotionsregulierendem Essverhalten, maladaptiver Emotionsregulation und gezügeltem Essverhalten in Zusammenhang (Ahlich & Rancourt, 2022; Robinson et al., 2021). Es wird davon ausgegangen, dass Personen mit einer schwachen Interozeption beispielsweise nicht zwischen emotionalen und physischen Hungersignalen differenzieren können, wodurch es öfter zur Nahrungsaufnahme kommt. Eine geringe Fähigkeit zur Interozeption konnte darüber hinaus mit einem höheren Körpergewicht in Zusammenhang gebracht werden. So zeigt sich, dass Personen mit einer niedrigen interozeptiven Wahrnehmung einen höheren BMI aufweisen (Robinson et al., 2021).

Die Stärkung der interozeptiven Wahrnehmung spielt daher bei gewichtsneutralen Ansätzen eine bedeutende Rolle. Die interozeptive Wahrnehmung umfasst die Wahrnehmung sämtlicher Körpersignale. Menschen, die beispielsweise in der Lage sind, den eigenen Herzschlag wahrzunehmen, sind ebenso in der Lage, andere interozeptive Signale wie Hunger oder Sättigung besser wahrzunehmen. Das Training der Interozeption über Achtsamkeitsübungen stärkt damit nicht nur die Wahrnehmung des Herzschlages, sondern generell die Wahrnehmung von interozeptiven Signalen (Herbert et al., 2012). Beispiele zur Stärkung der Interozeption sind Achtsamkeitsmeditationen, der Body Scan, Gehmeditationen, diverse Atemmediationen, Übungen zur Beobachtung von Körpersensationen ebenso wie Yoga. Abseits von Achtsamkeitsübungen kann ein gezieltes Training der Körpersignale dabei helfen, Körpersignale wie Hunger, Sättigung oder Verträglichkeit wahrzunehmen und die Nahrungsaufnahme in Übereinstimmung mit den Körpersignalen zu steuern (Hazzard et al., 2021; Herbert et al., 2013; Kristeller & Wolever, 2010; Wernicke, 2023).

Auch abseits des Essverhaltens zeigen sich zahlreiche positive Auswirkungen von Achtsamkeits- und Meditationstraining auf den Organismus. Achtsamkeit steht für volles Gewahrsein im gegenwärtigen Moment, ohne zu bewerten. Achtsamkeit im Kontext des Essverhaltens wird häufig als achtsames Essen (mindful eating) bezeichnet und im engeren Sinne definiert als *neutrales Bewusstsein für physische und emotionale Empfindungen, die mit dem Essen verbunden sind* (Framson et al., 2009). So können Achtsamkeitsübungen dabei helfen, Essensgedanken oder Sorgen in Zusammenhang mit dem eigenen Essverhalten oder dem Körpergewicht zu reduzieren, indem die Gedanken schneller erkannt und früher gestoppt werden (Baer et al., 2005; Courbasson et al., 2010; Hill et al., 2011; Leahey et al., 2008).

5.2.2 Vermittlung von alternativen Strategien zur Emotionsregulation

Schwierigkeiten in der Emotionsregulation und die daraus resultierende Entwicklung von maladaptiven Strategien zur Emotionsregulation liegen Essstörungen wie etwa der Binge-Eating-Störung, der Anorexia nervosa oder der Bulimia nervosa zugrunde (Haynos & Fruzzetti, 2011; Smyth et al., 2007). Daher ist die Auflösung von Binge-Anfällen zentraler Baustein in der gewichtsneutralen Therapie.

Emotionsregulation umfasst die Fähigkeit, Emotionen wahrzunehmen, zu verstehen, zu unterscheiden, zu benennen, mit ihnen zu sein, sie zu beobachten und sie auszudrücken. Bei dem Vorhandensein von Emotionen ist die Unterscheidung zwischen Primäremotionen und Sekundäremotionen vorzunehmen. Primäremotionen sind die Reaktionen auf einen bestimmten Auslöser wie etwa Traurigkeit. Sekundäremotionen sind die Reaktionen auf die Primäremotion wie etwa Ärger. So kann es sein, dass sich Klient:innen durch eine Aussage sehr verletzt fühlen, jedoch mit Ärger reagieren.

Außerdem wird unter Emotionsregulation die Fähigkeit verstanden, das eigene Befinden zu regulieren. Hierbei scheinen Menschen auf vielfältige Strategien zurückgreifen zu können, um ihre Emotionen und die mit ihnen assoziierten Gefühle sowie Verhaltensweisen zu regulieren. Gross unterscheidet hierbei 5 verschiedene Strategien, um mit Emotionen umzugehen: Selektion der Situation, Situationsmodifikation, Aufmerksamkeitslenkung, kognitive Umbewertung und Reaktionsveränderung (Gross, 2015; John & Gross, 2004). Die Strategien lassen sich in präventive Strategien (bevor die Emotion aktiv ist) und Strategien zur situativen Emotionsbewältigung (wenn die Emotion aktiv ist) unterteilen (Brytek-Matera, 2021).

Die Selektion der Situation beschreibt, dass Personen auswählen können, in welche Situation sie sich begeben. So können gewisse Situationen beispielsweise einen Essdrang fördern, während andere positive Effekte auf den Essdrang haben. Klient:innen können lernen, welche Situationen bei ihnen unangenehme Gefühle erzeugen. Außerdem sollen sie bewusst auswählen, in welche Situationen sie sich begeben und in welche nicht. Das Ausmisten des Social-Media-Accounts zur Prävention von starker Körperunzufriedenheit oder Vergleichen zählt zu dieser Strategie.

Situationsmodifikation beschreibt die Veränderung einer bestimmten Situation. So können bestimmte Vorkehrungen getroffen werden, die dabei helfen, in einer bestimmten Situation besser mit einer Anforderung umzugehen. Strategien, um sich abzugrenzen, können beispielsweise helfen, negative Fat Talks am Familientisch zu stoppen. Atemübungen können helfen, die Anspannung beispielsweise zu reduzieren, wenn sie vorhanden ist.

Die Aufmerksamkeitslenkung beschreibt die aktive Lenkung der Aufmerksamkeit. Diese Strategie kann beispielsweise hilfreich sein, wenn oftmals nur negative Aspekte wahrgenommen werden. Das Betrachten des Körpers im Spiegel und das Richten der Aufmerksamkeit auf Körperstellen, die neutral oder als positiv bewertet werden, können dabei helfen, den Fokus von als negativ bewerteten Körperstellen weg zu lenken. Auch die beschriebene 5–4–3–2–1-Übung hilft dabei, die Aufmerksamkeit von unangenehmen Gedanken oder Gefühlen weg zu lenken. Aufmerksamkeitslenkung kann als effektive Strategie zur situativen Emotionsbewältigung gesehen werden (Webb et al., 2012).

Durch kognitive Umbewertung wird die Bedeutung einer Situation oder eines Zustandes neu definiert. Der dadurch stattfindende Perspektivenwechsel kann dabei helfen, neue Sichtweisen und Perspektiven zu kultivieren. Die kognitive Umbewertung von Stressoren zu einem gegebenen Zeitpunkt scheint eine der erfolgreichsten präventiven Strategien in der Emotionsregulation zu sein (Yan et al., 2018).

Die Reaktionsveränderung beschreibt eine Veränderung im Umgang mit der Emotion in einer bestimmten Situation. So kann beispielsweise auf Traurigkeit reagiert werden, in dem die Gedanken niedergeschrieben werden oder Ärger beispielsweise in Form von Bewegung Ausdruck bekommen kann. Das Ablenken von vorhandenen Emotionen kann eine geeignete Strategie darstellen, wenn die Emotion zu intensiv oder schmerzhaft sind. Die Unterdrückung von Emotionen ist eine ungünstige Strategie zur situativen Emotionsbewältigung und sollte daher vermieden werden (Webb et al., 2012).

Achtsamkeitsübungen wie Sitzmeditationen, Atemübungen oder Gehmeditationen zeigen im Zusammenhang mit Reaktionsveränderungen eine besondere Wirksamkeit. Betroffene lernen Emotionen aus einer neutralen Beobachterperspektive wahrzunehmen, ohne sich von ihnen mitreißen zu lassen (Chambers et al., 2009). Achtsamkeit an sich umfasst zahlreiche kognitive und affektive Prozesse, die auf vielfältige Art und Weise zusammenwirken. Dadurch werden automatische Abläufe wie Denk- oder Verhaltensmuster gestoppt. Dies hilft Menschen dabei, aus maladaptiven Verhaltensweisen auszusteigen und bewusster und selbstregulativer zu agieren (Ie et al., 2014).

Im Zusammenhang mit dem Essverhalten ergeben sich dadurch zahlreiche positive Effekte. Achtsamkeit hilft dabei, Emotionen einzuordnen und zu bewältigen, Essdruck standzuhalten oder Essanfällen vorzubeugen (Agüera et al., 2021; Katterman et al., 2014; Turgon et al., 2019). Betroffene zeigen eine hohe Belohnungssensitivität gegenüber Nahrungsreizen bei gleichzeitig geringer interozeptiver Wahrnehmung. Studien zeigen, dass die Haltung der Achtsamkeit in einem positiven Zusammenhang mit Selbstregulation steht (Brown et al., 2007). Selbstregulation hilft wiederum im Einklang mit Körpersignalen und weniger als Reaktion auf emotionale Zustände zu reagieren, was Betroffene dabei unterstützt Essanfälle und Überessen zu reduzieren (O'Reilly et al., 2014).

Eine äußerst hilfreiche Strategie im Umgang mit Essdrang ist der Ansatz des *Urge Surfing* nach Marlatt und Gordon (Larimer et al., 1999). Urge Surfing ist eine achtsamkeitsbasierte Technik, die auf einer akzeptierenden Haltung beruht. Entwickelt wurde sie ursprünglich für den Umgang mit Craving (intensives Verlangen) bei Menschen mit Alkoholabhängigkeit. Die Technik hilft Betroffenen dabei, aufkommende Cravings zu überwinden. Hierzu wird das Bild einer Welle herangezogen. Craving, wie auch Essdrang es ist, kommt demnach wellenartig. Zunächst baut sich der Essdrang sukzessive auf, bis dieser seinen Höhepunkt erreicht. Danach ebbt der Essdrang ab wie eine Welle. Lernen Betroffene mit dem Craving zu sein, können sie den aufkommenden Drang so lange aushalten, bis dieser von selbst verschwindet. Dies geschieht in der Regel innerhalb weniger Minuten. Dabei müssen Klient:innen nichts tun. Je öfter Klient:innen einem Craving standhalten können, desto weniger intensiv werden diese über die Zeit. Klient:innen lernen mit Craving zu sein, ohne ihm nachzugeben. Auf diese Weise fördert die Technik die Selbstregulation.

5.2.3 Selbstmitgefühl kultivieren

Ein niedriger Selbstwert gilt als Prädiktor für ungesundes Essverhalten. Der Selbstwert bezieht sich auf eine Evaluierung des Selbst in Abhängigkeit von Standards und Vergleichen. Ein hoher Selbstwert impliziert, dass der eigene Wert als hoch erachtet wird. Es besteht die Überzeugung, gut und wertvoll zu sein, und man zeigt dies auch nach außen. Selbstwert wird oftmals, vor allem bei Frauen, von dem Körpergewicht und der Attraktivität abgeleitet. Je näher das Körpergewicht am Wunschgewicht liegt und je attraktiver sie sich selbst einschätzen, desto selbstbewusster fühlen sich Frauen oftmals. Je größer die Entfernung von dem Wunschgewicht oder sozialen Idealen, desto negativer ist oftmals der Selbstwert und desto mehr Körperscham zeigt sich (Ackard et al., 2002; Markey et al., 2023; Neumark-Sztainer et al., 2002; Paxton et al., 2006; Ricciardelli & McCabe, 2001; Ura & Preston, 2015; Urbszat et al., 2002). Der Körper wird zunehmend weniger exponiert oder in der Öffentlichkeit gezeigt. Um den Selbstwert zu verändern, muss eine laufende Evaluierung und Bewertung des Selbst stattfinden. Die Veränderung des Selbstwertes, aber auch seine Stabilisierung ist damit von Vergleichen und Bewertungen abhängig. Darüber hinaus scheint die Veränderung des stabilen Selbstwertes schwer.

Anders ist dies beim Konzept des achtsamen Selbstmitgefühls nach Kristin Neff. Im Gegensatz zum Selbstwert leitet sich das Selbstmitgefühl nicht von Bewertungen ab und ist um ein Vielfaches leichter zu kultivieren. Dabei scheinen die Auswirkungen auf Kognitionen und Emotionen, denen ähnlich zu sein, die mit einem hohen Selbstwert assoziiert sind. Selbstmitgefühl bedeutet, sich selbst in einer verständnisvollen und unterstützenden Art und Weise zu begegnen und wertschätzend mit sich selbst sowie mit eigenen Fehlern umzugehen (Neff, 2003). Selbstmitgefühl ist damit eine Haltung, die mitfühlend und akzeptierend ist, unabhängig von Leistung, Kennzahlen, Erfolgen oder Misserfolgen. Selbstmitgefühl umfasst nach Neff drei Komponenten. Zu ihnen zählen ein wertschätzender und freundlicher Umgang mit sich selbst, Menschlichkeit und Gemeinschaftsgefühl sowie Achtsamkeit (Neff, 2023). Im Folgenden wird auf die einzelnen Aspekte näher eingegangen.

Wertschätzender Umgang mit sich selbst: Während Menschen im Allgemeinen warm und liebevoll mit der Familie oder engen Freunden umgehen, freundliche Worte und Verständnis aufbringen, zeigt sich im Umgang mit dem eigenen Selbst häufig ein anderes Bild. Die Selbstgespräche und deren Tonalität sind oftmals hart, unfreundlich, kritisierend und bestrafend und umfassen nicht selten Bewertungen, die die meisten aus Scham nicht aussprechen würden. Mithilfe des achtsamen Selbstmitgefühls wird der innere Dialog verändert. Ein unterstützender, verständnisvoller Dialog wird kultiviert. Auch wird freundlicher mit eigenen Gefühlen umgegangen, indem diese validiert und respektiert werden. Freundlichkeit gegenüber sich selbst impliziert emotional und fürsorglich für sich selbst da zu sein (Neff, 2023).

Beispiele:

- »Reiß dich zusammen.« vs. »Es ist okay, Angst zu haben.«
- »Jetzt hast du schon wieder versagt. Du wirst es nie schaffen, du Versagerin.« vs. »Du hast dein Bestes gegeben. Nächstes Mal wird es besser klappen.«
- »Du bist sozial inkompetent und eine Heulsuse. Dass dich überhaupt jemand mag, ist ein Wunder« vs. »Es ist okay, wenn du Grenzen aufzeigst und zu dem stehst, was dir am Herzen liegt.«
- »Du hast dir vorgenommen, dass du das Workout machst. Jetzt steh auf, du faule Kuh« vs. »Du darfst dich ausruhen. Es ist okay, wenn du heute weniger Kraft hast. Du kannst auch spazieren gehen oder sanftere Übungen machen, wenn du müde bist.«

Menschlichkeit und Gemeinschaft: Geht es Menschen nicht gut, besteht die Tendenz, das Gefühl zu haben, alleine mit dem Gefühl zu sein. Es besteht die Überzeugung, die einzige Person zu sein, der es schlecht geht und die einzige Person zu sein, die ihr Leben nicht managen kann. Dies erzeugt ein Gefühl der Unfähigkeit und des Versagens. Stattdessen sollen Menschen lernen, dass unangenehme Gefühle oder Scheitern ein Teil des menschlichen Lebens sind/ist. Dass es allen Menschen gleichermaßen geht und dass jeder Mensch Lebensphasen hat, die nicht gut laufen oder in denen beispielsweise Beziehungen zerbrechen. Zu wissen, dass unangenehme Lebensphasen zum Leben dazu gehören, verbindet Menschen mit der Umwelt und verhindert, dass sie sich isoliert fühlen. Darüber hinaus wird Selbstmitleid reduziert (Neff, 2023). Schmerz oder Traurigkeit werden als Emotionen verstanden, die zum Leben dazu gehören und ein Teil des Lebens sein dürfen, anstatt diese Emotionen aus dem Leben verdrängen zu wollen. Betroffene erleben Emotionen als etwas Normales und Menschliches. Anstatt unangenehme Emotionen zu vermeiden, gehen Menschen auf Emotionen zu und erkennen diese als wichtig und valide an. Das Erleben der unangenehmen Emotionen hilft wiederum dabei, diese zu bewältigen (Agüera et al., 2021; Neff, 2003).

Achtsamkeit: Achtsamkeit im Kontext des Mitgefühls bedeutet, sich Emotionen zuzuwenden, anstatt sich von ihnen abzuwenden. Dies ist die Grundvoraussetzung für Selbstmitgefühl. Ohne eine Zuwendung zu Emotionen kann es passieren, dass unangenehme Emotionen überhand nehmen oder zu einer Überidentifikation mit dem Schmerz bzw. der unangenehmen Emotion führen und Teil des Selbstbildes werden. Statt *schlichtweg einen Essanfall gehabt zu haben*, bewertet die Person sich als Ganzes als unfähig und disziplinlos. Diese Bewertung fließt in den stabilen Selbstwert ein. Das Selbstbild wird zunehmend schlechter. Erst wenn wir anerkennen, dass Gedanken oder Emotionen die Konsequenz aus den Bewertungen der Realität sind, so Neff, ist es möglich aus unangenehmen Emotionsspiralen auszusteigen. Achtsamkeit ist damit die Basis des achtsamen Selbstmitgefühls (Neff, 2023).

Beispiele:

- »Ich bin ein hässlicher Mensch.« vs. »Ich fühle mich jetzt gerade nicht attraktiv.«
- »Mein Leben ist sinnlos.« vs. »Ich fühle gerade keinen Sinn.«
- »Ich werde es nie schaffen.« vs. »Im Moment habe ich das Gefühl, niemals eine normale Beziehung mit meinem Körper aufbauen zu können.«

Zahlreiche Studien zeigen positive Auswirkungen von achtsamkeitsbasierten Interventionen, die Betroffene dabei unterstützen, eine neue Beziehung zu dem eigenen Körper aufzubauen und die Unzufriedenheit mit dem eigenen Körper zu reduzieren (Alberts et al., 2012; Atkinson & Wade, 2016). Studien konnten zeigen, dass achtsames Selbstmitgefühl als ein wichtiger Prädiktor gegen Körperunzufriedenheit angesehen werden kann (Neff, 2003; Neff, 2023; Turk & Waller, 2020). Außerdem zeigt sich ein negativer Zusammenhang zwischen Selbstmitgefühl und weniger Sorgen rund um das Körperbild (Turk & Waller, 2020).

Selbstmitgefühl hilft außerdem dabei, ungesunde Essverhaltensweisen abzulegen (Braun et al., 2016; Breen et al., 2022; Breines et al., 2014; Ferreira et al., 2014; Turk & Waller, 2020). Besonders bei hochgewichtigen Personen dürfte Selbstmitgefühl eine wichtige Rolle im Zusammenhang mit dem Essverhalten einnehmen (Turk & Waller, 2020). Selbstmitgefühl scheint dabei zu unterstützen, negative Selbstüberzeugungen abzubauen, was wiederum die Entwicklung von einem gesunden Essverhalten (anstelle von Restriktion) fördert.

Selbstmitgefühl ist außerdem mit gesundheitsförderlichen Verhaltensweisen wie Essverhalten und Bewegungsverhalten assoziiert (Phillips & Hine, 2021).

Darüber hinaus unterstützt Selbstmitgefühl dabei, Emotionen zu regulieren (Neff, 2003). Eine Metastudie konnte einen negativen Zusammenhang zwischen Selbstmitgefühl und Stress, Depressionen oder etwa Ängsten aufzeigen. In einer Studie aus dem Jahr 2021 konnte gezeigt werden, dass ein Anstieg im Selbstmitgefühl eine Reduktion in der Psychopathologie zur Folge hatte (Ferrari et al., 2019; Hughes et al., 2021; MacBeth & Gumley, 2012; Marsh et al., 2018; Suh & Jeong, 2021). Diese Effekte bestanden auch nach 5 Jahren noch. Eine weitere Studie konnte zeigen, dass Selbstmitgefühl die Symptome einer Posttraumatischen Belastungsstörung reduzieren konnte (Lee et al., 2021). Eine andere Studie kam zu dem Ergebnis, dass Selbstmitgefühl mit Glücklichsein, angenehmen Emotionen und Lebenszufriedenheit im Zusammenhang steht (Zessin et al., 2015). Ferrari und Kolleg:innen führten eine Metastudie mit dem Fokus auf RCT-Studien durch. 27 Studien flossen in die Auswertung ein. Es konnte gezeigt werden, dass Selbstmitgefühl zu einer signifikanten Verbesserung der Lebenszufriedenheit, des Grübelns und Gedankenkreisens, des Essverhaltens, der Achtsamkeit sowie der Selbstkritik führte (Ferrari et al., 2019).

Selbstmitgefühl kann damit als nachhaltiger Schutzfaktor von ungesundem Essverhalten und maladaptiven Strategien zur Emotionsbewältigung gesehen werden (Turk & Waller, 2020).

5.2.4 Körperbildarbeit

Ein negatives Körperbild ist einer der stärksten Prädiktoren für ein gestörtes oder ungesundes Essverhalten. Die Kultivierung eines neutralen bzw. positiven Körperbildes stellt daher ein wichtiges Therapieelement dar. Das Körperbild (*body image*) ist ein komplexes Konstrukt, welches unabhängig von der Zufriedenheit mit dem eigenen Körper (*body satisfaction bzw. body dissatisfaction*) gesehen werden muss.

Die Stärkung eines gesunden bzw. positiven Körperbildes impliziert damit nicht, den Körper als toll zu empfinden oder diesen gar zu lieben. Stattdessen geht ein gesundes Körperbild weit über das Konstrukt der Zufriedenheit mit der optischen Erscheinung des Körpers hinaus.

Tracy Tylka, eine Koryphäe auf dem Forschungsgebiet, formuliert mehrere Faktoren, die zu der Entwicklung eines positiven Körperbildes beitragen: die Wertschätzung des Körpers, Körperakzeptanz, die Akzeptanz, dass unterschiedliche Körperformen und Körpergrößen schön sein können, das Praktizieren von Selbstfürsorge, eine positive innere Einstellung sowie Selektion von Informationen aus der Umwelt in Bezug auf das Körperbild (Tylka & Wood-Barcalow, 2015b). Durch die Stärkung dieser einzelnen Aspekte kann das Körperbild gefördert werden. Damit wird es als etwas Facettenreiches und Ganzheitliches definiert.

Wertschätzung des Körpers: Das bedeutet den Körper für das wertzuschätzen, was er im Leben ermöglicht und nicht für das, wie er aussieht. Die Körperfunktionalität umfasst alles, was der Körper tun kann und uns ermöglicht zu tun oder zu erleben, einschließlich Aktivitäten, Interaktionen mit anderen Menschen und Sinneseindrücken. Werden Personen gebeten, die Funktionalität des Körpers zu beschreiben, zeigt sich eine Betonung auf folgende Themen: die Bewertung der Funktion des Körpers, autonome Körperfunktionen, eine positive Verbindung zum eigenen Körper, die Beschreibung eines widerstandsfähigen Körpers und das Genießen der Körperfunktionen (Alleva et al., 2019). Werden Personen gebeten, ihr körperliches Erscheinungsbild zu beschreiben, stehen Vergleiche mit Körpernormen, die Bewertung des eigenen körperlichen Erscheinungsbildes sowie Bewertungen durch andere Personen und die Betrachtung des Körpers als Projekt, der verändert oder manipuliert werden soll, im Vordergrund (Alleva et al., 2019).

Anstatt den Körper daher in Bezug auf Schönheit zu evaluieren, wird bei der Körperwertschätzung wertgeschätzt, dass der Körper ein Instrument ist, das die Teilhabe am und Gestaltung des Lebens ermöglicht. Außerdem wird der Körper für das, was er tagtäglich leistet, wertgeschätzt. Dankbarkeit wird kultiviert und der Selbst-Objektifizierung wird entgegengewirkt (Tylka & Wood-Barcalow, 2015b).

Beispiele:

- »Ich schätze meinen Körper, weil er mir ermöglicht, ein Kind zu gebären. Mein Körper trägt die Zeichen der Schwangerschaft/Geburt und das ist okay.«
- »Ich schätze, dass mir mein Körper ermöglicht meine Familie/Freunde zu umarmen.«
- »Ich schätze meinen Körper dafür, dass ich mit ihm Berge erklimmen kann.«

Körperakzeptanz bzw. Körperliebe: Dies bedeutet, Zuneigung für den Körper auszudrücken und sich wohl mit dem Körper zu fühlen, auch wenn eine Unzufriedenheit mit der Erscheinung oder dem Gewicht besteht. Körperakzeptanz schließt ein, diverse Aspekte des Körpers zu akzeptieren, anstatt täglich unglücklich über dessen Erscheinung zu sein (Tylka & Wood-Barcalow, 2015b).

Akzeptanz, dass unterschiedliche Körperformen und Körpergrößen schön sein können: Schönheit wird über sozial festgelegte Normen hinaus definiert und Schönheit ist damit nicht länger an eine bestimmte Körperform oder an ein Gewicht gebunden, sondern akzeptiert, dass sich Schönheit in vielen Aspekten und Facetten zeigen kann. Die Definition von Schönheit geht dabei über das Körpergewicht und die Körperfigur hinaus. So kann eine positive Ausstrahlung oder *ganz man selbst sein* als schön bezeichnet werden (Tylka & Wood-Barcalow, 2015b).

Selbstfürsorge: Ein positives Körperbild bedeutet, für sich selbst zu sorgen und Dinge zu tun, die sich gut anfühlen. Im Vordergrund steht dabei, Dinge zu tun, die sich für die individuelle Person gut anfühlen und nicht um Schönheitsstandards zu erfüllen. Das umfasst das Ziehen von Grenzen ebenso wie Bewegung, Maniküre oder den eigenen Körper einzucremen (Tylka & Wood-Barcalow, 2015b).

Positive Einstellung: Die positive Einstellung wird als Verbindung zwischen dem Körperbild und positiven bzw. angenehmen Emotionen gesehen. Eine positive Grundeinstellung spiegelt sich in einem Lächeln, einer aufrechten Körperhaltung oder etwa in einer Zuversicht, die ihrerseits zu einem positiven Körperbild beitragen kann (Tylka & Wood-Barcalow, 2015b).

Selektion von Informationen aus der Umwelt in Bezug auf das Körperbild: Ein positives Körperbild schließt ein, Informationen ganz bewusst zu selektieren, sodass sie ein neutrales oder positives Körperbild fördern. Dies spiegelt sich beispielsweise darin, dass Social-Media-Accounts, die dazu führen, dass die eigene Person oder der eigene Körper abgelehnt werden, ganz bewusst entfolgt werden. Stattdessen soll ein Umgang gestaltet werden, der es erlaubt, die eigene Gesundheit und das eigene Körperbild zu fördern (Tylka & Wood-Barcalow, 2015b).

In Studien zeigt sich ein positiver Zusammenhang zwischen positivem Körperbild und Wohlbefinden, Selbstfürsorge oder körperlicher sowie mentaler Gesundheit (Augustus-Horvath & Tylka, 2011; Avalos & Tylka, 2006; Gillen, 2015; Tylka & Homan, 2015). Des Weiteren konnte ein negativer Zusammenhang mit Diätgesprächen, ungesunden Essverhaltensweisen wie Diäthalten und negativen Gesprächen über das Körpergewicht hergestellt werden (Gillen, 2015; Tylka & Kroon Van Diest, 2013; Wasylkiw & Butler, 2014).

Die Kultivierung eines positiven Körperbildes stellt daher einen wichtigen Therapiefaktor dar.

5.2.5 Freudvolle Bewegung fördern

Die Beziehung zum Thema Sport ist für viele Klient:innen ambivalent. Häufig kommt es vor, dass Betroffene durch die Instrumentalisierung von Sport als Tool zum Gewichtsverlust eine negative oder belastende Beziehung zu dem Thema entwickeln. Alleine der Gedanke an Bewegung oder Sport führt dann oftmals zu einem inneren Widerstand. Dies führt unter anderem dazu, dass Bewegungsangebote oftmals nicht in Anspruch genommen werden oder hauptsächlich als Tool gesehen werden, Kalorien zu verbrennen. Ohne aktives Gewichtsreduktionsprojekt wird auch weniger Bewegung betrieben. Auch Daten der Nurses Health Study 2 zeigen, dass Personen nach erfolgreicher Gewichtsreduktion kein Bewegungsverhalten im Alltag zeigten. Bewegung wird demnach zur Gewichtsreduktion eingesetzt, nicht aber in Phasen, in denen keine aktive Gewichtsreduktion angestrebt wird (Field, Manson, Taylor, Willett & Colditz, 2004). Die Verknüpfung zwischen Bewegung/Sport und Gewichtsverlust führt dazu, dass der allgemeine positive Aspekt von Bewegung/Sport oftmals vernachlässigt wird.

Das Adipositas-Netzwerk, *European Association for the Study of Obesity (EASO)*, bestehend aus unterschiedlichsten Fachexpert:innen, fasst die zahlreichen positiven Auswirkungen von Bewegung in ihrer Überblicksarbeit zusammen. So zeigt sich, dass Ausdauertraining wie Aerobic Training bei laut BMI adipösen oder übergewichtigen Personen dabei hilft, das Bauchfett zu reduzieren. Außerdem schützt das Training vor einem Verlust von fettfreiem Körpergewebe. Aerobic, hoch intensives Training (HIT) oder Krafttraining unterstützen dabei den Blutdruck (systolisch und diastolisch) um ca. 2 bis 3 mmHg zu senken und die Insulinsensitivität zu erhöhen. HIT und Aerobictraining fördern die Sauerstoffversorgung bei nach BMI übergewichtigen und adipösen Menschen. Obwohl sich das Körpergewicht durch Bewegung im Schnitt lediglich um 2 bis 3 Kilo reduziert, zeigen sich demnach also zahlreiche andere positive Auswirkungen (Oppert et al., 2021).

In der gewichtsneutralen Therapie nimmt daher die Förderung der Freude an Bewegung und Sport eine wichtige Rolle ein.

Gemäß der Selbstbestimmungstheorie nach Deci und Ryan ist die Motivation für ein bestimmtes Verhalten davon abhängig, inwieweit die Bedürfnisse nach Kompetenz, sozialer Eingebundenheit und Autonomie befriedigt werden können (Ryan & Deci, 2017). Sind die Bedürfnisse erfüllt, steigt der Grad an Selbstbestimmtheit. Der Theorie zufolge fördert Selbstbestimmtheit die intrinsische Motivation, was dazu beiträgt, dass ein Verhalten wie etwa Bewegung und Sport um der Sache Willen langfristig aufrechterhalten wird. Extrinsische Motivation führt im Gegensatz dazu, dass ein Verhalten nicht langfristig aufrechterhalten wird. Im Zentrum steht daher die Qualität des Verhaltens *(Ich tue etwas gerne)* und die Auswirkungen auf Wohlbefinden und Leistung *(Es fühlt sich gut an)* (Ryan & Deci, 2017).

Ryan und Deci gehen davon aus, dass es mehrere Motivationsstufen gibt. Vier davon sind der extrinsischen Motivation zuzuordnen und eine der intrinsischen Motivation. Intrinsische Motivation erfüllt alle Bedürfnisse und bringt demnach die größte Motivation zur Ausübung eines Verhaltens mit sich. Bei der extrinsischen Motivation wird zwischen der externalen Regulation, der introjizierten Regulation, der identifizierten Regulation und der integrierten Regulation unterschieden (Ryan & Deci, 2017):

- Die externale Regulation fördert ein Verhalten durch das Erreichen von Belohnungen oder dem Vermeiden von negativen Konsequenzen. Sie hat daher einen niedrigen Grad der Selbstbestimmung. *Bewegung/Sport wird betrieben, um nicht krank zu werden.*
- Die introjizierte Regulation bezieht sich auf die Möglichkeiten, den eigenen Selbstwert zu steigern, indem anderen gefallen wird. *Sport wird getrieben, um andere zu beeindrucken oder besser auszusehen.*
- Die identifizierte Regulation beschreibt eine Motivation zur Erreichung von längerfristigen Zielen. *Es wird Sport betrieben, um schlanker zu werden.*
- Die integrierte Regulation schließt ein, dass eine Person sich mit dem Verhalten oder mit Werten identifizieren kann. Die integrierte Regulation ist eine extrinsische Motivation, die der intrinsischen Motivation am nächsten kommt. Personen, die ein Verhalten auf Basis intrinsischer Motivationsprozesse durchführen, führen das Verhalten gerne durch.

Abnehmvorhaben führen zu externaler, introjizierter oder identifizierter Regulation. Extrinsische Motivation, wie dies bei Abnehmvorhaben der Fall ist, führt in der Regel dazu, dass keine langfristige Verhaltensänderung erfolgt und die Verhaltensweise nach Zielerreichung eingestellt wird. Es erfordert laufend Kontrolle oder das Aufbringen von Motivation, um sich zu bewegen. Bewegung wird dadurch über die Zeit negativ konditioniert.

Bestenfalls ist Bewegung und Sport mit intrinsischer Motivation verbunden. Bei Personen, die eine ambivalente und negative Beziehung zu Sport erleben, sollte der Aufbau der regulierten bzw. intrinsischen Motivation das Ziel sein. Bewegung und Sport soll um seinetwillen (intrinsische Motivation) oder wegen seiner positiven gesundheitlichen Effekte (regulierte Motivation) auf Kraft, Ausdauer, Schlafqualität oder zum Zwecke des Spannungsabbaus ausgeführt werden. Dies ist gemäß der Theorie der Selbstbestimmung die Grundvoraussetzung für die nachhaltige Implementierung von Gewohnheiten oder gesundheitsförderlichen Verhaltensweisen. Das Konzept von HAES® steht in einem engen Zusammenhang mit der Förderung der regulierten bzw. intrinsischen Motivation.

In einer Studie aus dem Jahr 2013 wurde die Auswirkung einer HAES®-Intervention in Zusammenhang mit Sport im Rahmen einer RCT-Studie untersucht (Hsu et al., 2013). Die Teilnehmer:innen nahmen 8 Wochen an einer Interventionsstudie mit einer Follow-up-Erhebung 4 Wochen nach Ende der Intervention teil. Hierzu wurden die Teilnehmer:innen der HAES®-Gruppe dabei begleitet, Bewegungs- oder Sportangebote zu identifizieren, die ihnen Spaß machen und zu ihrem Lebensstil und Alltag passen. Außerdem wurden die Teilnehmer:innen über die vielfältigen Vorteile von Sport abseits von Gewichtsverlust aufgeklärt und Hindernisse besprochen. Teilnehmer:innen wurden außerdem dazu aufgefordert, ihre Vorhaben mit Freunden oder Familienmitgliedern zu teilen. Das Ziel, Gewicht mit der Sportart zu verlieren, wurde eliminiert. An der Studie nahmen 25 laut BMI übergewichte Frauen teil. Die Studie zeigte positive Effekte in der HAES®-Gruppe. Die Teilnehmer:innen erhöhten die Bewegungseinheiten sowie Alltagsbewegungen wie Treppensteigen. Auch die Fitness gemessen an der VO$_2$max zeigte eine positive Veränderung. Die Ergebnisse der HAES®-Gruppe zeigen im Vergleich zu der Standardintervention die gleichen Ergebnisse. Leider liegen für diese Studie keine späteren Follow-up-Erhebungen vor, sodass der langfristige Effekt der Intervention nicht ersichtlich ist (Hsu et al., 2013). Es ist jedoch davon auszugehen, dass die Effekte derer anderer HAES®-Interventionen ähnlich sind und auch langfristig anhalten.

5.2.6 Ernährungskompetenz freudvoll gestalten

Nicht selten liegt der Fokus in der Ernährungsumstellung darauf, was reduziert, weniger verzehrt oder nicht allzu häufig in dem Speiseplan vorkommen sollte. Obwohl dies auf den ersten Blick eine Handlungsempfehlung darstellt, die einfach und praktikabel erscheint, zeigt sich diese Vorgehensweise langfristig als unwirksam oder gar kontraproduktiv (Dannenberg & Weingärtner, 2023; Sieverding et al., 2019). Die Wahrnehmung von bestimmten Lebensmitteln wird zunehmend dogmatischer. Bestimmte Lebensmittel in Kategorien wie *gut* und *schlecht* oder *gesund* und *ungesund* einzuteilen hat zur Folge, dass Ernährung dogmatisch gedacht und umgesetzt wird. Obwohl die Einteilung in gesunde und ungesunde Lebensmittel tagtäglich in den unterschiedlichsten Settings und von Personen unterschiedlichster Berufsgruppen vorgenommen wird, sei an dieser Stelle angemerkt, dass die Bewertung von Lebensmitteln als *gut* oder *schlecht* aus wissenschaftlicher Sicht nicht haltbar ist.

> »Alle Fachgesellschaften im deutschen Sprachraum – wie die Deutsche, Schweizerische und Österreichische Gesellschaft für Ernährung, die Berufsverbände VDOE und VEÖ sowie das Deutsche Institut für Ernährungsforschung (DIfE) und das Bundeszentrum für Ernährung (BZfE) – sind sich darüber einig, **dass kein einzelnes Lebensmittel als gesund oder ungesund gelten kann.** Nur Ernährungsweisen – also die Summe der Gewohnheiten und das Zusammenspiel von Lebensmitteln, Speisen und Getränken, Konsumfrequenz und -menge, Abwechslung, Zubereitungsmethoden und Timing – verdienen ein solches Prädikat.« (Gruber, 2022, S. 9).

Zusätzlich führt die Bewertung von einzelnen Lebensmitteln als schlecht, ungesund oder Dickmacher unwillkürlich zu vermeidungsorientiertem Handeln sowie Kognitionen, bei denen gewisse Lebensmittel vermieden werden. Die Beziehung zu dem Thema Ernährung wird demnach in den meisten Fällen belastender, kontrollierter und einengend. Dogmatisches Denken und Handeln können auch den Impuls zur Wiederherstellung der Freiheit aktivieren und damit zur Enthemmung des Essverhaltens führen. Über die Zeit kann sich sogar eine Ablehnung von Lebensmitteln mit hohem Gesundheitswert entwickeln.

Aus psychologischer Sicht sollte der Fokus in der Ernährungstherapie und -beratung daher nicht auf diejenigen Nährstoffe oder Lebensmittel gelenkt werden, welche nicht mehr oder weniger verzehrt werden sollen (Einschränkung der Handlungsfreiheit, negative Verstärkung und Bestrafung), sondern vielmehr auf diejenigen Nährstoffe oder Lebensmittel, die verzehrt werden sollen (positive Verstärkung, Förderung der Handlungsfreiheit). Der Schwerpunkt sollte demnach nicht darauf gelegt werden, was Klient:innen nicht tun sollen, sondern was sie tun sollen. Das hilft ihnen dabei dogmatisches Denken und Essdrang sowie Zügelung abzulegen.

Statt »*Der Anteil von Kohlenhydraten ist bei den Mahlzeiten sehr hoch*« kann folgende Formulierung gewählt werden: »*Ich sehe, dass der Anteil an ... sehr gering ist. Hat das einen bestimmten Grund?*« Dies lenkt den Fokus von Betroffenen auf die zu ergänzenden Nährstoffe und nimmt Abstand von einer Verzichtshaltung.

Die ernährungspsychologische Herangehensweise in der Therapie sollte ein durch Leichtigkeit und Flexibilität geprägter Zugang sein. *Food freedom* bezeichnet die individuelle Freiheit diejenigen Lebensmittel auszuwählen, die mit den aktuellen physiologischen und psychischen Bedürfnissen übereinstimmen. Food freedom steht dafür, eine Ernährung zu verfolgen, die eine Freiheit in der Auswahl der Lebensmittel und Speisen vermittelt, anstatt sich laufend darüber Gedanken machen zu müssen, was gegessen werden *sollte, müsste* oder *dürfte*. Bei food freedom geht es nicht darum, einseitig und nur noch energiereich und *schlecht* zu essen, sondern um ein Wiedererlangen der Freiheit und Beweglichkeit in der Ernährungswelt. Anstatt einen vermeidungsorientierten Ansatz zu verfolgen, wird der Fokus auf die Inklusion von Lebensmitteln gelegt.

In der gewichtsneutralen Therapie nähern sich Klient:innen dem Thema Ernährung aus einer neuen Perspektive, geprägt durch Selbstfürsorge und Neugier. Klient:innen werden dabei begleitet, sämtlichen Lebensmitteln bewertungsfrei zu begegnen, den physiologischen sowie psychologischen Nährwert von Lebensmitteln zu verstehen, Ernährung ganzheitlich zu erfassen und zu lernen, wie eine nährstoffreiche und vielfältige Ernährung mit bewertungsfreiem und neutralem Zugang aussehen kann.

Darüber hinaus steht in der Ernährungstherapie die Förderung der physischen Gesundheit sowie die Therapie etwaiger metabolischer Risikofaktoren oder Erkrankungen im Zentrum.

5.3 Evaluierung alternativer Ansätze in der Forschung

Es finden sich eine Reihe von Ansätzen und Präventionsprogrammen, die zu den gewichtsneutralen Ansätzen gehören. Zwei strukturiert und systematisch gut untersuchte Interventionsprogramme sind achtsamkeitsbasierte Ansätze, vor allem das

Mindfulness-Based Eating Awareness-Training (MB-EAT) von Jean Kristeller, sowie das Konzept *Intuitiv Essen* nach Evelyn Tribole und Elyse Resch.

Beide Programme werden kontinuierlich weiterentwickelt und systematisch erforscht. Es sei jedoch angemerkt, dass es viele weitere beeindruckende Artikel und Arbeiten von anderen Forscher:innen gibt.

5.3.1 Achtsamkeitsbasierte Ansätze

Das MB-EAT ist ein strukturiertes Gruppenprogramm, welches Teilnehmer:innen über 12 Wochen dabei begleitet, Achtsamkeit und achtsames Essverhalten zu kultivieren, gezügeltes Essverhalten abzulegen, Körpersignale wie Hunger oder Sättigung wahrzunehmen, Bewegung in den Alltag zu integrieren, Essanfälle abzulegen, Selbstakzeptanz zu erlernen und nährstoffreich und vielfältig zu essen. Entwickelt wurde es von der Psychologin Jean Kristeller zur Therapie von Personen, die an der Binge-Eating-Störung oder unter Essanfällen leiden. Der Kurs kann als Kombination aus Achtsamkeitsübungen, Meditation und psychologischen Elementen gesehen werden. MB-EAT baut auf dem von Kabat-Zinn entwickelten achtsamkeitsbasierten Stressbewältigungsprogramm auf (Kristeller & Wolever, 2010). Das MB-EAT–Programm kann nicht gänzlich als gewichtsneutral angesehen werden, da ein optionales Modul zur Gewichtsreduktion im Programm enthalten ist. Jean Kristeller geht davon aus, dass sich durch achtsame Entscheidungen circa 500 kcal pro Tag einsparen lassen. Teilnehmer:innen werden dazu angehalten, einen achtsamen Umgang mit Lebensmitteln zu pflegen und nach solchen Einsparungen Ausschau zu halten. Nachdem dieses Modul optional gesehen wird, und sich der Rest des Programmes mit anderen gewichtsneutralen Ansätzen deckt, soll das MB-EAT-Programm dennoch hier Erwähnung finden, da Gewichtsreduktion nicht im Zentrum des Programmes steht.

Es zeigen sich zahlreiche negative Zusammenhänge zwischen Achtsamkeit und gestörten Essverhaltensweisen und Kognitionen. So findet man z. B. konsistent negative Zusammenhänge zwischen Achtsamkeit und essensbezogenen Sorgen (Pivarunas et al., 2015; Prowse et al., 2013; Sala & Levinson, 2017), emotionalem Essen (Ouwens et al., 2015; Pidgeon et al., 2013), Körperunzufriedenheit (Sala & Levinson, 2017) und emotionalem Essen (Katterman et al., 2014; Turgon et al., 2019).

Die aktuelle Studienlage untermauert die positive Wirkung von achtsamkeitsbasierten Interventionen auf das Essverhalten und impliziert Kausalität. Interventionsstudien zeigen signifikante Reduktionen von essensbezogenen Gedanken und Sorgen (Baer et al., 2005; Courbasson et al., 2010; Hill et al., 2011; Leahey et al., 2008) und weniger dichotomes Denken bezüglich des Essens. Außerdem zeigen sich signifikante Reduktionen von Körperunzufriedenheit (Alberts et al., 2012) sowie weniger emotionsregulierendes Essverhalten (Katterman et al. 2014; Turgon et al., 2019).

Eine Studie von Atkinson und Wade (2014) nutzte eine achtsamkeitsbasierte Intervention in einer Stichprobe von 44 Frauen mit Körperunzufriedenheit. Die Teilnehmerinnen wurden zufällig einer von drei Versuchsbedingungen zugeteilt: achtsamkeitsbasierte Intervention, dissonanzbasierte Intervention und Kontrollgruppe. Verschiedenste Konstrukte (Risikofaktoren für Entwicklung von Essstörungen wie z. B. Körperunzufriedenheit) wurden erhoben, einmal zu Beginn, in Anschluss an die Intervention und 6 Monate später (Follow up). Es zeigten sich signifikante Verbesserungen für die Konstrukte Gewichts- und Figursorgen, restriktives Essverhalten sowie der Internalisierung von Schlankheitsidealen für die achtsamkeitsbasierte Intervention verglichen mit der Kontrollbedingung.

In einer Studie aus dem Jahr 2016 wurde das Training eines achtsamen Essverhaltens über insgesamt 5,5 Monate mit laut BMI adipösen Personen durchgeführt. 12 Wochen lang wurden die Teilnehmer:innen wöchentlich begleitet. Anschließend gab es 3 Treffen im Abstand von 2 Wochen sowie eine Abschlusseinheit nach 4 Wochen. Zusätzlich wurde ein Seminartag mit den Teilnehmer:innen abgehalten. Das Esstraining umfasste geführte Essmeditationen zu den Themen Hunger, Sättigung und Völlegefühl sowie Übungen zur Sensitivität der Geschmacksknospen. Außerdem wurden Achtsamkeitsübungen vor der Nahrungsaufnahme durchgeführt. Des Weiteren wurden Übungen zur Erkennung von Essdrang und emotionalen Triggern, die zur Nahrungsaufnahme führen, durchgeführt. Teilnehmer:innen wurden dabei instruiert, auf den Genuss und den Geschmack der Speisen zu achten. Außerdem wurden diverse Achtsamkeitsübungen und Meditationen durchgeführt.

Der Kontrollgruppe wurde Wissen mittels Vorträgen zu Ernährung und Bewegung vermittelt. In der Kontrollgruppe wurden außerdem Entspannungstechniken vorgestellt. Da die vorliegende Studie Gewichtsverlust bei Patient:innen fördern wollte, gab es in der Kontrollgruppe eine entsprechende Ernährungsschulung, während die Teilnehmer:innen in der Achtsamkeitsgruppe dazu angehalten wurden, bewusster auf ihre Körpersignale und emotional Trigger zu achten. Die Autor:innen der Studie gingen davon aus, dass das achtsamere Essverhalten dazu beitragen könnte, circa 500 kcal pro Woche, die sonst in unbewusstem Konsum verzehrt würden, einzusparen. Insgesamt nahmen 194 Personen an der Studie teil, die auf die Interventions- und Kontrollgruppe aufgeteilt wurden (Mason et al., 2016). Die Auswertung nach 6 und 12 Monaten zeigte, dass die Teilnehmer:innen der Achtsamkeitsgruppe ein stärker ausgeprägtes achtsames Essverhalten, eine signifikant geringere Aufnahme von Süßigkeiten sowie einen niedrigeren Nüchtern-Blutzucker aufwiesen (Mason et al., 2016).

5.3.2 Intuitiv essen nach Tribole und Resch

Das Konzept *Intuitiv essen* wurde von zwei Diätologinnen zur Therapie eines gestörten Essverhaltens entwickelt und wird seither auch für diesen Zweck eingesetzt. Die Kernelemente von Intuitiv essen sind die bedingungslose Erlaubnis zu essen, sobald Hunger wahrgenommen wird. Essen nach physischen Körpersignalen anstatt Essen aus emotionalen Gründen und das Vertrauen auf Hunger- und Sättigungssignale, die bestimmen, wann und wie viel gegessen werden soll.

Die Inhalte decken sich großteils mit den Inhalten aus dem MB-EAT-Programm. Ein großer Unterschied besteht darin, dass das Konzept des intuitiven Essens sich als Teil der HAES®-Bewegung sieht und damit ausschließlich gewichtsneutral ausgerichtet ist. Auch bei diesem Programm kommen verschiedenste Methoden wie Achtsamkeit, Meditation sowie verhaltensorientierte Elemente zum Einsatz.

Während es bereits viele Studien zu achtsamkeitsbasierten Interventionen gibt, sind Interventionsstudien zum Konzept des intuitiven Essens noch etwas rar. Beobachtungsstudien zeigen uns jedoch konsistent positive Zusammenhänge zwischen förderlichen Essverhaltensweisen und verbundenen Kognitionen und negative Zusammenhänge zu gestörten Essverhaltensweisen.

Intuitives Essverhalten und gedankliche Beschäftigung mit dem Essen, Binge Eating, Diäthalten und gezügeltes Essverhalten zeigen einen negativen Zusammenhang (Denny et al., 2013; Tylka et al., 2014; Tylka & Wilcox, 2006). Darüber hinaus zeigt sich ein positiver Zusammenhang zwischen intuitivem Essverhalten und Emotionsregulation, positivem Affekt und Emotionswahrnehmung und negative Zusammenhänge zu negativem Affekt und depressiven Symptomen (Van Dyke & Drinkwater, 2014).

Eine aktuelle Längsschnittstudie (Hazzard et al., 2021) analysierte Daten einer Gesamtstichprobe von 1491 Teilnehmenden über eine Zeitspanne von 8 Jahren von der Jugend bis ins junge Erwachsenenalter. Ein intuitiveres Essverhalten in der Jugend sowie auch größere Zunahmen im intuitiven Essverhalten waren assoziiert mit veränderter Wahrscheinlichkeit für folgende Symptomatiken: weniger depressive Symptome, höherer Selbstwert, weniger Körperunzufriedenheit sowie auch weniger ungesunde Gewichtskontrollverhaltensweisen (wie Fasten, Mahlzeitenauslassen oder Rauchen) und extremen Gewichtskontrollverhaltensweisen (wie Einnahme von Diätmedikamenten, absichtliches Übergeben oder Einnahme von Abführmitteln) sowie geringerer Wahrscheinlichkeit für Binge Eating im jungen Erwachsenenalter.

Bei Untersuchungen im Zusammenhang mit Typ 1 Diabetes mellitus zeigte sich ein Zusammenhang zwischen intuitivem Essen, emotionalem Essen und glykämischer Kontrolle. Hohe Ausprägungen im Gesamtwert »intuitiv essen« (gemessen anhand des IES) sowie das Essen in Anwesenheit von physischen Hungersignalen zeigen einen Zusammenhang mit niedrigeren HbA1c-Werten. Ähnliche Effekte zeigen sich in einer weiteren Studie, die den Zusammenhang zwischen intuitivem Essen und Typ 2 Diabetes mellitus untersuchte (Soares et al., 2021). Die Ergebnisse der Studien erlauben keinen Kausalzusammenhang, liefern aber eine gute Grundlage für weitere Forschungsarbeiten, die das Konzept des intuitiven Essverhaltens als Therapieintervention erforschen (Wheeler et al., 2016).

Erste Interventionsstudien liefern uns ebenfalls vielversprechende Ergebnisse. Eine Studie von Burnett und Mazzeo (2020) zeigte in einer Stichprobe von Personen mit subklinisch gestörtem Essverhalten eine signifikante Reduktion von allgemeiner Essstörungspathologie, gezügeltem Essverhalten, Körperunzufriedenheit und internalisierten Gewichtsbias und eine signifikante Steigerung der Körperwertschätzung. Auch die gemessene Lebenszufriedenheit stieg signifikant an. Diese signifikanten Veränderungen blieben beachtlicherweise auch zum Follow-up, weitere 8 Wochen später, bestehen. Burnett und Mazzeo fanden in ihrer Studie auch, dass eine geleitete Selbsthilfeintervention genauso effektiv zu sein scheint wie eine Vermittlung der Inhalte in Gruppensitzungen. Dies ist besonders relevant in Anbetracht der hohen Prävalenzraten gestörten Essverhaltens, die kostengünstige und breitverfügbare Behandlungsangebote fordern. Eine weitere 10-wöchige Interventionsstudie von Bush et al. (2014) zeigte eine signifikante Steigerung auf der Skala *eating für physical rather than emotional reasons*, welche sowohl weniger emotionsgeleitetes Essverhalten impliziert wie auch, dass Teilnehmende sich stärker auf ihre physischen Körpersignale zur Regulation der Nahrungsaufnahme verlassen. Die Intervention von Bush und Kolleg:innen war eine der ersten Studien, die explizit die Konzepte des achtsamen und intuitiven Essens kombinierte.

Eine Studie aus dem Jahr 2023 untersuchte verschiedene Arten des Essverhaltens im Zusammenhang mit dem Körpergewicht, Körperbild oder Selbstwert. An der Studie nahmen insgesamt 6.272 Erwachsene aus 8 verschiedenen Ländern teil. Die Ergebnisse zeigen, dass Menschen mit einem intuitiven Essverhalten ein besseres Körperbild, einen besseren Selbstwert und niedrigere BMIs aufwiesen. Gezügelte und emotionale Esser:innen zeigen einen niedrigeren Selbstwert, eine niedrigere Zufriedenheit mit dem Körpergewicht und höhere BMI. Ein intuitives Essverhalten entpuppte sich in der Studie als Prädiktor für einen positiven Selbstwert und ein positives Körperbild (Markey et al., 2023). Intuitive Esser:innen beginnen ihren Körper aus einer neuen Perspektive wahrzunehmen. So wird der Körper als Teil des Ich gesehen, mit dem man sich wohlfühlen darf und weniger als selbstwertdefinierendes Ich. Außerdem wird der Körper als Instrument betrachtet, welches gewisse Lebensstile und Aktivitäten ermöglicht, und weniger als reines Schönheitsobjekt (Augustus-Horvath & Tylka, 2011; Avalos & Tylka, 2006; Oh et al., 2012; Schoenefeld & Webb, 2013; Tylka & Homan, 2015; Tylka & Kroon Van Diest, 2013).

Um die Auswirkungen auf die metabolische Gesundheit zwischen Antidiät- und Diätprogrammen zu vergleichen, wurde im Jahr 2022 eine Studie mit über 78 Personen durchgeführt. Alle Teilnehmerinnen der Studie waren weiblich, laut BMI adipös und vom chronischen Diät-Syndrom betroffen. Die Teilnehmerinnen wurden randomisiert auf eine Antidiät-Gruppe oder zu einer Diät-Gruppe zugeteilt. In der Diät-Gruppe wurden die Teilnehmerinnen dazu angehalten, ihre Fett- und Energieaufnahme zu reduzieren, ein Ernährungstagebuch zu führen und das Gewicht wöchentlich aufzuzeichnen. Außerdem sollte Bewegung in einem vergebenen Aktivitätsbereich durchgeführt werden. Es wurde ein Einkaufstraining durchgeführt, die Ernährungskompetenz gefördert und verhaltensorientierte Maßnahmen zur Zielerreichung gelehrt. Das Programm wurde von Diätolog:innen auf Basis einen standardisierten Gewichtsreduktionsprogramms durchgeführt (Bacon et al., 2002).

In der Antidiät-Gruppe wurden Teilnehmerinnen dabei begleitet, den Selbstwert vom Körpergewicht zu entkoppeln sowie Körperrespekt und Selbstakzeptanz zu stärken. In der nächsten Phase wurden Teilnehmerinnen dabei unterstützt, Hunger- und Sättigungssignale zu spüren und diese zu achten. Auch die Ernährungskompetenz wurde gestärkt. Hürden gegenüber Bewegung wurden besprochen und abgebaut. Außerdem wurden die Teilnehmerinnen dazu angehalten, Bewegungsarten durchzuführen, die ihnen Spaß und Freude bereiten. Durchgeführt wurde die Intervention von einem Berater (*counselor*), der im Antidiät-Ansatz sowie im Umgang mit Gruppen geschult wurde (Bacon et al., 2002).

Für die Überprüfung der metabolischen Gesundheit wurden folgende Werte gemessen: Cholesterin, LDL, Triglyzeride, Blutdruck sowie HDL. Sowohl in der

Diät-Gruppe als auch in der Antidiät-Gruppe zeigten sich signifikante Verbesserungen in den metabolischen Werten. Die Cholesterinwerte lagen zu Beginn in beiden Gruppen bei 5,19 in mmol/l. Nach 52 Wochen lagen die Werte in der Diät-Gruppe bei 4,34 in mmol/l und in der Antidiät-Gruppe bei 4,37 in mmol/l bei gleichen Varianzen. Die LDL-C Werte reduzierten sich innerhalb der 52 Wochen im Schnitt um 0,31 mmol/l in der Diätgruppe und um 0,28 in mmol/l in der Antidiät-Gruppe. Die Triglyzerid-Werte reduzierten sich im Schnitt um 0,53 mmol/l in der Diätgruppe und um 0,48 in mmol/l in der Antidiät-Gruppe. Auch der systolische Blutdruck verbesserte sich in beiden Gruppen (Bacon et al., 2002).

Obwohl nur die Diät-Gruppe einen signifikanten Gewichtsverlust (durchschnittlich 5,9 Kilogramm) innerhalb der 52 Wochen verzeichnete, zeigten demnach beide Gruppen eine Verbesserung der metabolischen Gesundheit. Dies deutet darauf hin, dass Antidiät-Programme nicht nur zur Förderung der mentalen Gesundheit, sondern auch für die Förderung der physischen Gesundheit effizient sind (Bacon et al., 2002).

5.3.3 ACHTSAM ESSEN Akademie nach Cornelia Fiechtl

Im Jahr 2019 wurde ein deutschsprachiges Programm zur Förderung eines gesunden Essverhaltens von mir entwickelt. Dieses Programm wurde im Einzel- sowie im Gruppensetting getestet und mehrfach überarbeitet. Im Jahr 2022 wurde das Programm, das unter dem Namen *ACHTSAM ESSEN Akademie* ins Leben gerufen wurde (jetzt: Food Feelings Programm), im Rahmen einer randomisiert-kontrollierten Studie evaluiert (Wernicke, 2023). Die ACHTSAM ESSEN Akademie besteht aus insgesamt 7 Kursen, die ihrerseits aus mehreren Lektionen bestehen. Jeder Kurs besteht aus Videos, angeleiteten Übungen sowie einem begleiteten Workbook. Ergänzend werden wöchentliche Gruppeneinheiten sowie ein betreutes Forum angeboten. Das Programm ersetzt keine psychologische Therapie oder Psychotherapie, kann jedoch ergänzend dazu absolviert werden. Teilnehmer:innen lernen gezügeltes Essverhalten, essensbezogene Gedanken und Gewichtssorgen abzulegen, stärken die Wahrnehmung ihrer Körpersignale wie Hunger oder Sättigung und beginnen die Nahrungsaufnahme in Übereinstimmung mit diesen Signalen zu regulieren. Außerdem lernen Teilnehmer:innen einen freundvollen Zugang zu Ernährung kennen und werden dabei begleitet, emotionsregulierendes Essverhalten abzulegen sowie Selbstfürsorge und Mitgefühl zu kultivieren. Die ACHTSAM ESSEN Akademie beinhaltet die von Kristin Neff entwickelten Übungen zum achtsamen Selbstmitgefühl sowie einzelne Übungen aus dem MB-EAT-Programm. Die Zustimmung von den Autor:innen wurde eingeholt.

Die Stichprobe der Studie umfasste 62 Personen (61 Frauen, 1 Mann) mit einem Durchschnittsalter von 38,77 Jahren (SD = 9,74). Bei 17,7 % der Teilnehmer wurde derzeit eine andere psychische Störung diagnostiziert (6,5 % Depression, 4,8 % Angstzustände, 3,2 % Borderline, 1,6 % ADHS, 1,6 % andere). Personen, die angaben, an einer aktiven Essstörung zu leiden, wurden aus der Studie ausgeschlossen.

Die Studienteilnehmer:innen wurden per Zufall auf 2 Gruppen aufgeteilt. Die Versuchsgruppe nahm an dem ACHTSAM-ESSEN-Programm teil, während die

Kontrollgruppe erst nach Abschluss der Studie Zugang zum Programm bekam. Die Dauer des Programms betrug 12 Wochen. Daten wurden vor Beginn des Programms, in der Mitte, und nach Abschluss des Programms erhoben.

Bei der Studie kamen mehrere Fragebögen zum Einsatz, die verschiedene Aspekte des Essverhaltens sowie des Körperbildes abfragten. Die Evaluation fokussierte sich vor allem auf relevante Aspekte von gestörtem Essverhalten, also relevanten Risikofaktoren für die Entwicklung einer Essstörung sowie den Einfluss auf protektive Faktoren. Eingesetzt wurden beispielsweise der Eating Disorder Examination-Questionnaire (EDE-Q; Fairburn & Beglin, 2011; Hilbert et al., 2007) zur Erfassung der allgemeinen Essstörungspathologie. Dieser Fragebogen erfasst Symptome wie restriktives Essverhalten, Körperunzufriedenheit und essensbezogene Sorgen störungsunabhängig und kann daher auch für subklinische Stichproben gut eingesetzt werden. Außerdem nutzen wir die Body Appreciation Scale-2 (BAS-2; Behrend & Warschburger, 2022; Tylka & Wood-Barcalow, 2015) zur Erfassung von Körperwertschätzung, das Mindful Eating Inventory (MEI; Peitz et al., 2021) zur Erfassung der Veränderung im achtsamen Essverhalten, eine Unterskala der Intuitive Eating Scale-2 zum emotionalen Essen (IES-2; Tylka & Kroon Van Diest, 2013; van Dyck et al., 2016) und die Self-Compassion Scale (Hupfeld & Ruffieux, 2011; Neff, 2003) (SCS; Neff, 2003b; deutsche Version: Hupfeld & Ruffieux, 2011) zur Erfassung des Selbstmitgefühls.

Untersucht wurde, wie sich die Ergebnisse zwischen den beiden Gruppen (Versuchsgruppe und Kontrollgruppe) von Beginn zu Ende der Studie unterscheiden. Um die methodischen Vorteile einer kontrolliert-randomisierten Studie zu nutzen, wurden gemischtfaktorielle ANOVAs berechnet, die durch Einbezug der Kontrollgruppe in die Veränderungen über die Zeit, einer Verfälschung der Ergebnisse durch Zufallsbedingungen (Veränderungen über die Zeit, Zufallsremissionen etc.) entgegenwirken. Dazu wurden die Ergebnisse der Interaktionseffekte zwischen Zeit und Gruppe ausgewertet.

Die Auswertung zeigte im Vergleich zur Kontrollgruppe eine hochsignifikante Verringerung von gezügeltem Essverhalten (= Zügelung, z. B. Essensvermeidung, Vermeidung von bestimmten Nahrungsmitteln oder auch Diätregeln), essensbezogenen Sorgen (z. B. Beschäftigung mit Nahrungsmitteln oder Kalorien, Angst, die Kontrolle über das Essen zu verlieren, heimliches Essen oder Schuldgefühle nach dem Essen, Schwierigkeiten beim Essen in Gesellschaft), emotionalem Essen (z. B. Essen ohne oder über den physischen Hunger hinaus aufgrund von Emotionen) und Gewichts- und Figursorgen (z. B. Beschäftigung mit Figur oder Gewicht, Wunsch abzunehmen, Unzufriedenheit und Unbehagen bei Beschäftigung mit dem Körper, Angst vor Gewichtszunahme, Wichtigkeit des Gewichts) (▶ Abb. 5.4). Es gab ebenfalls einen signifikanten Anstieg der Körperwertschätzung (z. B. Körperrespekt, Schätzung von Körpermerkmalen, Wohlfühlen, Achten von Bedürfnissen), einen hochsignifikanten Anstieg des achtsamen Essenverhaltens (z. B. Aufmerksamkeit beim Essen, bewusste Wahrnehmung von Essensauslösern, Essen als Reaktion auf die Verfügbarkeit von Nahrungsmitteln, Achten von Körpersignalen wie Hunger und Sättigung), und einen signifikanten Anstieg des Selbstmitgefühls (z. B. selbstbezogene Freundlichkeit, (weniger) selbstverurteilende Gedanken) im Vergleich zur Kontrollgruppe (▶ Abb. 5.3). Das Ausmaß der Veränderungen in der Studiengruppe

5.3 Evaluierung alternativer Ansätze in der Forschung

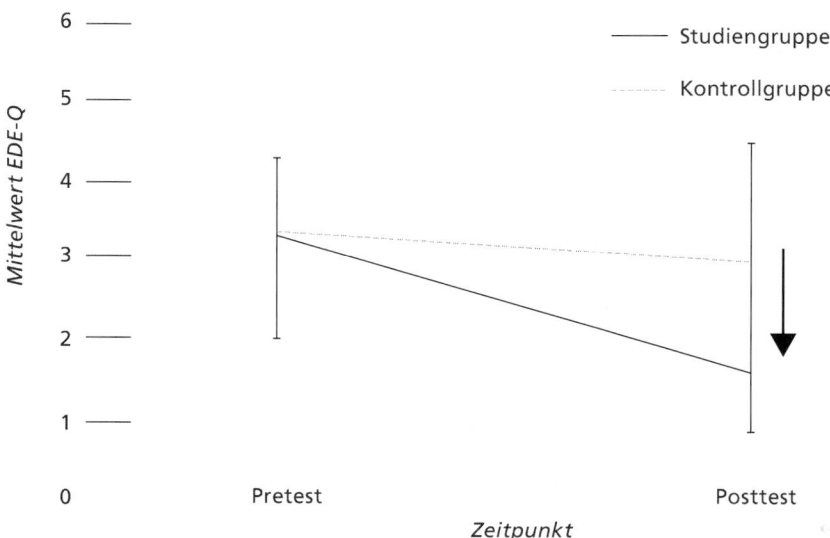

Abb. 5.2: Ergebnisse des EDE-Q (Tuschen-Caffier, o. J.) im Vergleich zwischen Studien- und Kontrollgruppe. Der EDE-Q misst die allgemeine Essstörungspathologie. Je höher die Werte, desto mehr essgestörtes Verhalten zeigt sich. Zu Beginn der Intervention zeigten beide Stichproben ein Essverhalten, das dem Essverhalten von essgestörten Personen ähnelte. Am Ende der Intervention zeigte die Studiengruppe Werte in einem gesunden Bereich. Das Essverhalten hat sich von einem Essverhalten ähnlich dem von Menschen mit Essstörungen hin zu einem gesunden Essverhalten entwickelt.

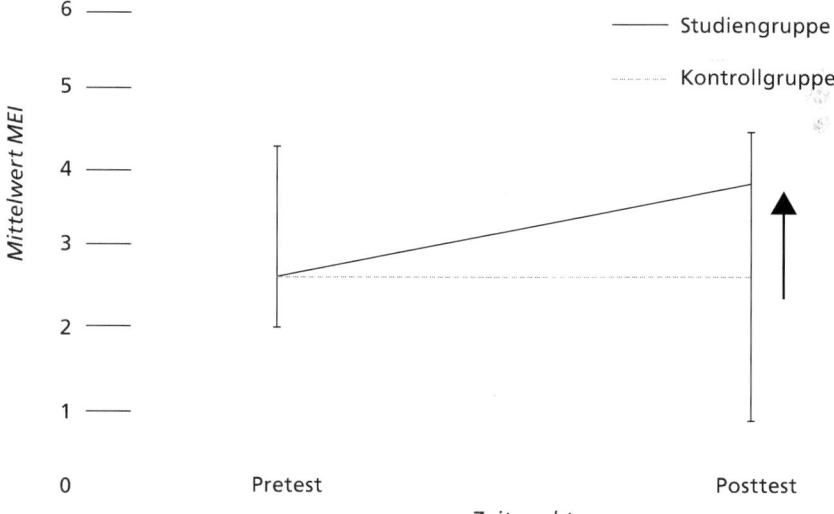

Abb. 5.3: Die Auswertung des Fragebogens MEI (Peitz et al., 2021) zeigt eine signifikante Verbesserung des achtsamen Essverhaltens im Vergleich zum Pretest und im Vergleich zur Kontrollgruppe.

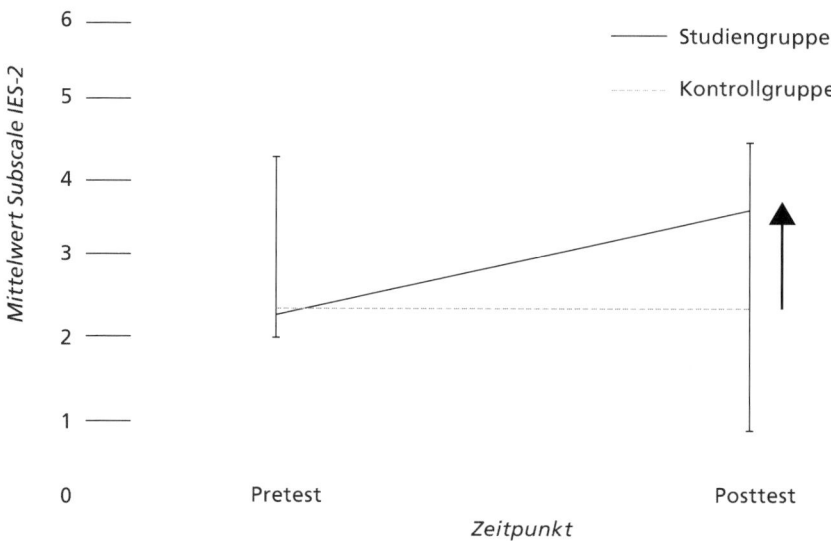

Abb. 5.4: Die Auswertung des Fragebogens Intuitive Eating Scale-2 (IES-2; Tylka & Kroon Van Diest, 2013; van Dyck et al., 2016) zeigt eine signifikante Verbesserung von gezügeltem Essverhalten, essensbezogenen Sorgen, emotionalem Essen und Gewichts- und Figursorgen im Vergleich zum Pretest sowie im Vergleich zur Kontrollgruppe.

von Studienbeginn bis zum Studienende war besonders interessant. Zum ersten Testzeitpunkt waren die Werte unserer Teilnehmer:innen im erhöhten Bereich, nämlich genau zwischen den Normwerten von gesunden Stichproben und den Normen essgestörter Stichproben. Dies bedeutet, dass dieselben Symptome wie bei essgestörten Patient:innen vorlagen, jedoch in geringerem Ausmaß (subklinisch). Am Ende der Intervention lagen die Werte der Versuchsgruppe für alle Skalen des EDE-Q im Bereich der gesunden Normstichproben (▶ Abb. 5.2). Das Essverhalten der Studienteilnehmer:innen lag nach Absolvierung der ACHTSAM ESSEN Akademie demnach im gesunden Bereich. Die Inhalte führten demnach zu einer hoch signifikanten Verbesserung des Essverhaltens. Das ACHTSAM ESSEN Programm gilt damit als hoch wirksames Programm zur Förderung eines gesunden Essverhaltens und eines positiven Körperbildes.

5.3.4 Flexible Kontrolle des Essverhaltens

Bereits vor einigen Jahren wurde von Fachkräften anerkannt, dass Diäten und Restriktion nicht funktionieren und nicht zur Gesundheitsförderung beitragen. Dass viele Fachkräfte Diäten ablehnen, mag daher nicht weiter verwunderlich erscheinen. Stattdessen wurde ein alternatives Konzept herangezogen, dass Menschen erlauben soll, das eigene Essverhalten in einem flexibleren Rahmen zu kontrollieren. Die flexible Kontrolle des Essverhaltens nach Westenhöfer, Stunkard und Pudel (1999) zeigt sich gegenüber der strengen (rigiden) Kontrolle des Essverhaltens durchaus vorteilhaft und gilt als ein weit verbreitetes Konzept in der Ernährungstherapie. Alle Lebensmittel oder Speisen sollen im Speiseplan erlaubt sein, um den Effekt der Enthemmung des Essverhaltens oder dem schlechten Gewissen nach dem Essen vorzubeugen. Auch soll mit dem Konzept der flexiblen Kontrolle der Verschiebung der jeweiligen Hunger- oder Sättigungsgrenzen vorgebeugt werden. Gleichzeitig wird das Essverhalten insofern kontrolliert, indem die Menge der gewählten Mahlzeit oder beispielsweise die Häufigkeit des Verzehrs einer Speise eingeschränkt wird. Seit der Definition des Konzeptes konnten einige Studien die Vorteile der flexiblen Kontrolle des Essverhaltens gegenüber der rigiden Kontrolle des Essverhaltens wissenschaftlich belegen. So konnte gezeigt werden, dass flexible Kontrolle des Essverhaltens mit Gewichtsreduktion sowie mit einer größeren Wahrscheinlichkeit das abgenommene Gewicht zu halten, assoziiert ist, als beim rigiden Essverhalten (Westenhoefer et al., 2013).

Beispiele für flexible Kontrolle (Flexible and Rigid Control Scales FC12) sind:

- Ich nehme absichtlich kleine Portionen, um mein Gewicht zu kontrollieren.
- Wenn ich meine Kalorienzufuhr erreicht habe, halte ich normalerweise gut durch und esse nichts mehr.
- Während einer Diät esse ich bewusst für eine bestimmte Zeit weniger, wenn ich Lebensmittel esse, die nicht erlaubt sind.
- Ich halte bei Mahlzeiten bewusst zurück, um nicht zuzunehmen.
- Ich achte sehr darauf, Veränderungen in meiner Figur zu bemerken.
- Wenn ich an einem Tag etwas mehr esse, gleiche ich es am nächsten Tag aus.
- Ich achte auf meine Figur, genieße aber trotzdem eine Vielzahl von Lebensmitteln.
- Ich bevorzuge leichte Lebensmittel, die nicht dick machen.
- Wenn ich während einer Mahlzeit etwas mehr esse, gleiche ich es bei der nächsten Mahlzeit aus-

Beispiele für rigide kognitive Kontrolle (Flexible and Rigid Control Scales FC16) sind:

- Ich habe ziemlich genau eine Vorstellung von der Anzahl der Kalorien in üblichen Lebensmitteln.
- Ich zähle Kalorien als bewusstes Mittel zur Kontrolle meines Gewichts.
- Wie oft vermeidest du es, »Vorräte« von verlockenden Lebensmitteln anzulegen?
- Wie wahrscheinlich ist es, dass du ausgewählt nach kalorienarmen Lebensmitteln einkaufst?
- Ich esse Diät-Lebensmittel, auch wenn sie nicht sehr gut schmecken.
- Eine Diät wäre für mich zu langweilig, um Gewicht zu verlieren.
- Ich würde eher eine Mahlzeit auslassen, als mitten in einer aufzuhören.
- Ich meide einige Lebensmittel aus Prinzip, obwohl ich sie mag.
- Ich versuche, mich an einen Plan zu halten, wenn ich abnehme.
- Ohne einen Diätplan würde ich nicht wissen, wie ich mein Gewicht kontrollieren soll.
- Schneller Erfolg ist für mich während einer Diät am wichtigsten.

Die Items zeigen jeweils kognitive Kontrolle, wobei sich das Ausmaß (flexibel vs. rigide) klar unterscheidet. Deutlich erkennbar ist der Fokus auf das Gewichtsmanagement.

In einer Arbeit aus dem Jahr 2015 wurden nun die beiden Konstrukte intuitiv essen und flexible Kontrolle auf ihre konzeptionellen Überlappungen überprüft. Besonders spannend ist nicht nur der Vergleich der beiden Konstrukte, sondern auch der Zusammenhang zwischen der flexiblen Kontrolle des Essverhaltens und Markern für mentale Gesundheit. Im Zuge der Studie wurde der Zusammenhang mit dem BMI, Wohlbefinden, Lebenszufriedenheit, positiven Affekt, Körperrespekt, Binge Eating, der Fähigkeit zur Interozeption, essensbezogenen Gedanken oder etwa negativer Affekt gemessen (Tylka et al., 2015).

Die Auswertung der Studie zeigte, dass intuitives Essverhalten und flexible Kontrolle nicht nur unterschiedliche Konstrukte darstellen, sondern sich gegengleich verhalten. Hohe Werte auf der Skala für intuitives Essverhalten zeigten keine Überlappung auf der Skala für flexible Kontrolle, was im Anbetracht der Items keine Überraschung darstellt. Die Fragestellungen beziehen sich auf das Essverhalten, die Fähigkeit und das Vertrauen in die eigene Interozeption sowie die kognitive Annäherung an Essen. Das Gewichtsmanagement spielt keine Rolle.

Beispiele zu Items aus der *Intuitiv eating scale* (IES-2; deutsche Version) auf die Wahrnehmung von Körpersignalen (Ruzanska & Warschburger, 2017):

- Ich erlaube mir, das zu essen, worauf ich gerade Lust habe.
- Ich befolge KEINE Essensregeln oder Diätpläne, die mir vorschreiben, was, wann und/oder wie viel ich esse.
- Ich bin in der Lage, meine negativen Gefühle zu bewältigen (z. B. Angst, Traurigkeit), ohne beim Essen Trost zu suchen.
- Ich vertraue darauf, dass mein Körper mir sagt, wann ich essen soll.
- Ich vertraue darauf, dass mein Körper mir sagt, was ich essen soll.
- Ich vertraue darauf, dass mein Körper mir sagt, wie viel ich essen soll.
- Ich vertraue darauf, dass mein Hungergefühl mir sagt, wann ich essen soll.
- Ich verlasse mich darauf, dass mein Hungergefühl mir sagt, wann ich essen soll.
- Ich verlasse mich darauf, dass mein Sättigungsgefühl mir sagt, wann ich aufhören soll zu essen.
- Die meiste Zeit habe ich Lust auf gesunde Lebensmittel.
- Meistens esse ich Lebensmittel, die meinem Körper Energie und Ausdauer geben.

Stattdessen konnte gezeigt werden, dass sich die Konzepte rigide und flexible Kontrolle zu mehr als 50 % überlappen und daher starke Ähnlichkeiten im Verhalten der Teilnehmer:innen aufweisen (Tylka et al., 2015; Westenhoefer et al., 2013). Auch konnte gezeigt werden, dass ein intuitives Essverhalten einen positiven Zusammenhang mit der Lebenszufriedenheit, positivem Affekt oder etwa Körperwertschätzung hat und einen negativen Zusammenhang mit negativem Affekt, schlechter Interozeption, Binge Eating oder Essensgedanken. Für flexible Kontrolle konnten keine positiven oder negativen Zusammenhänge zu negativem Affekt, Binge Eating, Essensgedanken oder schlechter Interozeption hergestellt werden. Flexible Kontrolle des Essverhaltens hat gemäß den Daten keine Auswirkungen auf

Binge Eating und Co. Weder positive noch negative. Interessanterweise konnte in der vorliegenden Studie ein negativer Zusammenhang zwischen intuitivem Essen und dem BMI hergestellt werden. Personen mit intuitivem Essverhalten zeigten einen niedrigeren BMI. Zwischen dem BMI und flexibler Kontrolle zeigte sich kein Zusammenhang (Tylka et al., 2015).

Abschließend kann festgehalten werden, dass intuitives Essverhalten als therapeutisches und ganzheitliches Konzept und flexible Kontrolle des Essverhaltens einen großen Unterschied in ihrer Herangehensweise aufweisen. Intuitives Essverhalten bezieht sich auf die Steuerung des Essverhaltens durch Hunger- oder Sättigungssignale. Der Ausgleich der Nahrungsaufnahme geschieht nicht bewusst, sondern unbewusst, da beispielsweise das Hungergefühl nach einer größeren Mahlzeit erst später Auftritt. Während die flexible Kontrolle ein rational gesteuertes Auslassen einer Mahlzeit zur Kompensation adressiert, führt intuitives Essen zu einem bewusst werden der Sättigung. Wie weiter oben bereits beschrieben, mag das Endverhalten, also nichts zu essen, das gleiche sein. Jedoch ist die Verhaltenssteuerung einerseits eine autonome Regulation, während es bei der flexiblen Kontrolle zu einer kontrollierten Regulation kommt. Der Unterschied und die Auswirkungen auf die langfristige Verhaltensveränderung wurden bereits beschrieben.

Die Autoren der oben beschriebenen Studie weisen auf die Gefahr hin, dass Fachkräfte in verschiedensten therapeutischen Settings flexible Kontrolle als Therapietool zur Förderung eines gesunden Essverhaltens einsetzen und dabei unbewusst, ungesundes Essverhalten fördern, da sich die Konzepte rigide und flexible Kontrolle mit über 50 % überlappen (z. B. *Ich nehme absichtlich kleine Portionen, um mein Gewicht zu kontrollieren*). Weiter werden Fachkräfte dazu angehalten von dem Konzept der flexiblen Kontrolle Abstand zu nehmen, wenn es darum geht, gesundheitsförderliche Verhaltensweisen und Wohlbefinden zu fördern (Tylka et al., 2015).

5.4 Zusammenfassung

Die Forschung zur gewichtsneutralen Gesundheitsförderung zeigt eine mitunter massive Verbesserung verschiedenster Verhaltensweisen und Faktoren, die sich positiv auf die Gesundheit auswirken. So zeigt sich eine Verbesserung des Körperbildes, des Essverhaltens oder etwa des Bewegungsverhaltens. An dieser Stelle muss angemerkt werden, dass die Anzahl gewichtszentrierter Forschung, vor allem wenn es um RCT-Interventionsstudien geht, gegenüber gewichtsneutralen Forschungsarbeiten deutlich höher ist. Die Forschung rund um gewichtsneutrale Ansätze und ihre Auswirkungen auf psychische, physische, metabolische Gesundheitsparameter steckt in den Kinderschuhen und hat noch einen langen Weg vor sich. Jedoch zeigen bereits vorhandene Studien einen vielversprechenden Ausblick, der den Gesundheitsbereich schon jetzt in eine neue Richtung bewegt.

Alles in allem deuten die dargestellten Erkenntnisse auf einen anstehenden Paradigmenwechsel im Gesundheitssystem hin. Auch in der Gesundheitspolitik gibt es Bewegungen, die deutlich aufzeigen, dass das Gesundheitssystem einem Wandel unterliegt:

- Im Jahr 2020 wurden von dem Verein Obesity Canada die kanadischen Leitlinien zur Behandlung und Therapie für Erwachsene mit Adipositas veröffentlicht. An den Leitlinien arbeiteten mehr als 60 Fachkräfte aus dem Gesundheitsbereich, Forscher:innen und Betroffene mit. Die Leitlinien wurden in der Fachzeitschrift *Canadian Medical Association Journal* veröffentlicht. Die Leitlinien sind in mehrere Kapitel unterteilt, wobei jedes Kapitel Empfehlungen für Betroffene sowie für Fachkräfte enthält. Die Leitlinien lehnen den BMI als Marker für Gesundheit ab. Die Therapie erfolgt verhaltensorientiert und nicht gewichtszentriert. Es wird davon ausgegangen, dass ein Gewichtsverlust von 3–5 % des Ausgangsgewichts durch Verhaltensänderung *begleitet* sein kann. Gleichzeitig wird anerkannt, dass Gewichtsverlust keine reine willentliche Angelegenheit ist und individuellen Grenzen unterliegt. Im Zentrum der Behandlung und Therapie steht daher der Mensch sowie die Verhaltensänderung (Wharton et al., 2020). Im Jahr 2022 wurden die Leitlinien von Irland übernommen, adaptiert und veröffentlicht (Breen et al., 2022). Im November 2022 folgte Chile (Wharton et al., 2020).
- Im Jahr 2021 forderten die Abgeordneten des House of Commons in England, die wesentlich an der Gesetzgebung beteiligt sind, den BMI aufgrund der damit verbundenen Gewichtsdiskriminierung aus dem britischen Gesundheitssystem zu verbannen (Herrmann et al., 2022; House of Commons, 2021).
- Im Jahr 2022 gab es einen Aufruf von *The Lancet*, einem renommierten wissenschaftlichen medizinischen Fachmagazin. Darin wurden Wissenschaftler:innen dazu aufgerufen, mehr Forschung zur Diskriminierung und Stigmatisierung von dicken Personen zu betreiben sowie gewichtsneutrale Gesundheitsförderung zu erforschen.
- Im Jahr 2023 stellte die Österreichische Adipositasgesellschaft ihr Konsenspapier zur Diagnose und Behandlung von Menschen mit Adipositas vor. In diesem Papier einigt man sich auf einen diskriminierungsfreien und sensiblen Umgang mit dem Thema Körpergewicht und erkennt an, dass Adipositas eine multifaktorielle Erkrankung darstellt. Wenngleich Gewichtsreduktion nach wie vor als wichtiges Therapieziel angeführt wird, wird der BMI als alleiniger Gesundheitsmarker kritisiert und um das EOSS-System erweitert (Itariu, 2023).

6 Integrative Therapie des Essverhaltens

Im Folgenden finden Sie ein Therapiekonzept zur Behandlung bzw. Therapie ungesunden bzw. gestörten Essverhaltens sowie seiner Korrelate, wie etwa einem negativen Körperbild. Das Konzept soll Menschen dabei begleiten, am Kontinuum des Essverhaltens Richtung gesund zu rücken, unabhängig davon, wo auf diesem Kontinuum sie im Moment stehen. Dabei steht nicht das Gewicht, sondern die Verhaltensweisen im Zentrum der Therapie.

Das dargestellte Konzept richtet sich an Fachkräfte, die im Schnittstellenbereich der Ernährungspsychologie arbeiten. Es sei darauf hingewiesen, dass jede Fachkraft dafür verantwortlich ist, innerhalb des eigenen Kompetenzbereichs zu agieren bzw. eigene Grenzen zu wahren.

Zu Beginn werden allgemeine Rahmenbedingungen, die eigene Haltung sowie wichtige Aspekte im Zuge des Anamnesegespräches beleuchtet. Danach folgen Therapiebausteine mit einem Vorschlag zu jeweiligen Therapieinhalten. Die Therapiebausteine umfassen das Ablegen des gezügelten Essverhaltens (Diätmentalität), die Förderung der Wahrnehmung von Körpersignalen wie Hunger oder Sättigung anhand von Achtsamkeitstechniken, die Kultivierung einer neutralen bis positiven Beziehung zum Körper (Körperbild/Körperwertschätzung), die Kultivierung einer positiven Beziehung zu Sport oder Bewegung, das Erlernen von Techniken zur Emotionsregulation und Ernährung aus der Perspektive der Selbstfürsorge.

6.1 Einen gesundheitsförderlichen und stigmatisierungsfreien Raum schaffen

> Unlängst war ich im World Wide Web auf der Suche nach Mediziner:innen im Raum Wien mit einem Stoffwechselschwerpunkt. Als ich einen Kollegen mit entsprechendem Schwerpunkt fand, öffnete ich die Website. Das erste Bild, das ich zu sehen bekam, war das Bild einer hochgewichtigen Person, die vor dem Kühlschrank stand und sich Essen in den Mund schob. Bilder wie diese signalisieren eindeutig, was Fachkräfte von dicken Menschen denken.

Wir alle sind in einer Welt herangewachsen und ausgebildet worden, die dicke Menschen stereotypisiert und diskriminiert. Wir alle haben die gleichen Filme gesehen, über Dickenwitze gelacht, Komplimente für den erzielten Gewichtsverlust erhalten oder sind dicken Personen vorurteilsbeladen begegnet. Daher tragen nicht nur Klient:innen, sondern auch wir als Fachkräfte Vorurteile sowie diskriminierendes und stigmatisierendes Gedankengut mit uns herum. Egal wie viel man sich mit der eigenen Haltung auseinandersetzt, Vorurteile tauchen immer wieder auf. Eine Fachkraft, die gewichtsneutral arbeitet, ist daher eine, die ihre eigenen Bewertungen, Glaubenssätze oder Vorurteile gegenüber Körpergewicht stets reflektiert und hinterfragt, Klient:innen auf Augenhöhe begegnet und Klient:innen (nicht eigene Annahmen über Gesundheit und Körpergewicht) in den Mittelpunkt der Therapie stellt.

Um eigene Glaubenssäte zu hinterfragen, können Sie sich beispielsweise mit folgenden Fragen auseinandersetzen:

- Welche Assoziationen fallen Ihnen ein, wenn Sie an Übergewicht denken?
- Sie stehen im Supermarkt an der Kasse und eine dicke Person vor Ihnen kauft Chips. Was denken Sie?
- Welche Gedanken gehen Ihnen durch den Kopf, wenn eine dicke Person berichtet, dass sie viel über Ernährung wisse?
- Angenommen, Sie sehen eine schlanke und eine dicke Person und Sie müssten raten, welche Person eine Fitnesstrainerin oder eine Ernährungsberaterin ist, auf welche Person mit welchem Körpergewicht würde Ihre Wahl fallen? Weshalb?
- Stellen Sie sich vor, eine Klientin berichtet Ihnen, dass sie 5 Kilo abgenommen hat. Ist der erste Impuls ein positiver, wie etwa ein Glückwunsch? Warum?
- Wie fühlen Sie sich, wenn Sie zugenommen haben und warum?

Reflektieren Sie obenstehende Reflexionsfragen, beschäftigen Sie sich im Zuge einer Supervision mit Ihren Glaubenssätzen oder treten Sie mit Freund:innen, Bekannten oder Kolleg:innen in Diskussion.

Nicht nur die Wertehaltung, auch die Praxis(umgebung) inklusive ihr Außenauftritt sollte ein Safe Space für Betroffene sein. Die von der ASDAH formulierten Prinzipen können dabei als Leitlinien Unterstützung bieten (*The Health at Every Size® (HAES®)-Prinzipien*, 2023):

- Gewichtsinklusivität: Akzeptieren und respektieren Sie die Vielfalt von Körperformen und Körpergrößen und lehnen Sie das Idealisieren oder Pathologisieren bestimmter Gewichte ab.
- Gesundheitsförderung: Unterstützen Sie Gesundheitspolitiken, die den Zugang zu Informationen und Dienstleistungen verbessern. Unterstützen Sie Ansätze zur Gesundheitsförderung, die das Wohlbefinden des Menschen fördern, einschließlich der Beachtung individueller physischer, wirtschaftlicher, sozialer, spiritueller, emotionaler und anderer Bedürfnisse.
- Essen für das Wohlbefinden: Fördern Sie ein flexibles, individualisiertes Essverhalten, das sich nach Hunger, Sättigung, ernährungsphysiologischen Bedürfnis-

sen und Genuss orientiert, anstelle eines von externen Vorgaben regulierten Ernährungsplans mit Fokus auf Gewichtskontrolle.
- Respektvoller Umgang: Erkennen Sie das Vorhandensein von Gewichtsstigmatisierung und -diskriminierung an und gehen Sie aktiv dagegen vor. Bieten Sie Informationen und Dienstleistungen mit dem Verständnis an, dass der sozioökonomische Status, die Herkunft, das Geschlecht, die sexuelle Orientierung oder etwa das Alter Gewichtsstigmatisierung beeinflussen und unterstützen Sie Umgebungen, die diese Ungerechtigkeiten bekämpfen.
- Gesundheitsförderliche Bewegung: Unterstützen Sie körperliche Aktivitäten, die es Menschen aller Größen, Fähigkeiten und Interessen ermöglichen, sich auf angenehme Weise zu bewegen, in dem Maße, das sie wählen.

Ich möchte Ihnen ans Herz legen, angeführte Empfehlungen unabhängig davon, mit welcher Zielgruppe oder mit welchen Klient:innen Sie arbeiten, zu berücksichtigen. Gewichtsdiskriminierung und -stigmata sind ein gesellschaftliches Konstrukt. Durch unser Handeln können wir einen Beitrag dazu leisten, Werte in der Gesellschaft zu verändern und das Vorkommen von Essstörungen vorbeugen.

6.2 Besonderheiten in der Anamnese

Bevor es zu einer Durchführung einer Therapie bzw. längerfristigen Beratung kommt, wird in der Regel eine Anamnese durchgeführt. Im Zuge des Anamnesegespräches werden diejenigen Informationen erhoben, welche für die Diagnostik und Einordnung des Essverhaltens sowie für die Ableitung und Erstellung des Therapieplanes essentiell sind. Im Zug der Therapie des Essverhaltens stehen vor allem unterschiedliche Aspekte des Essverhaltens im Zentrum der Aufmerksamkeit. Hierzu zählt die Entwicklung des Essverhaltens, die individuelle Essgeschichte, der familiäre Umgang mit den Themen Essen, Körper und Ernährung, das aktuelle Essverhalten und seine Regulation oder etwa das Körperbild.

Die meisten dicken Personen haben bereits negative Erfahrungen mit Gewichtsdiskriminierung erlebt. Berücksichtigen Sie, dass das Körpergewicht für viele Personen ein äußerst belastetes Thema ist. Fragen Sie Klient:innen stets um Erlaubnis, bevor Sie mit ihnen über das Gewicht sprechen oder Klient:innen auf die Waage bitten werden *(Ich würde mit Ihnen gerne über Ihr Körpergewicht sprechen, ist das für Sie in Ordnung?)*.

Sofern Sie Klient:innen abwiegen, tun Sie dies in Räumlichkeiten, die Privatsphäre erlauben. Erheben Sie das Körpergewicht jedoch nur, wenn es ausdrücklich für die Diagnostik oder die Therapie essentiell ist. Die gewichtsneutrale Therapie erkennt an, dass das Körpergewicht durch viele verschiedene Faktoren beeinflusst wird und dass Gewichtsverlust nicht für alle Menschen erreichbar, erstrebenswert oder möglich ist. Dies sollte sich in der eigenen Haltung, in der Begegnung mit Menschen, in Psychoedukation und Therapie sowie in der Praxis spiegeln. Kommunizieren Sie daher, warum Sie das Körpergewicht erheben möchten, und erklären Sie dessen Relevanz für die Therapie.

Im Folgenden finden Sie Beispiele für Fragen für das Anamnesegespräch. Bei den angeführten Fragen und Themen handelt es sich um einen Auszug und mögliche Fragen. Die Fragen sind stets an den/die Klient:in, die Symptome und das Therapieziel anzupassen.

- Gesundheit
    - Wann wurde die letzte Gesundheitsvorsorgeuntersuchung durchgeführt?
    - Wann wurde der letzte Blutbefund durchgeführt?
    - Liegen aktuell relevante Diagnosen vor? (z. B. PCO, Lipödem, Hashimoto, Schilddrüsenerkrankungen, ...)
    - Leiden Sie aktuell unter körperlichen Beschwerden?
    - Nehmen Sie Medikamente/Psychopharmaka? Wenn ja, welche?
- Gewichtsentwicklung bzw. Gewichtsschwankungen
    - Gab es in letzter Zeit stärkere Gewichtsschwankungen (> 5 kg)?
    - Wie lange liegt die letzte stärkere Gewichtsschwankung zurück? Auf welche Ursache führen Sie die Gewichtsschwankung zurück?
    - Ist das Körpergewicht aktuell stabil? Wie lange ist das Körpergewicht bereits stabil?
- Familiärer Umgang mit dem Thema Ernährung und Essen
    - Welchen Stellenwert hatte/hat Essen/Gewicht in der Familie?
    - Wie war/ist das Essverhalten Ihrer Eltern?
    - Gibt es Essroutinen oder gemeinsame Rituale? Wenn ja, wie sehen diese aus?
- Stellenwert des Themas Ernährung und Essen in der Familie, Partnerschaft
    - Wie viel Raum nimmt das Thema Essen bei Ihnen/in Ihrem Alltag ein?
    - Welchen Stellenwert nimmt Essen gerade in der Kernfamilie ein? Gibt es Essabläufe? Rituale?
    - Bei Kindern: Gibt es Regeln im Zusammenhang mit Ernährung/Süßigkeiten?
    - Was sagen Ihre Partner:innen dazu, dass Sie sich so viel mit dem Thema beschäftigen?
    - Ist das Körpergewicht ein Thema in bisherigen Partnerschaften?
    - Ist das Körpergewicht ein Thema in der aktuellen Partnerschaft (z. B. Auswirkungen auf Konflikte, Körperlichkeiten oder Sexualität)?
    - Unterscheidet sich das Essen im Urlaub vom Essen im Alltag? Was ist anders?
    - Wie ist die Haltung des Partners bzw. der Partnerin zu dem Thema?
- Essumgebung, Essrituale, Essgeschwindigkeit
    - Wo essen Sie in der Regel? Gibt es einen fixen Essplatz?
    - Gibt es neben dem Essen noch eine andere Beschäftigung (z. B. Lesen, Fernsehen)?
    - Wie würden Sie Ihr Esstempo einschätzen? Im Vergleich zu anderen?
- Ernährungsverhalten und Zugang zum Thema Ernährung
    - Essen Sie regelmäßig? Wenn ja, was bedeutet regelmäßig für Sie?
    - Wie würden Sie Ihre Ernährung beschreiben?
    - Kochen Sie gerne?
    - Was essen Sie gerne?

- Wie ist Ihre Beziehung zum Thema Ernährung?
- Gibt es auch Verbote oder Lebensmittel, die Sie aus Figurgründen meiden?
• Bewegung und Bewegungsgeschichte
  - Wie sieht Ihr Bewegungsverhalten im Moment aus?
  - Welchen Stellenwert hat Bewegung/Sport aktuell in Ihrem Leben?
  - Gab es eine Phase, in denen Ihnen Bewegung (keinen) Spaß gemacht hat?
  - Warum machen Sie Bewegung?
  - Was verbinden Sie mit Bewegung?
  - Was ist, wenn Sie einmal nicht zur Bewegung kommen?
• Diätgeschichte und aktuelles Diätverhalten (Zügelung, Kognitionen)
  - Führen Sie aktuell eine Diät durch? Wann ja, welche? Was sind die Gründe für Ihr derzeitiges Vorhaben? (bei Nein: Achten Sie auf Anzeichen für mentale Zügelung!)
  - Verzichten Sie aktuell auf bestimme Lebensmittel? Wenn ja, warum?
  - Wie lange liegt die letzte Diät/Zügelung zurück?
  - Können Sie sich erinnern, wann Sie Ihre erste gemacht haben? Was war der Grund dafür?
  - Was verstehen Sie unter ungesunden Lebensmitteln?
    – Warum denken Sie, dass ... ungesund ist?
    – Warum ist es schlecht ... zu essen?
  - Was passiert, wenn Sie Lebensmittel essen, die Sie versuchen zu meiden (Emotionen, Verhalten, Gedanken)?
• Körperbild und Beziehung zum Körper
  - Wie fühlen Sie sich aktuell in Ihrem Körper?
  - Wie ist es, wenn Sie in den Spiegel blicken?
  - Was glauben Sie, denken andere über Sie?
  - Was denken Sie über dicke Menschen?
  - Welche Auswirkung hat die Unzufriedenheit in Ihrem Alltag (z.B. Sexualität, Partnerschaft, Aktivitäten, Hobbys, ...)?
  - Gab es negative Erfahrungen im Zusammenhang mit dem Gewicht/Körper? (Mobbing, Hänseleien, ...)
• Körpersignale: Hunger und Sättigung
  - Können Sie Hunger/Sättigung wahrnehmen?
    – Wie spüren Sie Hunger/Sättigung?
    – Wie merken Sie, dass Sie hungrig/satt sind?
    – Woher wissen Sie, dass Sie die Mahlzeit beenden sollen?
  - Achten Sie Ihre Körpersignale im Alltag?
  - Wie fühlen Sie sich nach dem Essen?
• Emotionales Essverhalten und Binge
  - Wann tritt der Essdrang am häufigsten auf?
  - Was wissen Sie schon über Ihren Essdrang?
  - Woher denken Sie kommt der Drang zu essen?
  - Wie würden Sie so einen Essdrang beschreiben? Wie fühlt es sich an?
  - Gibt es Situationen, in denen der Essdrang gar nicht auftritt?
  - Wie sieht so ein typisches Szenario aus, wenn Sie einen Essanfall haben?
  - Was passiert nach solch einem Essanfall (kompensatorische Maßnahmen)?

- Was essen Sie bei solch einem Essanfall?
- Selbstwert
  - Würden Sie sagen, dass Sie einen freundlichen Umgang mit sich selbst pflegen?
  - Wie würden Sie sich selbst beschreiben?
  - Wie würden Sie sich anders verhalten, wenn Sie schlanker wären?
  - Was würden andere über Sie denken, wenn Sie schlanker wären?

6.3 Diagnostik und Fragebögen

Zusätzlich zum Anamnesegespräch lässt sich das Essverhalten oder das Körperbild mit standardisierten Fragebögen abbilden.

6.3.1 Essverhalten

Eating Disorder Examination-Questionaire (EDE-Q; Fairburn & Beglin, 2011; Hilbert et al., 2007) zur Erfassung der allgemeinen Essstörungspathologie. Dieser Fragebogen erfasst Symptome wie restriktives Essverhalten, Körperunzufriedenheit und essensbezogene Sorgen störungsunabhängig und kann daher auch bei subklinischer Symptomatik gut eingesetzt werden. Zusätzlich umfasst der Fragebogen noch 3 Items (Items 13, 14 and 15) zur Erfassung der Ausprägung von Binge Eating (▶ Abb. 6.1).

Mindful Eating Inventory (MEI; Peitz et al., 2021) zur Erfassung der Ausprägung von achtsamen Essverhalten. Er umfasst Aspekte wie die Bewusstheit der Sinneserfahrung während des Essens, eine akzeptierende und urteilsfreie Haltung gegenüber der eigenen Esserfahrung, Bewusstsein für die eigenen Körpersignale wie z. B. Sättigung, wie auch Bewusstsein über die eigenen Essmotive und -trigger.

Beispielitems

- *Während ich esse, richte ich meine ganze Aufmerksamkeit auf das Essen.*
- *Ich kann unterscheiden, ob mein Körper Nahrung braucht oder ich essen möchte, weil es mir nicht gut geht (z. B. Stress, Frust, Traurigkeit, Nervosität etc.).*
- *Ich akzeptiere mein Essverhalten so, wie es gerade ist.*

Intuitive Eating Scale-2 (IES-2; Tylka & Kroon Van Diest, 2013; van Dyck et al., 2016) erfasst intuitives Essverhalten in seinen unterschiedlichen Facetten. Neben dem Gesamtscore finden sich hier Skalen zur Erfassung der bedingungslosen Erlaubnis zu essen (Gegenpol zum restriktiven Essverhalten), zur Nahrungsaufnahme aus emotionalen vs. physischen Gründen, zur Fähigkeit, Körpersignale wie Hunger und Sättigung wahrnehmen und vertrauen zu können, sowie zur Fähigkeit, Lebensmittel auszuwählen und zu essen, die die dem Körper guttun.

6.3 Diagnostik und Fragebögen

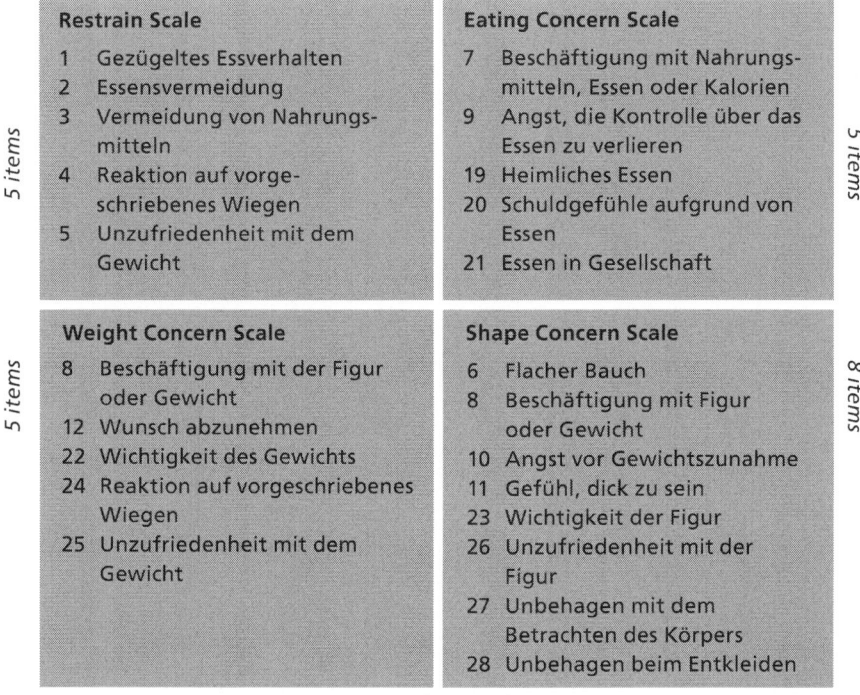

Abb. 6.1: Die vier Skalen des EDE-Q zur Erfassung der allgemeinen Essstörungspathologie umfassen gezügeltes Essverhalten, gewichtsbezogene Sorgen, essensbezogene sorgen und figurbezogene Sorgen (EDE-Q; Fairburn & Beglin, 2011; Hilbert et al., 2007).

Beispielitems

- *Ich folge KEINEN Essensregeln oder Diätplänen, die vorschreiben was, wann und/oder wie viel ich esse (bedingungslose Erlaubnis zu Essen).*
- *Ich vertraue meinem Körper, dass er mir sagt, wann ich mit dem Essen aufhören soll (Fähigkeit, Körpersignale zu achten).*
- *Wenn ich einsam bin, suche ich NICHT Trost im Essen (emotionales Essen).*

Fragebogen zum Essverhalten von Pudel und Westenhöfer (Three-Factor-Eating-Questionnaire/The Eating Inventory nach Stunkard (Schober, 1991; Stunkard & Messick, 1985) erfasst Essverhalten auf drei Subskalen: (1) kognitive Kontrolle des Essverhaltens, gezügeltes Essen, (2) Störbarkeit des Essverhaltens und (3) erlebte Hungergefühle. Der Fragebogen gibt zeiteffizient einen guten Überblick über problematische Aspekte des Essverhaltens. Schwächen bestehen jedoch im dichotomen Auswertungsformat, das Veränderungen über die Zeit weniger differenziert abbilden kann.

Beispielitems

- *Ich denke mehr als 3 Stunden am Tag über meine Ernährung nach.*
- *Wenn ich mal mit den Essen begonnen habe, kann ich manchmal nicht mehr aufhören.*
- *Ich habe schon mehr als einmal eine Schlankheitsdiät gemacht.*

Während die Fragebögen zum gestörten Essverhalten (EDE-Q, FEV, ...) eher darauf ausgelegt sind, Symptome zu erfassen und einen groben Behandlungsplan aufzustellen, ermöglichen Fragebögen wie der MEI und die IES-2 konkrete Handlungsempfehlungen abzuleiten (z. B. Stärkung der Interozeption, Auflösung von Verboten, Veränderung der Essumgebung etc.) sowie auch im Behandlungsverlauf Selbstwirksamkeit widerzuspiegeln (Verhaltensziele messen). Oft ist der Einsatz von Fragebögen zwar ein zeitlicher Mehraufwand, jedoch können sie die Effizienz im weiteren Behandlungsverlauf erhöhen. Natürlich sollten nur jene Fragebogen Einsatz finden, die für den konkreten Fall Relevanz zu haben scheinen. Der EDE-Q beispielsweise kann für nicht-psychologische Fachkräfte ein wichtiges Tool sein, um den Krankheitswert von spezifischen Problematiken einzuschätzen und ggf. an Psychotherapeut:innen weiterzuverweisen. Hilfreich können dafür die publizierten Normwerte von Vergleichsstichproben sein (Hilbert et al., 2007).

6.3.2 Körperbild und Selbstmitgefühl

Body Appreciation Scale-2 (BAS-2; Behrend & Warschburger, 2022; Tylka & Wood-Barcalow, 2015) zur Erfassung von Körperwertschätzung. Studienergebnisse legen nahe, dass Körperwertschätzung nicht nur die Abwesenheit von Körperunzufriedenheit beschreibt, sondern ein separates Konstrukt bildet, das einen wichtigen Schutzfaktor gegenüber Körperunzufriedenheit und gestörtem Essverhalten darstellt (Halliwell, 2013). Dieses Konstrukt umfasst beispielsweise eine Wertschätzung des Körpers auf Grund von dem, was er dem Individuum ermöglicht zu tun, anstatt nur die äußere Erscheinung zu bewerten (Alleva et al., 2019).

Beispielitems:

- *Ich respektiere meinen Körper.*
- *Ich achte auf die Bedürfnisse meines Körpers.*
- *Ich finde, dass mein Körper zumindest einige Vorzüge hat.*

Self-Compassion Scale (Hupfeld & Ruffieux, 2011; Neff, 2003) (SCS; Neff, 2003b; deutsche Version: Hupfeld & Ruffieux, 2011) erfasst Selbstmitgefühl als einen relevanten Schutzfaktor.

Beispielitems

- *Wenn ich eine sehr schwere Zeit durchmache, schenke ich mir selbst die Zuwendung und Einfühlsamkeit, die ich brauche.*

- *Ich versuche, meine Fehler als Teil der menschlichen Natur zu sehen.*
- *Wenn es mir schlecht geht, versuche ich meinen Gefühlen mit Neugierde und Offenheit zu begegnen.*

6.3.3 Sonstige Fragebögen

Weitere Fragebögen, für die es bisher zwar meines Wissens keine validierten deutschen Übersetzungen gibt, deren Inhalte und Fragestrukturen jedoch in der Anamnese hilfreich sein können:

- Der **Three-Factor-Eating-Questionnaire-R18** (Karlsson et al., 2000) ist eine adaptierte und gekürzte Version des ursprünglichen Three-Factor-Eating-Questionnaire nach Stunkard und Messick (1985) unterscheidet sich jedoch in einigen Aspekten. Zum einen wurde das kritisierte dichotome Antwortformat durch eine 4-stufige Likert-Skala ersetzt, die eine differenzierte Einordnung der Symptomatik ermöglicht. Auch die Faktorenstruktur und einige Items haben sich verändert. Essverhalten wird hier auf den drei Subskalen kognitive Restriktion, unkontrolliertes Essen und emotionales Essen erfasst. Auch hat die Skala nur 18 Items und ist daher deutlich effizienter im Einsatz als manch andere Fragebögen zum Essverhalten.
- Der **Dutch Eating Behaviour Questionnaire** (Van Strien et al., 1986) erfasst Essverhalten auf den drei Skalen restriktives Essverhalten, emotionales Essverhalten und außengesteuertes Essverhalten.
- Die **Emotional Eating Scale** (Arnow et al., 1995) gibt Auskunft über das Ausmaß des Essdrangs bei unterschiedlichen Emotionen mit negativer Valenz.

6.4 Zielformulierung

Im Zuge des Anamnesegesprächs spätestens jedoch in der zweiten Sitzung wird das Therapieziel erarbeitet und formuliert. Eine Besonderheit stellt oftmals die neue Annäherung an die Gesundheitsförderung dar. Klient:innen sind es in der Regel gewöhnt, gewichtszentrierte Ziele zu formulieren oder gar vorgegeben zu bekommen. Dieses Ziel der Gewichtsmanipulation fällt im gewichtsneutralen Ansatz weg. Klient:innen sind gefordert, ein neues Ziel abseits von Gewichtsverlust zu formulieren. Das Therapieziel sollte in erster Linie die Förderung der Gesundheit und Lebensqualität darstellen und dementsprechend erreichbare verhaltensorientierte Ziele umfassen.

Achten Sie darauf, dass die formulierten Ziele folgende Charakteristika aufweisen:

- Das Ziel ist eine Verhaltensweise (keine Gefühle oder etwa Befinden!).
- Die Umsetzung bzw. Zielerreichung ist zu 100 % durch Klient:innen beeinflussbar.
- Das Ziel ist realistisch und im Alltag bzw. in der Lebensrealität der Klient:innen umsetzbar.

Beispiele für verhaltensorientierte Ziele sind:

- *Ich nehme meine Hunger- und Sättigungssignale differenziert wahr.*
- *Ich erlaube mir zu essen, wenn ich hungrig bin.*
- *Ich lege im Alltag mehr Wege zu Fuß zurück.*
- *Ich habe 2–3 konkrete Strategien an der Hand, um mit meiner Traurigkeit umzugehen.*
- *Ich bemerke ungünstige Gedanken und kann mit ihnen umgehen.*
- *Ich beschäftige mich nicht mehr den ganzen Tag mit Essensplänen.*

Beispiele für ungünstige Ziele sind:

- *Ich fühle mich wohl:* Ein Gefühlszustand wie *Wohlfühlen* kann nicht eigenhändig provoziert werden. Was jedoch provoziert werden kann, sind konkrete Verhaltensweisen, die dazu beitragen, dass sich Klient:innen wohler fühlen.
- *Ich habe 5 Kilo abgenommen:* Das Erreichen eines definierten Körpergewichtes ist nicht willkürlich steuerbar. Das Körpergewicht wird von dutzenden Faktoren beeinflusst. Den Großteil können wir nicht direkt, sondern höchstens indirekt, beeinflussen. Fachkräfte ebenso wie Klient:innen müssen sich mit dem Gedanken anfreunden, dass sich eine Verhaltensänderung nicht in einer Veränderung des Körpergewichtes etablieren muss. Es kann, muss aber nicht. Des Weiteren ist beispielsweise die Frage, wie der Gewichtsverlust erreicht werden soll. Möchte sich die Person beispielsweise vielfältiger ernähren, um Gewicht zu verlieren? Dann wird die Verhaltensweise (hier Ernährung) umgesetzt, um das Ziel Gewichtsverlust zu erreichen. Sobald das Ziel (Gewichtsverlust) erreicht ist, wird die Verhaltensweise überflüssig. Wie weiter oben dargestellt, zeigen Betroffene Verhaltensweisen wie Bewegung oder abwechslungsreiche Ernährung meist nicht mehr, sobald das Ziel erreicht wurde. Es findet keine nachhaltige Gesundheitsförderung statt. Das Ziel ist damit zur Gesundheitsförderung nicht geeignet.
- *Ich passe in das rote Kleid:* In ein bestimmtes Kleid zu passen oder 5 Kilo abzunehmen, erfordert darüber hinaus eventuell ungesunde Essverhaltensweisen, die wiederum aus Sicht der Gesundheitsförderung abgelehnt werden. Stattdessen sollte hinterfragt werden, was anders ist, wenn die Person in das rote Kleid passt oder 5 Kilo abgenommen hat.

Therapeutin: *Was ist anders, wenn Sie 5 Kilo abgenommen haben?*
Klientin: *Ich fühle mich einfach viel wohler.*
Therapeutin: *Verstehe. Wenn Sie sich wohler fühlen, wie verhalten Sie sich dann? Zum Beispiel im Büro oder wenn Sie sich mit Freunden treffen* (konkrete Verhaltensweise erarbeiten).
Klientin: *Ich bin im Büro selbstbewusster.*

Therapeutin:	*Ah, das klingt spannend. Was machen Sie denn anders, wenn Sie selbstbewusster sind?*
Klientin:	*Ich spreche Kolleginnen an, führe mit ihnen Small Talk und gehe mit ihnen Mittagessen.*
Therapeutin:	*Okay. Das heißt, wenn Sie auf Kolleginnen zu gehen und mit ihnen sprechen, dann ist das ein Zeichen, dass Sie selbstbewusster sind?*
Klientin:	*Auf jeden Fall.*
Therapeutin:	*Okay, super! Jetzt kommt mir ein Gedanke, den ich mit Ihnen teilen möchte. Angenommen, ihr Gewicht würde gleichbleiben, so wie es jetzt ist, und Sie würden selbstbewusster sein und auf Kolleginnen zugehen. Wie wichtig wäre Ihnen das Abnehmen dann noch auf einer Skala von 1 (gar nicht) bis 10 (sehr wichtig)?*
Klientin:	*Hmm … Ich kann mir nicht vorstellen, dass ich mit meinem aktuellen Gewicht selbstbewusster wäre.*
Therapeutin:	*Ja, ich kann verstehen, dass der Gedanke schwierig ist. Zumal Sie die Erfahrung haben, dass Sie sich schlecht fühlen mit dem aktuellen Gewicht. Ist es dennoch möglich, es zu versuchen? So als Fantasieexperiment?*
Klientin:	*Ja, okay… Ich denke, wenn ich mich das mit meinem aktuellen Gewicht trauen würde, dann wäre mir das Gewicht gar nicht mehr wichtig. So eine 3?*
Therapeutin:	*Eine 3? Das heißt, eigentlich geht es gar nicht so wirklich um das Gewicht, sondern darum, dass Sie gerne selbstbewusst wären?*
Klientin:	*Ja, ich wäre gerne selbstbewusster.*
Therapeutin:	*Okay, sehr gut. Wollen wir das als Ziel für unsere gemeinsame Arbeit aufschreiben? Dass wir daran arbeiten, dass Sie sich trauen, auf Kolleginnen zuzugehen?*
Klientin:	*Ja, an dem möchte ich gerne arbeiten!*
Therapeutin:	*Okay, sehr gut. Dann verraten Sie mir, wie verhalten Sie sich noch anders, wenn Sie selbstbewusster sind?*
…	

Werden große Ziele formuliert, sollten Teilziele ergänzt werden.

In den meisten Fällen ist das Festlegen von Markern zur Überprüfung der Zielannäherung sinnvoll. Hierzu eignen sich Gefühlzustände, wie Wohlbefinden oder die subjektiv wahrgenommene Lebensqualität, Verhaltensweisen oder beispielsweise metabolische Marker.

Beispiele für Marker sind:

- Ich kann länger bergauf gehen (Ziel: Kondition aufbauen).
- Ich beschäftige mich weniger mit Essen (Ziel: Gesundes Essverhalten entwickeln).
- Ich habe kein schlechtes Gewissen nach dem Essen (Ziel: Freudvolle Beziehung zu Ernährung aufbauen).

- Ich traue mich, ins Schwimmbad zu gehen (Ziel: Neutrales Körperbild kultivieren).
- Ich traue mich, vor anderen zu essen (Ziel: Neutrales Körperbild kultivieren).

Körpergewicht ist kein Verhalten und sollte daher weder Ziel noch als Marker (Indikator) für Verhaltensänderung herangezogen werden. Dennoch ist es fast typisch, dass gewichtszentrierte Zielformulierungen von Klient:innen erfolgen. Klient:innen sind es gewöhnt, gewichtszentrierte Ziele zu formulieren. Gleichzeitig haben Sie die Erfahrung gemacht, dass ihre Abnehmvorhaben bis dato erfolglos waren und ihnen womöglich sogar geschadet haben. Mit hoher Wahrscheinlichkeit haben sie das Ausbleiben von Erfolgen auf die eigene Unzulänglichkeit oder die eigene Disziplinlosigkeit geschoben. Dies kann dazu genützt werden, Klient:innen dabei zu begleiten, neue Ziele abseits von Gewichtsverlust zu formulieren, wie das nachfolgende Fallbeispiel zeigt:

Gespräch mit einer Klientin, weiblich, ca. 60 Jahre. Die Klientin leidet seit mehr als 20 Jahren unter ihrem Körper und macht seither eine Diät nach der anderen.

Klientin: *Ich fühle mich überhaupt nicht mehr wohl in meinem Körper, ich muss unbedingt Gewicht verlieren! Ich habe eine Zeitlang diese Abnehmspritze genommen, die mir meine Ärztin empfohlen hat. Da habe ich alle Nebenwirkungen bekommen, die dort aufgelistet waren. Aktuell esse ich ab 14 Uhr nichts mehr und es geht mir richtig schlecht damit. Aber bei allem, was ich versuche, es bringt einfach nichts. Ich weiß, was ich tun soll, dass ich mein Leben verändern muss, damit mir das gelingt.*

Therapeutin: *Kennen Sie andere Leute, bei denen dieses Vorgehen gelingt?*

Klientin: *Ja, es gibt Leute, die weniger essen und dadurch abnehmen, das sieht man ja schon daran, wie sie aussehen, und das bin ich eben nicht. Es gibt ja Leute, die sind ein bisschen korpulent, aber die sind zufrieden, das bin ich aber nicht.*

Therapeutin: *Wenn Sie eine bestimmte Person im Kopf haben, kennen Sie diese Person enger?*

Klientin: *Ja.*

Therapeutin: *Okay. Wie lange macht die Person das, mit dem Zusammenreißen denn schon?*

Klientin: *Ihr Leben lang.*

Therapeutin: *Also wie erleben Sie sie, wenn Sie sie beobachten, wenn Sie sie treffen, wenn Sie essen gehen, wenn sie redet?*

Klientin: *Sie zieht sich immer mehr zurück, sie hat kaum mehr einen Freundeskreis. Sie ist sehr nachtragend. Es geht ihr nicht gut.*

Therapeutin: *Das heißt, die Person, von der Sie sagen, bei der funktioniert es mit dem Zusammenreißen, der geht es eigentlich nicht gut?*

Klientin: *Ja, der geht es sicher nicht gut.*

Therapeutin: *Hm … Okay. Das merken wir uns.*

Therapeutin:	Wie geht es Ihnen in Moment, abgesehen von der Unzufriedenheit mit dem Bauch?
Klientin:	Mir geht es sehr gut. Ich genieße meine Pension und mein Leben. Ich gehe gerne hinaus und beschäftige mich sehr gerne mit meinen Kindern und meinen Enkeln, die mich sehr oft besuchen. Letzte Woche war ich auf einem Yoga-und-Tanz-Retreat, das hat mir auch sehr gutgetan.
Therapeutin:	Das klingt sehr schön. Lassen Sie uns kurz ein Gedankenexperiment machen. Stellen Sie sich vor, sie wären zufrieden oder okay mit Ihrem Bauch. So wie Sie jetzt im Moment sind. Wäre es dann okay, wenn das Gewicht so bleibt, wie es jetzt ist?
Klientin:	Ja.
Therapeutin:	Ah! Ihnen geht es eigentlich nur darum, dass Sie sich im Körper wohlfühlen?
Klientin:	Ja!
Therapeutin:	Wow, das war jetzt eindeutig. Ich mache Ihnen einen Vorschlag. Wir packen den Abnehmwunsch in einen Rucksack und tragen ihn mit uns mit. Aber eben nicht wie die Karotte vor der Nase, sondern gut verstaut in dem Rucksack. Und dann marschieren wir los und arbeiten daran, dass Sie eine bessere Beziehung zu Ihrem Bauch aufbauen können. Außerdem arbeiten wir wie vorhin besprochen an den Essgewohnheiten und dem Essverhalten. Und dann nach 5–6 Einheiten sehen wir nach, was mit dem Rucksack ist. Ob er noch da ist. Ob sein Inhalt noch gleich wichtig ist wie vorher. Was sagen Sie dazu?
Klientin:	Das klingt sehr gut!

Nach der Zielformulierung wird der Therapie- bzw. Behandlungsplan erstellt. Der Therapieplan beinhaltet das Ziel, mögliche Teilziele (Marker zur Zielerreichung) sowie zu bearbeitende Themen, mit denen an der Zielerreichung gearbeitet wird.

Obwohl bei der gewichtsneutralen Therapie Verhaltensweisen im Fokus stehen, spricht der Ansatz Betroffenen keinesfalls den Wunsch nach Gewichtsreduktion ab. Der Wunsch nach Gewichtsverlust sollte jedoch stehts gemeinsam reflektiert und seitens der Fachkraft nicht als selbstverständlich positiv angesehen werden. Außerdem sollte immer abgewogen werden, mit welchen Vorteilen und Konsequenzen das Abnehmvorhaben verbunden ist. Klient:innen sollten darüber aufgeklärt werden.

In Einzelfällen (z. B. Extrembereiche im Gewicht) kann eine Gewichtsreduktion/Gewichtszunahme eine Notwendigkeit darstellen, um Menschen den Zugang zu Therapie- oder Gesundheitsangeboten oder Gesundheitsförderung per se überhaupt erst möglich zu machen. Dennoch sollten stets verhaltensorientierte Maßnahmen zur Gesundheitsförderung im Zentrum der Therapie stehen. Maßnahmen zum Gewichtsmanagement wie etwa Medikamente oder bariatrische Operationen sollten niemals alleinige Interventionen darstellen und ausschließlich von ernährungspsychologischen und ernährungstherapeutischen Interventionen begleitet werden.

6.5 Behandlung ungesunden/gestörten Essverhaltens

Die integrative Therapie des Essverhaltens umfasst verschiedene Säulen, die gemeinsam ein ganzheitliches Konzept zur Therapie des Essverhaltens bilden. Ziel ist ein neutraler bzw. positiver Zugang zu dem Thema Ernährung sowie die Kultivierung eines gesunden, primär durch Körpersignale gesteuerten, Essverhaltens. Die einzelnen Therapiebausteine ergänzen sich gegenseitig und bilden einen ganzheitlichen Therapieansatz.

Die Therapiebausteine umfassen:

- das Ablegen der Zügelung und Restriktion,
- das Training der Körpersignale wie das Spüren von Hunger oder Sättigung und die Abstimmung der Nahrungsaufnahme in Übereinstimmung mit den Körpersignalen,
- den Aufbau einer neutralen bis positiven Beziehung zu Ernährung sowie eine nährstoffreiche und vielfältige Ernährung im Alltag,
- das Erlernen eines konstruktiven Umganges mit Emotionen und das Ablegen des emotionsregulierenden Essverhaltens,
- den Aufbau einer neutralen bzw. positiven Beziehung zum eigenen Körper sowie
- die Integration von freudvoller Bewegung in den Alltag.

In ▶ Abb. 6.2 findet sich eine Übersicht der Therapiebausteine inklusive Therapieinhalte. Die Therapieinhalte können je nach Symptombild abweichen oder ergänzt werden. Die Auflistung der Therapieinhalte erhebt keinen Anspruch auf Vollständigkeit. Weiterführende und ergänzende Übungen sowie Therapieinhalte finden sich unter anderem in einschlägigen Behandlungsmanualen (z. B. Körperbildtherapie, Therapie von Essstörungen, Skills-Training, Imagination, Genusstraining).

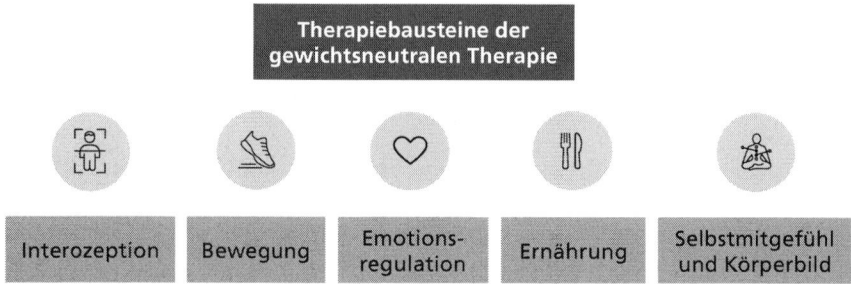

Abb. 6.2: Therapiebausteine der gewichtsneutralen Therapie

Um vorhandene sowie aufrechterhaltende ungesunde (Ess-)Verhaltensweisen und Denkstile abzulegen, müssen diese als solche vorab identifiziert werden. Ein erstes Bild dieser wird im Rahmen des Erstgespräches erhoben. Für die klinisch-psychologische oder (psycho-)therapeutische Arbeit ist eine detailliertere Analyse des Problemverhaltens sowie eine Analyse dysfunktionaler Schemata empfehlenswert bzw. erforderlich.

6.5.1 Gezügeltes Essverhalten ablegen

In dem Therapiebaustein lernen Betroffene, Verhaltensweisen, Kognitionen sowie Emotionen, die die Zügelung fördern und aufrechterhalten, zu hinterfragen und sukzessive abzubauen. Ehemals verbotene Lebensmittel werden wieder in den Speiseplan integriert. Außerdem werden prägende und die Zügelung aufrechterhaltende Lebenserfahrungen aufgearbeitet, um eine Basis für gesunde Verhaltensweisen zu legen.

Das Befolgen von Diätregeln und strengen Richtlinien gibt einen Rahmen vor, der durch seine Einfachheit und klare Strukturiertheit Sicherheit verspricht. Das Aufheben dieser Regeln hat den Wegfall der Struktur und Sicherheit zur Folge, was große Angst und Unsicherheit auslösen kann. In dieser Therapiephase ist es daher von großer Wichtigkeit, Sicherheit und Struktur zu vermitteln. Hierzu zählen Psychoedukation, ein strukturiertes und transparentes Vorgehen, regelmäßige Reflexion der Erfahrungen, das Sichtbarmachen von Fortschritten oder das Thematisieren von Herausforderungen sowie Ängsten oder Unsicherheiten.

Das Ablegen von Zügelung und Verboten ist oftmals von Traurigkeit begleitet, da das Loslassen von Zügelung und Abnehmvorhaben für viele Klient:innen auch ein Loslassen von den Träumen und Hoffnungen, welche mit dem Abnehmvorhaben assoziiert sind, bedeutet. Wenn Abnehmen mit einem glücklicheren Leben assoziiert ist, dann bedeutet das Loslassen des Abnehmvorhabens eventuell im ersten Moment auch das Loslassen der Hoffnung auf ein glücklicheres Leben. Oftmals setzten Klient:innen das Loslassen von Zügelung auch mit einem Aufgeben gleich. Wichtig in dieser Therapiephase ist daher die laufende Bestärkung von Klient:innen sowie das Normalisieren der Verhaltensweisen oder Gefühle. Je stärker Patient:innen in der Zügelung stecken, desto wichtiger ist es vorab, Ressourcen aufzubauen und Bewältigungsstrategien zu etablieren. Hierzu eignet sich die 5–4–3–2–1-Übung nach Yvonne Dolan bzw. Betty Erickson, Atemübungen, Bauchatmung oder die Übung *Sicherer Ort* von Luise Reddemann.

Die 5–4–3–2–1-Übung ist eine Übung aus der Hypnose bzw. der Traumatherapie, die dabei hilft, die Aufmerksamkeit auf das Hier und Jetzt zu lenken. Damit kann Gedankenkreisen oder etwa das Erleben von intensiven Emotionen unterbrochen werden. Bei der Übung wird eine bewusste Außenorientierung über die Sinne erwirkt. Bei der Kurzform der 5–4–3–2–1-Übung nennt die Person 5 Dinge, die sie sehen kann, 4 Dinge, die sie spüren kann, 3 Dinge, die sie hören kann, 2 Dinge, die sie riechen kann und eine Sache, die sie schmecken kann. Bei der Langform der 5–4–3–2–1-Übung nennt die Person 5 Dinge, die sie sehen kann, 5 Dinge, die sie spüren kann, 5 Dinge, die sie hören kann, 5 Dinge, die sie riechen kann und 5 Dinge, die sie schmecken kann. In der nächsten Runde nennt die Person 4 Dinge, die sie sehen kann, 4 Dinge, die sie spüren kann, 4 Dinge, die sie hören kann usw., bis sie bei 1 angekommen ist.

Externalisierung eines Diätmentalität-Anteils

Die mit der Zügelung in Zusammenhang stehenden Verhaltensweisen, Gedanken und Emotionen können in Form eines Diätmentalität-Anteils externalisiert werden. Dies hilft Klient:innen dabei, sich von entsprechenden Kognitionen oder Verhaltensweisen emotional zu distanzieren, Gefühle auszudrücken. Gleichzeitig impliziert ein Diätmentalität-Anteil, dass es auch weitere Anteile, wie etwa gesunde Anteile geben kann, was Klient:innen wiederum bestärken und motivieren kann.

Klientin:	Und dann saß ich am Tisch, der Kuchen vor mir und ich dachte mir: »Warum stellst du dich so an? Iss einfach den Kuchen.« Und gleichzeitig war da eine Stimme, die sagte: »Der Kuchen ist viel zu fett!« Das klingt so dämlich, oder?
Therapeutin:	Nein, das klingt überhaupt nicht dämlich. Wir haben uns kennen gelernt, weil es da in Ihnen einen Teil gibt, der keinen Bock mehr auf diese ständigen Diäten hat. Aber gleichzeitig ist da noch eine Stimme, nennen wir sie Diätstimme, die sich noch nicht so wirklich verziehen will.
Klientin:	Ja, genau so fühlt es sich an!
Therapeutin:	Mhm.. Und in dieser Situation. Wer war da stärker? Der gesunde Anteil oder die Diätmentalität?
Klientin:	Der gesunde Teil. Ich habe den Kuchen dann einfach gegessen. Und er war soo gut!

4 Komponenten der Zügelung

Zügelung manifestiert sich in Verhaltensweisen sowie Kognitionen (Denkmustern, Bewertungen, Glaubenssätzen). Außerdem wird die Wahrnehmung durch die Denkmuster verzerrt und Emotionen durch sie geprägt. Das Bewusstmachen der mit der Zügelung in Zusammenhang stehenden Verhaltensweisen, Gedanken oder Emotionen unterstützt Klient:innen dabei, die Summe aller mit der Zügelung assoziierten Verhaltensweisen, Gedanken und Emotionen sichtbar zu machen und in Folge besser wahrzunehmen.

Um die Diätmentalität zu konkretisieren, wird Klient:innen zunächst erklärt, dass sich gezügeltes Essverhalten auf verschiedenen Ebenen bemerkbar machen kann:

- Gedanken: Gedanken, Bewertungen oder etwa Glaubenssätze wie »Dünne Menschen sind mehr wert«, »Ich bin nicht liebenswert«, »Wenn ich jetzt nicht abnehme, dann habe ich versagt«, »Ich habe mein Leben nicht unter Kontrolle«, »Ich darf keine Schokolade essen«, »Mein Bauch ist zu dick« oder »Dicke Menschen sind Versager«.
- Emotionen: z. B. Wut nach dem Essen, Ärger, wenn mehr als geplant gegessen wurde, Angst/Unbehagen vor der Essenseinladung, aber auch ein Machtgefühl oder Stolz, wenn der Diätplan eingehalten wurde, oder etwa die Hoffnungslosigkeit nach dem Wiegen.

- Verhaltensweisen: Tätigkeiten wie Kalorienzählen, Wiegen, Restaurants vorab auf kalorienarme Mahlzeiten prüfen, Verabredungen absagen, um die Energieaufnahme kontrollieren zu können, Schritte zählen, Bestrafungen durch Sporteinheiten oder Fastentage, das Verfolgen von Abnehm-Accounts auf Social Media, diverse Methoden den eigenen Körper zu kontrollieren (body checking), Auswahl von Low-Carb-Rezepten mit dem Ziel abzunehmen, das jahrelange Aufheben von zu klein geratenen Kleidungsstücken im Kleiderschrank, tägliches Wiegen oder etwa das Befolgen/Aufstellen von Ernährungsplänen, mit dem Ziel abzunehmen.
- Wahrnehmung: Die selektive Wahrnehmung von Diät- oder Schlankheitsbotschaften in der Werbung oder im Fernsehen, Wahrnehmung von Diätprodukten beim Einkaufen, Filme, die dicke Menschen als faul darstellen, Kommentare von Freund:innen oder Familienmitgliedern, die selbst auf Diät sind oder etwa Social-Media-Accounts, auf denen ein bestimmtes Körperbild verherrlicht wird.

Sämtliche Verhaltensweisen, Denkmuster sowie Emotionen in Zusammenhang mit der Diätmentalität werden gemeinsam mit Klient:innen gesammelt, notiert und kategorisiert. Dabei kann die Kategorisierung in Gedanken, Wahrnehmung, Verhalten oder Emotionen erfolgen. Als Transferaufgabe bis zur nächsten Sitzung können Klient:innen weitere Beobachtungen in konkreten Situationen notieren und ihre Aufzeichnungen ergänzen. Dies hilft Klient:innen dabei, den Diätanteil wahrzunehmen und sich von ihm zu distanzieren. In der folgenden Sitzung kann mit den Aufzeichnungen weitergearbeitet werden:

Therapeutin: *Die Diätmentalität bedient sich normalerweise verschiedener Strategien, damit sie das erreicht, was sie möchte. Eine von diesen Strategien ist das Einreden eines schlechten Gewissens beim Essen. Ich würde gerne mit Ihnen noch weitere Strategien von der Diätmentalität gemeinsam notieren. Damit lernen wir sie besser kennen. Je besser wir sie kennen lernen, desto besser können wir mit ihr umgehen. Dazu habe ich ein Handout für Sie vorbereitet. ….* (Komponenten der Diätmentalität erklären)…. *Was konnten Sie am letzten Abend* (immer auf konkrete Situationen beziehen!) *noch bemerken?*
Klientin: *Ich habe mich dann nach dem Essen direkt total schlecht gefühlt.*
Therapeutin: *Wie würden Sie das Gefühl beschreiben?*
Klientin: *Wie eine Last auf den Schultern. Total drückend. Eine Schwere.*
Therapeutin: *Ich würde sagen, wir schreiben das direkt hier hin. Was noch?*
Klientin: *Ich habe mich dann direkt im Spiegel angesehen und geprüft, ob mein Bauch eh nicht größer ist nun.*
Therapeutin: *Sehr gut beobachtet. Dann schreiben wir das auch gleich auf!*

Gedanken in Zusammenhang mit der Zügelung sowie die Bewertung von Lebensmitteln als gut oder schlecht aber auch das schlechte Gewissen nach dem Essen sind häufig unbewusste, automatisierte Gedanken. Das Ablegen derartiger im *Autopiloten* ablaufender Verhaltensweisen sowie Kognitionen setzt das bewusste Wahrnehmen dieser voraus. Das wiederum hilft Klient:innen dabei, eigene Gedanken und Verhaltensweisen wahrzunehmen, ohne diese als gut oder schlecht zu bewerten. Vielmehr nehmen Klient:innen eine reflektierende Metaposition ein, die dabei hilft, ungünstige Verhaltensweisen zu identifizieren, ohne sich dabei in Selbstvorwürfe oder Selbstverurteilungen verstricken zu lassen (Brown et al., 2007).

Ablegen von restriktiven und kontrollierenden Verhaltensweisen

Nach der Analyse geht es um einen sukzessiven Abbau von einschränkenden Verhaltensweisen und Kognitionen. Diese umfassen das Ablegen eines dogmatischen *Gesund/ungesund*-Denkens, das Neubewerten von zuvor verbotenen Speisen, das Ablegen des Kalorienzählens, des Stoppen eines täglichen Wiegens, das Ablegen des negativen Kommentierens des Körpers oder einzelner Körperteile, das Entfolgen von Diät-Accounts auf Social Media oder etwa das Erlernen eines Gedankenstopps, zum Stoppen des schlechten Gewissens nach dem Essen. Der Verlauf bzw. der Fortschritt sollte dabei laufend reflektiert und evaluiert werden. Wie immer gilt, dass der Therapieplan in Abstimmung mit den vorhandenen Ressourcen und Fähigkeiten von Klient:innen zu erfolgen hat.

Ein wichtiger Baustein ist hierbei Psychoedukation. Gemeinsam mit Klient:innen wird erarbeitet, warum das Ablegen der Zügelung und Restriktion für die Gesundheitsförderung essentiell ist und welche Konsequenzen Zügelung und Restriktion für die psychische und physische Gesundheit sowie auf das Körperbild, die Ernährungsweise, das Bewegungsverhalten, den Essdrang oder etwa für das Essverhalten haben.

Das weiter oben beschriebene chronische Diätsyndrom kann anhand der eigenen Diätgeschichte erarbeitet werden. Hierzu wird mit Klient:innen die letzte Diät (oder ein Abnehmvorhaben, welches noch gut in Erinnerung ist) für die Übung herangezogen. Die unterschiedlichen Phasen der Diät werden gemeinsam mit Klient:innen erarbeitet und in das Modell des Diätkreislaufes eingeordnet (▶ Abb. 6.3).

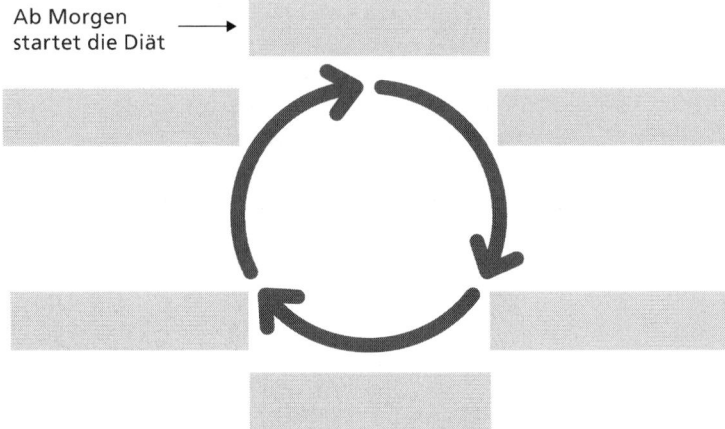

Abb. 6.3: Exemplarische Darstellung eines Diätkreislaufes zum Ausfüllen (Handout) für Klient:innen.

Beispiel, wie der Diätkreislauf in einer Sitzung erarbeitet werden kann:

Therapeutin: Ich möchte die Gelegenheit nutzen und einen näheren Blick auf Ihr letztes Abnehmprojekt werfen. Das hilft Ihnen zu verstehen, was während so einer Diätphase passiert, und wir können gezielt daran arbeiten, dass das so nicht mehr passiert. Dieses letzte Projekt – wie ging es Ihnen, als Sie gestartet haben? Was hat Sie dazu bewegt, mit der Diät zu starten?

Klientin: Ich hatte so eine schlechte Zeit. Nach meiner letzten Diät hatte ich einfach keine Kraft mehr. Ich habe jeden Tag einfach gegessen und gegessen und dann habe ich plötzlich bemerkt, dass mein Gewand enger wird und dann dachte ich, ich es muss stoppen. Ich war richtig verzweifelt. Und dann dachte ich mir heute esse ich alles auf und dann ab morgen starte ich wieder mit gesundem Essen.

Therapeutin: Sie waren also verzweifelt und traurig und dann dachten Sie, dass Sie das Zunehmen mit der nächsten Diät verhindern oder aufhalten können.

Klientin: Ja genau!

Therapeutin: Dann notieren wir das mal ganz oben. Dieses Heute-noch-alles-Aufessen, was Sie beschrieben haben, ist ein Effekt, der sehr häufig auftritt, bevor die Diät startet (Normalisieren). Wie ging es dann weiter? ...

Therapeutin: Wenn wir uns den Kreislauf hier nun ansehen, wie ist das für Sie?

Klientin: Es macht mich total traurig. Es ist immer das Gleiche und das schon seit Jahren. Es war mir aber noch nie so bewusst wie jetzt. Und ich komme da einfach nicht raus.

Therapeutin: Sie haben das Gefühl, dass Sie da in diesem Kreislauf gefangen sind. (aktives Zuhören und Paraphrasieren)

Klientin: Ja, total.

Therapeutin: Dann sehen wir uns am besten an, wie wir das Gefühl loswerden können! Wo würden Sie sagen, befinden sich hier im Diätkreislauf? Sind es Gedanken oder Gefühle oder Situationen, die den Kreislauf eskalieren?

Klientin: Also der erste Punkt ist wahrscheinlich hier, wo ich gerne mit Freunden weg gehen würde, ich aber Angst habe, dass dann alles eskaliert. Und dann hier, wo ich etwas esse, und mir denke, dass es eh schon egal ist. Und dann hier, wo ich esse und esse und esse und mir lauter Vorwürfe mache.

Therapeutin: Ja, das hätte ich auch gesagt (Bestärken). Wenn ich das zusammenfasse: zunächst die Verbote/Regeln ganz am Anfang, dann der Gedanke »Na jetzt ist es eh egal« und dann der Frust, weil Sie sich überessen haben und die Angst, dass das Gewicht nach oben geht.

Klientin: Ja, genau! Die ganzen Regeln sind es eigentlich, die alles ins Rollen bringen?! Heißt das, wenn ich keine Verbote mache, dass ich dann aus dem Kreislauf aussteigen kann?

> *Therapeutin:* Wenn es keine Verbote gibt, dann verändert sich mit ziemlicher Sicherheit auch die ganze Kette, die danach kommt. (Therapeutin fährt mit Psychoedukation fort)

Die Arbeit an Therapiebaustein 1 ist keine, die an einem gewissen Punkt oder nach einer gewissen Anzahl an Einheiten abgeschlossen ist. Klient:innen sehen sich tagtäglich mit dem Thema Abnehmen konfrontiert, weshalb die Verhaltensweisen oftmals bereits seit Jahrzehnten aufrechterhalten wurden. Demnach darf das Ablegen entsprechender Verhaltensweisen Zeit in Anspruch nehmen. Manche Kognitionen und Verhaltensweisen werden in relativ kurzer Zeit abgelegt werden können, während andere viele Wochen oder sogar Monate in Anspruch nehmen. So ist das Ausmisten des Social-Media-Accounts relativ einfach umzusetzen, während die emotionale Bereitschaft zur Verabschiedung von über die Jahre hinweg zu klein geratenen Kleidungsstücken aus dem Kleiderkasten Wochen bis Monate in Anspruch nehmen kann. Tatsächlich haben manche Betroffene komplette Kleidungssets in den verschiedensten Größen zu Hause. Eine Klientin berichtete mir, komplette Winter- und Sommeroutfits in den Größen 34 bis 46 zu Hause zu haben.

In bestimmten Lebensphasen oder zu bestimmten Jahreszeiten kann es außerdem zu einer Verschlechterung bzw. zu einem Rückfall in gezügelte Verhaltensweisen kommen. Dies können Life Events, Stress, psychische Belastungen oder etwa Jahreszeiten wie Sommerbeginn oder etwa der Jahreswechsel sein, in dem die Diätindustrie ihre Hochphase feiert.

Aufarbeitung der Diätgeschichte

Prägende Lebensereignisse wie Mobbing oder auf das Gewicht bezogene Kommentare oder ein geringer Selbstwert sind oftmals für den Start in eine Diätkarriere verantwortlich. In der Aufarbeitung der Abnehmgeschichte geht es daher um die Reflexion und Aufarbeitung derjenigen Erfahrungen, die die Abnehmreise initiiert, aufrechterhalten oder gar gefördert haben.

Oftmals kommen im Zuge der Aufarbeitung prägende Erfahrungen und Lebensereignisse zum Vorschein, die eine tiefergehende Aufarbeitung im Zug einer psychologischen Therapie oder Psychotherapie erfordern. Um die Zügelung abzulegen, kann die Bearbeitung der Diätgeschichte essentiell sein. Hierzu kann ein Zeitstrahl dienlich sein, auf dem die einzelnen Diäten sowie davon begleitete markante Ereignisse eingetragen werden. Diese Aufzeichnung kann in Folge dazu herangezogen werden, tiefer in bestimmte Lebenssituationen einzutauchen und diese zu bearbeiten. Auch ist es möglich, aktuelle Situationen oder Rückschläge mit Hilfe des Zeitstrahls einzuordnen und zu verstehen. Beispiel zur Erarbeitung eines Zusammenhangs zwischen vergangenen Erlebnissen und deren Auswirkung auf die Gegenwart:

> *Therapeutin:* Die Situation beim Kinderarzt, die ist Ihnen noch ganz präsent in Erinnerung.

Klientin:	Ja, ich weiß genau, wie ich da stand und der Arzt meinte, dass ich jetzt keine Süßigkeiten mehr essen soll.
Therapeutin:	Wie hat sich das damals angefühlt? (Verständnis für die inneren Konzepte und Bewertungssysteme erhalten)
Klientin:	Ich hatte das Gefühl, dass mit mir etwas nicht stimmt. So richtig massives Schamgefühl und das, obwohl ich nicht einmal wusste, was da gerade passiert ist. Meine Mutter hat damals gar nichts gesagt, sie hat nur dagestanden. Damals hatte auch der Arzt vielleicht immer recht. Aber wenn ich mir Fotos ansehe von damals, dann war ich nicht einmal so ein richtig dickes Kind. Aber meine Mama hat es damals einfach nur gut gemeint.
Therapeutin:	Ich möchte die rechtfertigenden Stimmen, die sich da gerade einschalten und mitreden, für jetzt gerne mal draußen lassen und mich nur auf das kleine Mädchen, auf die kleine Sabine, konzentrieren. Die hat geglaubt sie ist falsch und es war kein Erwachsener da, der ihr gesagt hat, dass sie richtig ist. Und das hat dazu beigetragen, dass die kleine Sabine sich ab da immer wieder im Leben gesagt hat, dass sie falsch ist.
Klientin:	Ja! Ich habe immer geglaubt, dass ich falsch bin. Und jedes Mal, wenn was nicht funktioniert hat, habe ich mir gedacht, dass das an mir liegt und dass ich einfach nicht richtig bin. Und das ist bis heute so.
Therapeutin:	Dieser Gedanke, nicht richtig zu sein, was macht der heute mit Ihnen? (Bezug zum heutigen Essverhalten herstellen)
Klientin:	Manchmal, wenn etwas in der Arbeit nicht nach Plan läuft, dann denke ich mir sofort »Ich habe das nicht richtig gemacht, ich bin eine schlechte Mitarbeiterin« und dann möchte ich am liebsten einfach nur essen.

Gleichzeitig kann das Aufarbeiten der Diätgeschichte Veränderungsmotivation schaffen. So können das laufende Abhalten von Diäten sowie die daraus resultierenden Gewichtsschwankungen dazu führen, dass Betroffene sich gewisse Hobbys oder Tätigkeiten so lange verwehren, bis das gewünschte Gewicht erreicht ist. Oftmals wird dies von Klient:innen im Zuge der Aufarbeitung wie ein »Pausieren« des Lebens beschrieben. Ins Schwimmbad gehen, an Fitnesskursen teilnehmen, in Urlaub fahren, wandern gehen, sich schöne Kleidung kaufen, den Frisör aufsuchen, all diese Verhaltensweisen sind oftmals erst »erlaubt«, wenn eine Gewichtsabnahme eingetreten ist. Das Bewusstwerden, dass sich ein Großteil des Lebens um Essen dreht, führt bei vielen Betroffenen zu einer großen Traurigkeit. Die *Diätkarriere* zu beenden und sich gegen Zügelung zu entscheiden, wird oftmals als bestärkend und motivierend erlebt.

Exposition

Einen neuen Umgang mit gewissen Lebensmitteln zu erlernen, setzt Exposition und damit auch die Erlaubnis, sonst verbotene Lebensmittel zu essen, voraus. Ohne diese Erlaubnis kann kein neuer Umgang erlernt werden. Paradoxerweise ist es genau die Exposition mit gewissen Lebensmitteln, die Betroffenen Angst macht. Der Angst liegt die Annahme zugrunde, dass es ohne Verbote oder Verzicht zu einem übermäßigen Verzehr von verbotenen Lebensmitteln kommen würde, was sich wiederum in einer Gewichtszunahme spiegelt. *Würde ich mich nicht bewusst zurückhalten, würde ich jeden Tag nur Pizza, Burger & Co. essen,* heißt es häufig. Diese Annahme geht auf das Erfahrungslernen im Rahmen der Diätkreisläufe zurück. Betroffene haben die Erfahrung gemacht, dass der Gusto auf Süßes steigt und es zu einem Überessen (Enthemmung) kommt, sofern einmal von der »verbotenen Frucht« genascht wird. Verbote und Verzicht sollen eine Art Schutz vor dem Überessen darstellen. Verbote führen jedoch dazu, dass es zu einer Aufwertung der Speisen kommt, was den Drang, das Lebensmittel zu verzehren, steigert. Im Gegensatz dazu führt die Erlaubnis und die Vorstellung davon, die Speise zu verzehren, zu einer Reduktion des Essdrangs sowie zu einer Habituierung (Morewedge, Huh & Vosgerau, 2010). Daher soll mit Klient:innen daran gearbeitet werden, zuvor verbotene Speisen wieder in den Speiseplan aufzunehmen, damit diese Gewöhnung stattfinden kann.

Praxisbeispiel

Frau M. ist 62 Jahre alt, als sie in der Praxis vorstellig wird. Seit ihrer Jugend beschäftigt sie sich mit ihrem Körper und ihrem Gewicht. Nach einem lebenslangen Kampf gegen ihr Gewicht und dem Abhalten unzähliger Diäten will Frau M. nicht mehr. Frau M. hat eine liebende Familie und genießt einen aktiven Alltag mit vielen Interessen und einem guten sozialen Netzwerk. Als Frau M. das erste Mal in die Praxis kommt, berichtet sie davon, dass sie keine Süßigkeiten zu Hause haben könne, da sie sofort alles auf einmal essen würde. Direkt nach der ersten Einheit besorgt sich Frau M. nach dem Motto »Jetzt darf ich ja« einen 500-g-Milchzopf, eine Süßspeise, die sie liebt und nach eigenen Angaben normalerweise auf einen Satz aufessen würde. Eine Woche später berichtet Frau M., dass sie diesen Milchzopf noch immer zu Hause habe. Das Gefühl, eine Süßigkeit nicht auf einmal essen zu »müssen«, sondern von wenigen Stück Befriedigung zu erleben, war für Frau M. eine berührende und wertvolle Lernerfahrung. Als sie davon berichtet, strahlte sie über das ganze Gesicht. Sie habe die letzten Jahre versucht, nur 1–2 Stück zu essen und es nie geschafft. Und dass dies plötzlich »von innen« komme, ohne dass sie sich anstrengen müsse.

Tatsächlich ist diese Schilderung kein Einzelfall. Durch die Erlaubnis, die Speisen essen zu dürfen, nimmt die Wertigkeit der Speise in der Regel ab, was dazu führt, dass der Drang, das Lebensmittel zu verzehren, deutlich sinkt.

Zu Beginn kann mittels Imaginationsübungen gearbeitet werden, bei denen Klient:innen darin angeleitet werden sich vorzustellen, ein sonst verbotenes/gemiedenes Lebensmittel zu verzehren. Klient:innen werden im Zuge der Übung schrittweise von dem Anrichten bis hin zum Beenden der Mahlzeit durch den Essprozess geführt, wobei sie sich jeden Schritt möglichst detailliert vorstellen sollen. In der Imagination wird die Nahrungsaufnahme mit einem guten Gefühl beendet. Diese Übung kann mehrmals wiederholt werden, bis Klient:innen Sicherheit oder Zuversicht kultivieren. Als Steigerung der Imaginationsübung werden Klient:innen dazu angeleitet, das gleiche Lebensmittel im Rahmen einer Therapiesitzung zu verzehren. Als Übungsanleitung eignet sich die von Kabat-Zinn formulierte

Rosinenübung. Klient:innen sollen die Übung im Alleingang wiederholen und ihre Erfahrungen zu der Übung notieren.

Da der Verzehr von sonst verbotenen Speisen nicht selten zu einem schlechten Gewissen und dem Erleben von unangenehmen Emotionen wie Schuld oder Scham führt, ist es ratsam, an dieser Stelle auf die vorab vermittelten Skills und Strategien zum Umgang mit dem schlechten Gewissen sowie mit unangenehmen Emotionen zu verweisen.

Das Loslassen von Verboten führt bei einigen Klient:innen zunächst in die Phase der Enthemmung, in der sonst verbotene Lebensmittel zum Teil in großen Mengen verzehrt werden. Eine engmaschige Begleitung ist in dieser Phase absolut notwendig und empfehlenswert, da die Enthemmung zu einer Gewichtszunahme führen kann, was wiederum mit großer Angst verbunden sein kann. Je mehr Klient:innen an der Restriktion festhalten und je präsenter und stärker die Angst ist, desto länger kann die Phase der Enthemmung dauern, da die Angst dazu führt, dass Klient:innen an der Zügelung und Restriktion festhalten. Die Angst vor der Gewichtszunahme kann somit die Phase der Enthemmung verlängern. Um der Enthemmung entgegenzuwirken, ist es ratsam, die Mechanismen der Enthemmung zu verstehen, sodass aufrechterhaltende oder auslösende Faktoren entschärft werden können, Angst ab- und Sicherheit aufgebaut werden kann. Über die Zeit stellt sich das Überessen jedoch ein und das Essverhalten stabilisiert sich. Manche Klient:innen leben diese Phase aktiv und genussvoll aus und genießen das Essen von zuvor verbotenen Speisen.

6.5.2 Körpersignale spüren lernen

In diesem Therapiebaustein werden Klient:innen dabei angeleitet, die Wahrnehmung ihrer Körpersignale wie Hunger, Sättigung oder aber Verträglichkeit zu stärken. Außerdem lernen sie, die Nahrungsaufnahme nach diesen Körpersignalen zu richten. Zusätzlich wird an der Gestaltung der Essroutine, der Essumgebung sowie am Esstempo und einem achtsamen Essverhalten gearbeitet.

Psychoedukation, Achtsamkeitstechniken sowie Reflexions- oder Beobachtungsaufgaben eignen sich, um die Phase zu begleiten sowie Lernen auf kognitiver und auf emotionaler Ebene zu kombinieren.

Ein besonderes Vorgehen ist in der Therapie von Essstörungen gefordert. Essstörungen sollten ausschließlich von klinischen Psycholog:innen, Psychotherapeut:innen und Ernährungstherpeut:innen mit ausreichend einschlägiger Erfahrung in der Therapie betreut werden. Um eine Nährstoffversorgung des Körpers zum Beispiel im Rahmen einer Anorexia nervosa zu gewährleisten und Körpersignale wieder adäquat spüren zu lernen, ist es unumgänglich, Mahlzeitenfrequenzen als Therapieelement vorzugeben. Erst in der späteren Therapiephase kann der Fokus auf die Stärkung der Interozeption gelegt werden. Gleichzeitig kann es bei dem Typus der ungehemmten Esser:innen hilfreich sein, eine bestimmte Mahlzeitenroutine vorzugeben, damit Betroffene überhaupt erst in die Lage kommen, Hungersignale wieder zu spüren. Ungehemmte Esser:innen sind in der Regel Esser:-

innen, die keine oder nur wenig Ernährungskompetenz verfügen und ein impulsives Essverhalten zeigen.

Sättigung: Kognitionsanalyse

Da Klient:innen positive sowie negative Erfragungen in Zusammenhang mit Körpersignalen wie Sättigung oder Hunger haben können, empfiehlt es sich, eine Kognitionsanalyse durchzuführen. Bei einer Kognitionsanalyse werden Gedanken, Erfahrungen, Vorstellungen oder etwa Bewertungen zu einem bestimmten Thema analysiert. Dabei sollen Klient:innen die Möglichkeit haben, die Begriffe »Sättigung« und »Sattsein« bzw. »Vollsein« zu erkunden, bisherige Erfahrungen und Verbindungen zu reflektieren und gemeinsam im therapeutischen/beratenden Prozess einzuordnen. Hierbei wird gemeinsam mit Klient:innen erarbeitet, was Sättigung bedeutet, welche emotionalen Erfahrungen mit dem Begriff und Gefühl der Sättigung verbunden werden und welche Erfahrungen in der Vergangenheit im Zusammenhang mit Sättigung oder Vollsein gesammelt wurden. Das Brainstorming verschafft Behandler:innen ein detailliertes Bild, welche Bedeutung Sättigung für Klient:innen hat und welche Erfahrungen im Laufe des Lebens im Zusammenhang mit Sättigung oder satt sein gesammelt wurden. Wenn Vollsein beispielsweise jeweils mit Zuneigung und Wärme verbunden wird, dann wird dieser Zustand eher angestrebt, was einem rechtzeitigen Beenden der Mahlzeit entgegenstehen kann. Ungünstige und hinderliche kognitive Bewertungen, Denkstile oder Erfahrungsereignisse sollen im Prozess aufgearbeitet werden. Ein Einstieg ins Thema könnte folgender sein:

Therapeutin: *Bevor wir uns näher mit dem Thema Sättigung beschäftigen, möchte ich zunächst mit Ihnen darüber sprechen, was Sättigung überhaupt für Sie bedeutet. Welche Gedanken, Erinnerungen oder Gefühle tauchen bei Ihnen auf, wenn Sie an Sättigung denken?*

Sättigung spüren lernen

In einem nächsten Schritt wird gemeinsam erarbeitet, wie sich Sättigung physisch, aber auch psychisch anfühlen kann oder unter welchen Bedingungen Sättigung besonders gut spürbar ist (z. B. Wahrnehmung der Sättigung unter Stress versus in einem entspannten Zustand). Auf die Unterscheidung zwischen Sattheit und Vollsein soll im Besonderen eingegangen werden, um diese beiden Zustände zu differenzieren. Mittels Achtsamkeitsübungen soll die Aufmerksamkeit der Klient:innen zum einen auf die Wahrnehmung der Sättigung (*Wie satt bin ich gerade?*) sowie diejenigen Körpersignale gelenkt werden, die helfen, die Sättigung einzustufen (*Wie merke ich, dass ich satt bin?*). Skalierungsübungen unterstützen Klient:innen dabei, die Sättigung in verschiedenen Abstufungen zu erfahren (*Wie satt auf einer Skala von »0 = gar nicht satt« bis »10 = ich fühle mich voll und überessen« bin ich gerade?*). Genussübungen angelehnt an Kabat-Zinn eignen sich besonders gut, um die Aufmerksamkeit von Klient:innen auf die Sinneswahrnehmung und das Esstempo zu lenken. Hierbei können verschiedenste Lebensmittel herangezogen werden. Außerdem lernen Klient:innen, zwischen Sattheit und Vollsein zu unterscheiden. Das Gefühl der Sättigung kann mit Achtsamkeitsübungen erkundet werden. Um die Erfahrungen im Alltag zu erkunden, sollen Klient:innen die besprochenen Inhalte im Alltag ausprobieren und erleben können. Geben Sie Ihren Klient:innen Beobachtungsaufgaben oder Experimente bis zur nächsten Sitzung mit. Die Nachbesprechung der Transferaufgabe könnte folgendermaßen aussehen:

Klientin: Ich habe das zu Hause probiert und es hat total gut funktioniert.
Therapeutin: Super, das klingt sehr spannend. Was hat denn gut funktioniert? (funktionale Verhaltensweisen herausarbeiten und hervorheben)
Klientin: Dass ich wahrnehme, dass ich satt bin und dann konnte ich den Widerstand einige Male verhindern. Manchmal habe ich auch weiter gegessen.
Therapeutin: Ja, das klingt ja super! Wenn wir uns hier den Magen vorstellen (zeichnet auf eigenes Flipchart oder nimmt sich ein Handout zur Hand) und hier unten bei 0 ist der Magen leer und hier oben bei 10, da steht das Essen schon bis zur Speiseröhre. Wo würden Sie sagen, dass das Satt ist. Wo würden Sie es einstufen?
Klientin: Bei ca. 7 oder 8.
Therapeutin: Okay, bei der 7 oder 8 also. Stellen Sie sich bitte mal eine Situation vor, in der Sie bis zu 8 gegessen haben. Gestern oder heute. Wie fühlt sich diese 8 an?
Klientin: Das war eh heute Mittag. Da ist, hmm. schwierig zu beschreiben. Es fühlt sich einfach satt an.
Therapeutin: Ein angenehmes Gefühl?
Klientin: Ja, sehr! Angenehm und befriedigt.
Therapeutin: Ihnen geht es dann gut, ihnen fehlt nichts mehr. Sie fühlen sich zufrieden. Wie sieht es mit der Energie aus, wenn sie bei der 7 oder 8 sind?
Klientin: Total gut. Ich bin konzentriert und aktiv und voller Tatendrang.
Therapeutin: Und wie ist es, wenn Sie voll sind, bis wohin essen Sie dann?
Klientin: Ich würde sagen bis zur 9.
Therapeutin: Wie fühlt sich diese 9 an?
Klientin: Mein Bauch spannt und tut sogar manchmal weh. Ich bin dann auch träge und will lieber schlafen. Ich fühl mich dann gar nicht energiegeladen.
Therapeutin: Wenn Sie bis zur 7 oder 8 essen, dann fühlt es sich gut und angenehm an und wenn Sie bei bis zur 9 essen, dann ist es eher träge. Das ist eine sehr gute Beobachtung. Wie merken Sie denn, dass Sie zur 7 oder 8 kommen?
…

Sättigung: Erarbeiten der Sättigungskaskade

Im Rahmen der Psychoedukation empfiehlt sich das Erarbeiten der Sättigungskaskade, sodass Klient:innen ein ganzheitliches Verständnis dafür entwickeln, wie das

Gefühl der Sättigung erst entsteht und welche Faktoren zur Sättigung beitragen. Nicht selten wird mit Sättigung hauptsächlich die Menge verbunden, die im Magen landet. Ein Verständnis dafür, dass nicht nur eine Füllmenge, sondern auch eine Nährstoffkombination oder das bewusste Essen für das Gefühl der Sattheit essentiell sind, fehlt oftmals. Durch gezielte Fragen können Klient:innen zur Reflexion angeregt werden:

Therapeutin: Denken Sie an die letzte Mahlzeit, bei der Sie so richtig angenehm und gut satt, aber euch so richtig befriedigt waren. Welche Situation taucht da bei Ihnen auf?
Klientin: Hmm, das war beim Grillen im Garten bei engen Freunden vor ein paar Wochen.
Therapeutin: Das klingt schön. Was hat denn dazu beigetragen, dass dieses Erlebnis für Sie angenehm war?
Klientin: Wir hatten verschiedene Speisen und haben uns dabei richtig viel Zeit gelassen.
Therapeutin: Also Zeit und verschiedene Speisen. Was ist Ihnen noch in Erinnerung? (Die genannten Punkte werden gesammelt, z. B. auf einem Flipchart in die Sättigungskaskade eingeordnet und mittels Psychoedukation ergänzt).

Besonders häufig berichten Klient:innen vom Essen nebenbei, was die Wahrnehmung der Sättigung beeinträchtigen kann. So wird häufig neben der Arbeit, am PC, beim Lesen oder vor dem Fernseher gegessen. Achtsamkeitsübungen können Klient:innen dabei helfen, den Unterschied zwischen dem Essen mit und ohne Ablenkung zu spüren, ohne auf rationale und dogmatische Vorgaben oder Regeln zurückgreifen zu müssen. Viele Klient:innen werden automatisch die Erfahrung machen, dass Essen mehr Genuss verspricht, wenn dies ein bewusster Prozess ist.

Eine besonders häufige Herausforderung stellt das Beenden der Mahlzeit dar. In diesem Fall ist es ratsam, eine erneute Kognitionsanalyse durchzuführen um dahinterliegende Bewertungen, Bedürfnisse oder Emotionen zu eruieren, die dem Beenden der Mahlzeit im Wege stehen. Eine Umbewertung sowie das Einführen von Ritualen zum Beenden der Mahlzeit eignen sich hierbei als gute Tools zur Problembewältigung.

Hunger: Kognitionsanalyse

Neben der Sättigung lernen Klient:innen auch, ihre Hungersignale wieder wahrzunehmen und Hunger aus einer Perspektive der Selbstfürsorge neu zu definieren. Wie auch bei dem Thema Sättigung sollte daher auch bei dem Thema Hunger ein Brainstorming gemacht werden. Dies hilft die Erfahrungen und kognitiven Konzepte in Zusammenhang mit der Hungerwahrnehmung zu erkunden und ggf. im Rahmen der Therapie/Beratung aufzuarbeiten und neu zu definieren.

Hunger spüren lernen

Mittels angeleiteter Achtsamkeitsübungen sollen Klient:innen wieder lernen, ihre Hungersignale in verschiedenen Nuancen wahrzunehmen. Skalierungsübungen unterstützen Klient:innen dabei. Fragen können z. B. lauten *Wie hungrig auf einer Skala von »0 = gar nicht hungrig bis 10 = ich könnte gerade alles verschlingen, was ich in die Finger bekomme« bin ich gerade?* In einem Klient:innen-Gespräch könnte dies folgendermaßen aussehen:

> *Therapeutin:* (leitet eine Achtsamkeitsübung an ...) *Nun richten Sie Ihre Wahrnehmung auf Ihren Magen. Wie ein stiller und neugieriger Beobachter nehmen Sie einfach nur wahr, was ist. (PAUSE) ... Ich stelle Ihnen gleich eine Frage, die Sie ganz intuitiv beantworten. Wie hungrig auf einer Skala von 1–10 sind Sie jetzt gerade?*
> *Klientin:* 6
> *Therapeutin:* *Sehr gut. Nehmen Sie wahr, welche Signale Ihnen dabei helfen, Ihr Hungergefühl einzuordnen.*
> *Klientin:* *Da ist ein Grummeln in der Magengegend. Außerdem fühlt es sich an, als würde etwas fehlen, so als wäre da ein Loch.*
> *Therapeutin:* *Das sind sehr spannende Beobachtungen, die Sie gerade machen. Erkunden Sie diese Wahrnehmungen noch für ein paar Momente. Vielleicht gibt es noch etwas, das Ihnen auffällt.*
> ...

Klient:innen dürfen durch Erfahrung lernen, dass ein genussreiches und befriedigendes Esserlebnis vor allem bei moderatem Hunger (nicht aber bei Heißhunger) stattfindet und dass das bewusste und langsame Essen ohne Ablenkung mehr Genuss verspricht. Geben Sie den Klient:innen Beobachtungsaufgaben auf, die ihnen helfen, das Hungergefühl wahrzunehmen. Diese können in der nächsten Sitzung besprochen werden.

Das Gefühl Hunger ist bei Klient:innen nicht selten negativ konnotiert. Hunger steht nicht selten für »Schmerz«, »unangenehm« oder »vermeiden müssen«. Daher scheint es nicht verwunderlich, dass es häufig zu einer Ablenkung von Körpersignalen wie Hunger oder Sättigung kommt, was dazu führt, dass diese nicht gut wahrgenommen werden. Manche Klient:innen haben Angst, ein Gefühl von Hunger aufkommen zu lassen, weshalb sie schon vor der Wahrnehmung von Hungersignalen zu essen beginnen, um ein Hungergefühl zu vermeiden. Beispieldialog zur Auseinandersetzung mit Hunger:

> *Therapeutin:* *Wie würden Sie denn Hunger beschreiben oder erklären?* (Kognitive Konzepte im Zusammenhang mit Hunger erfragen).
> *Klientin:* *Ich weiß nicht recht. Ich habe das nicht oft, weil ich das versuche zu vermeiden.*
> *Therapeutin:* *Was passiert denn, wenn der Hunger da ist?*

Klientin:	Das erinnert mich an eine Situation in meiner Kindheit. Meine Eltern haben beide ein Restaurant geführt und ich war viel zu Hause alleine. Und ich kann mich erinnern, dass ich manchmal so großen Hunger hatte. Und dann habe ich alles Mögliche gegessen, was zu Hause war.
Therapeutin:	Hmm, ich kann nachvollziehen, dass das als Kind schlimm sein muss, wenn man so Hunger hat und nichts da ist.
Klientin:	Ja und dann habe ich einfach alles gegessen und dann natürlich auch mit der Zeit zugenommen.
Therapeutin:	Hunger ist also auch gleich zunehmen?
Klientin:	Ja, schon irgendwie. Und jetzt esse ich halt schon, bevor der Hunger so kommt, damit ich dann nicht alles esse und nicht zunehme.
Therapeutin:	Lassen Sie uns kurz hier auf Pause drücken und die Situation mal eben zur Seite stellen. Ist das in Ordnung?
Klientin:	Ja.
Therapeutin:	Okay. Lassen Sie uns kurz darüber sprechen, was Hunger ganz nüchtern und rational bedeutet.
Klientin:	Wahrscheinlich, dass der Körper keine Energie hat?
Therapeutin:	Ja, völlig richtig. Dass der Körper keine Energie und keine Nährstoffe hat, die er braucht, um zu arbeiten. Wenn wir sagen, wir und unser Körper sind ein Team, was wäre dann unsere Aufgabe?
Klientin:	Dafür zu sorgen, dass der Körper, dann, wenn er es braucht, das bekommt, was er braucht.
Therapeutin:	Mhm... ja, das würde ich auch sagen. Was bedeutet das denn für das »vorsorgliche Essen«?
Klientin:	Nüchtern betrachtet macht es keinen Sinn, vorsorglich zu essen, weil er es einfach nicht braucht, und ich tue mir nichts Gutes, weil ich mich nicht gut fühle nach dem Essen.
...	

Manchmal werden Klient:innen davon berichten, dass sie bewusst nichts gegessen haben, weil sie abends oder in absehbarer Zeit essen werden. Klient:innen sollten lernen, dass »Hunger aufheben« kontraproduktiv ist. *Hunger aufheben* bezeichnet eine Verhaltensweise, die eine Nahrungsaufnahme zugunsten einer späteren Nahrungsaufnahme ausfallen lässt *(Ich esse jetzt nichts, wir gehen später essen)*. Dieses Verhalten resultiert in den meisten Fällen aus einer kalorienfokussierten Perspektive, die das Einsparen der Energieaufnahme (und damit Gewichtsreduktion) als positiv hervorhebt. Dies führt dazu, dass Betroffene die Nahrungsaufnahme ausfallen lassen, obwohl ein Hungergefühl wahrnehmbar ist. Dies führt dazu, dass der Hungerlevel ansteigt und bis zur tatsächlichen Nahrungsaufnahme als Heißhunger wahrnehmbar ist. In Folge wird eventuell eine größere Essens- bzw. Energiemenge verzehrt, als dies eventuell unter einer Einnahme eines Snacks geschehen wäre. Heißhunger fördert den Appetit auf energiedichte Lebensmittel und führt zu einem gesteigertem Esstempo. Im Gegensatz dazu, reduziert sich die Hungerintensität durch die Einnahme einer Zwischenmahlzeit, wodurch sich die später verzehrte Menge ebenfalls reduziert. Bei einem moderaten Hunger wird entsprechend mehr Nahrung aufgenommen als bei einem eher kleinen wahrgenommenen Hunger. Der

Ansatz Mahlzeiten mit dem Ziel der Kalorienreduktion einzugrenzen, führt damit nicht zu den gewünschten Effekten.

Beispiel

Es war im Jahr 2023, dass ich Frau M. kennen lernte. Sie befand sich vor kurzem in Reha und wollte nach der Reha mit ernährungstherapeutischer Betreuung weitermachen. Ihr Ziel war es, die Gesundheit zu fördern, Essdrang zu beseitigen und Gewicht zu verlieren. Die Ernährungstherapeutin hatte Frau M. aufgrund eines abendlichen Essdrangs zu mir gesendet. Nach wenigen Sitzungen begannen wir uns mit dem Thema Hunger zu beschäftigen. Frau M. nahm die Inhalte gut an, und nahm sich vor die besprochenen Themen bis zum nächsten Mal zu reflektieren und zu üben. Bei unserem nächsten Treffen berichtete Frau M. von ihren Beobachtungen. Sie stellte fest, dass sie vor allem abends einen großen Heißhunger hatte. Nach dem Essen der Portion konnte Frau M. nicht halt machen, das Snacken ging weiter. Schlussendlich überaß sie sich jeden Abend. Die wichtige Erkenntnis im Rahmen der Beobachtungsaufgabe war, dass ihr Hunger vor dem Abendessen bereits wesentlich zu groß war. Auf meine Nachfrage hin, was sie aus der Beobachtung gelernt habe, gab sie an, dass sie zwischen Mittag und Abend einen Snack verzehren sollte, um den Heißhunger und damit das Überessen zu reduzieren. Ich freute mich darüber, dass Frau M. diesen Zusammenhang erkannte. Gleichzeitig merkte Frau M. an, dass das nicht ginge. In der Ernährungstherapie hatte sie den Auftrag erhalten, 3 Mahlzeiten am Tag einzuhalten. Das sollte ihr beim Abnehmen helfen. Fazit: Die Energieaufnahme wird reduziert, um eine Gewichtsabnahme zu fördern. Gleichzeitig führt genau diese Energiereduktion jedoch zu einem Heißhunger und Überessen. Dies ist ein Paradebeispiel dafür, dass strikte und vorgefertigte Vorgaben oftmals mehr schaden als helfen. Sie führen zu Essdrang.

Hunger und Sättigung in Verbindung bringen

Zuletzt sollen Klient:innen lernen, wie Hunger und Sättigung miteinander in Zusammenhang stehen. Auch die Essgeschwindigkeit sollte im Zusammenhang mit der Sättigung näher beleuchtet werden. So sollen Klient:innen lernen, welchen Einfluss Stress, Hunger oder Sättigung auf das Esstempo haben. Achtsamkeitsübungen oder Entspannungsübungen vor der Mahlzeit helfen, ein hohes stressinduziertes Esstempo zu reduzieren. Ebenso trägt die Abwesenheit der Diätmentalität, regelmäßiges und nährstoffreiches Essen oder aber die Nahrungsaufnahme bei moderatem Hunger zu einem langsamen oder moderaten Esstempo bei. Durch gezielte Fragen können Klient:innen angeleitet werden, Herausforderungen zu reflektieren und besser zu verstehen:

Klientin:	Die Wahrnehmung meines Hungergefühls ist mir letzte Woche sehr gut gelungen. Aber das mit dem bewussten Essen hat nicht so gut geklappt.
Therapeutin:	Ich freue mich sehr, dass Sie das Hungergefühl schon viel besser wahrgenommen haben. Das ist schön. Wenn Sie sagen »sehr gut gelungen«, was war denn diese Woche anders als vorher?

Klientin:	Ich habe mir vor fast jedem Essen ganz bewusst Zeit genommen, um in mich hineinzuspüren und mich zu fragen, wie hungrig ich gerade bin. Und manchmal habe ich das auch während der Arbeit, zwischen drinnen gemacht.
Therapeutin:	Sie haben sich also mehr Zeit genommen, um ihre Körpersignale ganz bewusst zu spüren. Das ist super! Vorhin haben Sie gesagt, dass das mit dem bewussten Essen nicht ganz so gut geklappt hat. Was meinen Sie damit?
Klientin:	Ich habe zwar wahrgenommen, dass ich Hunger habe und ich habe dann auch etwas gegessen, aber ich konnte nicht bewusst genießen.
Therapeutin:	Wie würde das Essen aussehen, wenn Sie bewusst genießen?
Klientin:	Dann würde ich langsamer essen, mehr auf den Geschmack achten. Aber ich habe recht schnell gegessen und dann war das Essen auch schnell vorbei. Und eigentlich konnte ich das nicht genießen, obwohl ich extra etwas gegessen habe, was mir sehr gut schmeckt!
Therapeutin:	Ich verstehe. Wenn Sie an die letzte Situation denken, in der das der Fall war. Wie hungrig auf einer Skala von 1 bis 10 waren Sie da?
Klientin:	Ich würde sagen, das war so eine 9.
Therapeutin:	Eine 9. Das heißt, das war schon ein sehr, sehr starker Hunger.
Klientin:	Ja. Ich habe nichts gegessen und der Hunger war schon recht groß.
Therapeutin:	Das bedeutet, wenn Ihr Hunger bei 9 liegt und schon richtig groß ist, dann essen Sie schnell und können das Essen gar nicht mehr genießen.
Klientin:	Ja, das stimmt total. Eigentlich sollte ich dann schon früher zu essen beginnen.
Therapeutin:	Mhm, wollen Sie das kommende Woche probieren?
Klientin:	Ja, ich werde versuchen, schon bei 6 oder 7 etwas zu essen oder zumindest dann einen Snack zu essen, bevor der Hunger größer wird.

Wahrnehmung als bedingungslose Erfahrung

Besonders wichtig ist aus meiner Sicht die Unterscheidung zwischen Wahrnehmung auf der einen Seite und dem Verhalten auf der anderen Seite. Dies sind zwei voneinander unabhängige Prozesse, die aufeinander abgestimmt sein können, jedoch nicht müssen. Oder anders ausgedrückt, die Wahrnehmung ist bedingungslos. Klient:innen sollen lernen können, ihre Körpersignale wahrzunehmen, ohne dass die Wahrnehmung an eine Bedingung, wie etwa eine Verhaltenskonsequenz, gebunden ist. So können Klient:innen in einem ersten Schritt einfach nur wahrnehmen, dass sie satt sind. Dies ist jedoch nicht an die Bedingung *Mahlzeit beenden* geknüpft. Erst im nächsten Schritt sollen sich Klient:innen bewusst für ein bestimmtes Verhalten entscheiden. Klient:innen können sich dafür entscheiden, die Mahlzeit zu beenden und mit einem angenehmen Gefühl aus der Mahlzeit zu gehen oder weiter zu essen und mit einem unangenehmen Gefühl aus der Mahlzeit zu gehen. Erst die bewusste Wahrnehmung, das beispielsweise Überessen zu einem unangenehmen Körpergefühl führt, ermöglicht es Klient:innen über Konditionierungsprozesse neue Verhaltensweisen zu entwickeln. Um diese Erfahrung zu machen und ein gesundes

Essverhalten zu entwickeln, ist daher bedingungslose Wahrnehmung essentiell. Sobald man nur essen darf, wenn man hungrig ist, und die Mahlzeit beenden muss, wenn man satt ist, liegt ein dogmatisches Denkmuster und damit eine Diät/Zügelung vor. Übrigens eine nicht selten vorkommende Gedankenfalle. Die bedingungslose Wahrnehmung ist eine Grundvoraussetzung für ein natürliches Essverhalten und das Ablegen von dogmatischen Denkmustern.

Darüber hinaus unterstützt die bedingungslose Wahrnehmung Klient:innen dabei, einen Perspektivenwechsel von »*Ich muss aufhören*« hinzu »*Ich möchte aufhören*« vorzunehmen. Während *muss* ein kognitives Konstrukt ist, das Regeln unterliegt und beim Essverhalten eher zu Enthemmung führt, steht *möchten* für einen inneren Reflexionsprozess, der die Wahrnehmung sowie die Ratio miteinschließt. Während »*Ich darf keine Nachspeise mehr essen*«, von einem Verbot rührt, steht der Gedanke »*Ich möchte keine Nachspeise mehr essen*« für einen inneren, bewussten und autonomen Entscheidungsprozess. Folgender Dialog kann als Beispiel verstanden werden, wie der Unterschied mit Klient:innen erarbeitet werden kann:

Klientin: *Das war gestern Abend. Ich habe mich so gefreut auf das Essen und dann habe ich gemerkt, dass ich schon satt bin und dass ich aufhören muss zu essen und dann kann ich aber nicht aufhören. Ich muss dann weiter essen, bis ich voll bin.*

Therapeutin: *Und was ist dann passiert, als Sie dachten, dass Sie aufhören müssen zu essen?*

Klientin: *Dann kam so ein Widerstand in mir und ich habe einfach weiter gegessen. So als würde sich plötzlich ein Schalter in mir umlegen.*

Therapeutin: *Dieser Widerstand, über den würde ich gerne mehr erfahren. Stellen Sie sich noch einmal diese Szene von gestern Abend vor und lassen Sie die Szene bis kurz vor den Punkt laufen, wo dieser Widerstand kommt. Was geht Ihnen gerade durch den Kopf, bevor der Widerstand kommt?*

Klientin: *Da kommt der Gedanke, dass ich aufhören muss zu essen.*

Therapeutin: *Und wie fühlt sich dieser Gedanke an?*

Klientin: *Da wird alles eng.*

Therapeutin: *Das ist einengend, der Gedanke jetzt aufhören zu müssen, obwohl es gerade gut schmeckt.*

Klientin: *Ja, genau!*

Therapeutin: *Und was passiert dann?*

Klientin: *Dann kommt der Widerstand und dann esse ich weiter.*

Therapeutin: *Was ist mit der Enge?*

Klientin: *Die ist dann weg.*

Therapeutin: *Der Widerstand macht die Enge weg?*

Klientin: *Ja, so fühlt es sich an.*

Therapeutin: *Der Gedanke, dass Sie aufhören müssen, der erzeugt die Enge und der Widerstand hilft dabei, die Enge weg zu machen. Warum denken Sie denn, dass Sie aufhören müssen zu essen, wenn Sie satt sind?*

Klientin: *Na, damit ich meine Körpersignale achte und nicht zunehme.*

Therapeutin: Aha ... da kommt die Diätmentalität hier zu Wort. Wie wäre es, wenn die Wahrnehmung das eine ist und das Verhalten das andere? Wenn Sie also zuerst wahrnehmen dürfen und dann entscheiden, ob Sie weiter essen oder nicht?
Klientin: Wenn ich nicht zu essen aufhören muss, obwohl ich satt bin, sondern auch trotzdem weiter essen dürfte?
Therapeutin: Ja, genau. Schritt 1 wäre wahrnehmen und Schritt 2 entscheiden.
Klientin: Dann muss kein Widerstand kommen.
Therapeutin: Wollen Sie das einfach mal ausprobieren? So als Experiment?

Praxisbeispiel

Julia war vor einigen Jahren in meiner Praxis, um das gezügelte Essverhalten abzulegen und ein gesundes Essverhalten zu erlernen. Zu dem damaligen Zeitpunkt war Julia Anfang zwanzig, studierte und arbeitete nebenbei in einem Büro. Wir verbrachten einige Stunden damit, die Zügelung abzulegen, sowie Hunger und Sättigung zu spüren und das Essverhalten danach auszurichten. Julia machte gute Fortschritte und konnte die besprochenen Themen und Erfahrungen rasch und gut umsetzen. Alleine die Wahrnehmung der Sättigung stellte sie vor eine Herausforderung. Jedes Mal, wenn sie wahrnahm, dass sie satt war, führte dies zu einem gesteigerten Essdrang. Wir beschlossen, uns intensiver mit der Sättigung zu beschäftigen und führten eine körperorientierte Achtsamkeitsübung mit Elementen aus dem Focusing durch, in der ich Julia beim Essen bis zu der Stelle begleitete, an der plötzlich der Essdrang begann. Kurz vor dem Entstehen des Essdrangs fokussierte sie sich auf die Wahrnehmung. Sie konnte wahrnehmen, dass sich ein Widerstand einstellte. Als wir den Widerstand gemeinsam erkundeten, kamen Glaubenssätze zum Vorschein. Diese Glaubenssätze wie etwa »Wenn ich satt bin, muss ich die Mahlzeit beenden« oder »Wenn ich Sättigung spüre, darf ich nicht weiter essen« hinderten sie daran, ihre Sättigung zu achten. Stattdessen führten die Glaubenssätze zu einem Essdrang. Nach der Übung sprachen wir über bedingungslose Wahrnehmung. Ab diesem Moment konnte Julia ihre Sättigung während des Essens wahrnehmen und die Mahlzeit beenden.

Außerdem erfordert ein gesundes Essverhalten sogar unter gewissen Umständen eine Nahrungsaufnahme ohne Hungersignale. Dies ist zum Beispiel der Fall, wenn aktuell nur ein kleiner Hunger wahrnehmbar ist, aber in den nächsten Stunden aufgrund eines Meetings oder anderen Gründen keine Nahrungsaufnahme möglich ist. Um Heißhunger später zu vermeiden, kann es hilfreich sein, vorab etwas zu essen, um später nicht in ein Überessen zu kippen. In einem Gespräch kann dies gemeinsam erarbeitet werden:

Klientin: Letzte Woche ist es mir wieder passiert, dass ich abends überessen habe.
Therapeutin: Erzählen Sie mir von diesem Tag.
Klientin: Im Moment ist es in der Firma total stressig. Wir haben im Moment viele Meetings und seitdem ich mehrere Projekte leite, sitze ich den ganzen Tag in den Meetings. So auch an diesem Tag. Ich habe den ganzen Tag gearbeitet und als ich nach Hause gekommen bin, habe ich überessen.

Therapeutin:	Wie groß war Ihr Hunger an dem Abend auf einer Skala von 1 bis 10?
Klientin:	Das war tatsächlich ein richtig großer Hunger. Vielleicht eine 9?
Therapeutin:	Ja, das klingt nach einem sehr großen Hunger. Warum war denn der Hunger so groß an dem Abend?
Klientin:	Ich habe zu Mittag, als es eine kurze Pause gab, einfach keinen wirklichen Hunger gehabt und dann war ich zu lange in Meetings.
Therapeutin:	Wie groß war denn der Hunger zu Mittag?
Klientin:	Vielleicht so bei 4.
Therapeutin:	Mhmm. Und das Überessen am Abend war, weil der Hunger so groß war?
Klientin:	Ja, ich könnte eventuell zu Mittag eine Kleinigkeit essen, damit der Hunger nachher nicht so groß wird. Und eventuell nach den Meetings einen kleinen Snack. Dann könnte ich zu Hause das Essen mit der Familie genießen, ohne zu überessen.
...	

Essumgebung und Essrituale

Wie weiter oben beschrieben, spielt die Gestaltung der Essumgebung eine wichtige Rolle bei der Wahrnehmung der Sättigung. Gleichzeitig stellt eine adäquate Essumgebung den Rahmen zur Verfügung, in dem bewusstes Essen überhaupt erst stattfinden kann. In der Praxis zeigt sich, dass Klient:innen nicht selten am vollgeräumten Sofa-Tisch essen, der Esstisch mehr Arbeitsplatz als Essplatz ist oder direkt am Homeoffice-Platz gegessen wird. Klient:innen sollen dabei begleitet werden, sich einen schönen Essplatz einzurichten und diesen ausschließlich der Nahrungsaufnahme zu widmen, um die Basis für eine angenehme Esserfahrung zu ermöglichen, Ablenkungen zu reduzieren sowie Essen mit einem entsprechenden und lustvollen Ritual zu verbinden. Dazu zählen ein definierter Essplatz sowie die angenehme Gestaltung dieses Platzes.

Außerdem hilft die Einrichtung eines Essplatzes dabei, Konditionierungen, wie etwa jene zwischen Fernsehen und Essen, zu lösen. Die Einrichtung eines Essplatzes und die freundliche Gestaltung dessen kann zusätzlich als Akt der Selbstfürsorge und Wertschätzung gesehen werden. So würden einige Klient:innen den Tisch für Gäste und andere Personen schön dekorieren oder herrichten, für sich selbst jedoch nicht.

Zusätzlich zur Essumgebung können Essrituale entwickelt werden, die dabei helfen, den Stress des Alltags für den Moment fallen zu lassen, sich zu entspannen, Körpersignale besser wahrzunehmen und die Esszeit als genussvolle Auszeit zu betrachten. Kurze Atemübungen helfen, den Stress des Alltags für den Moment auf die Seite zu schieben. So kann das Besteck hin und wieder abgelegt werden, um das Essen kurz zu pausieren. Auch die Rosinenübung nach Kabat-Zinn unterstützt Klient:innen beim Kultivieren eines achtsamen und langsamen Essverhaltens.

Eine schöne Übung, die sich bewährt hat, um die Qualität des Essverhaltens zu steigern, ist die Übung *Lustfaktor erhöhen*. Dabei sollen Klient:innen den eigenen Essablauf und die Essumgebung sowie die Atmosphäre reflektieren und auf einer

Genussskala einordnen. Danach sollen Klient:innen Maßnahmen entwickeln, die ihnen dabei helfen, den Genussfaktor um einen Faktor (zum Beispiel von 3 auf 4) zu heben.

> **Praxisbeispiel**
>
> *Nach einem anstrengenden Arbeitstag nach Hause kommen, sich etwas zum Essen herzurichten und sich dann gemütlich mit allem auf dem Sofa niederzulassen, das war das Ritual einer Klientin von mir. Ein anfängliches Vor-dem-Fernseher-sitzen wurde zu einem Ritual, dass tagtäglich Entspannung versprechen sollte. Neben dem genannten Ritual gab es kaum Hobbys, die die junge Frau verfolgte. Sie war schlichtweg zu müde dafür. Die junge Frau führte ihr Ritual tagtäglich durch. Sobald sie sich auch zu anderen Uhrzeiten auf das Sofa setzte, erwachte die Lust auf Essen in ihr. Teilweise überlegte sie schon nachmittags, beim Gedanken bald nach Hause zu fahren, was sie später essen würde. Nicht aus Hunger heraus, sondern weil sie sich auf ihr Entspannungsritual freute. Wenn Sie sich vorstellte, dass sie später etwas zu Hause auf dem Sofa essen würde, erweckte alleine die Vorstellung ein kuscheliges, wohliges, warmes, gemütliches Gefühl in ihr. Aus anderen Situationen kannte sie dieses Auftreten eines Essdrangs nicht. Nachdem das abendliche Ritual immer mehr gedanklichen Raum einnahm, das Ritual mehr Wichtigkeit hatte als Verabredungen mit Freunden und zu Diätgedanken tagsüber führte, beschlossen wir, das Ritual aufzulösen.*
>
> *Zu der Veränderung des Rituals gehörte ein fest definierter Essplatz, der von meiner Klientin vorab liebevoll gestaltet wurde. Dieser Essplatz, den es zuvor nicht gab, sollte der alleinige Essplatz werden. Zusätzlich beschäftigte sich die junge Frau mit Hobbys, die sie in ihr Leben integrieren wollte. Sie begann zwei Mal pro Woche direkt nach der Arbeit einen Yogakurs zu besuchen. Die Mahlzeit wurde nur noch auf dem Essplatz eingenommen. Auch Snacks wie Kekse oder ein Apfel nahm meine Klientin nur noch auf dem Essplatz ein. Dies führte zu einer vollständigen Entkoppelung von Sofa und Fernseher.*

6.5.3 Ernährung neu definiert

Nachdem gezügelte Esser:innen Ernährung in erster Linie als Tool zur Gewichtsreduktion nutzen, besteht meist eine belastete und negative Beziehung zum Thema Ernährung. Diese negative Beziehung hindert Betroffene daran, sich nährstoffreich und vielfältig zu ernähren. Ernährung soll von Betroffenen nicht länger als »Tool«, sondern als Akt der Gesundheitsförderung und Selbstfürsorge gesehen werden. Im folgenden Baustein liegt daher der Zugang zu Ernährung im Fokus. Klient:innen lernen, sich dem Thema Ernährung aus einer neutralen Perspektive, geprägt durch Selbstfürsorge und Neugier, zu nähern. Klient:innen werden dabei begleitet, Lebensmitteln bewertungsfrei zu begegnen, den physiologischen sowie psychologischen Nährwert von Lebensmitteln zu verstehen, Ernährung ganzheitlich zu erfassen und zu lernen, wie eine nährstoffreiche und vielfältige Ernährung mit bewertungsfreiem Zugang aussehen kann.

Lebensmitteln bewertungsfrei begegnen

Ein erster und wichtiger Schritt in der Therapie ist es, die dogmatische Einteilung von Lebensmitteln in gut/schlecht oder gesund/ungesund abzulegen und neue Bewertungskategorien zu etablieren. Anstatt Lebensmittel in gesund oder ungesund einzuteilen, können diese beispielsweise in die Kategorien *tut mir gut* oder *tut mir nicht gut*, *nährt mich* oder *nährt mich nicht* eingeteilt werden. Damit wird der Fokus auf den individuellen Gesundheitswert und weniger auf eine Bewertung des Lebensmittels auf Basis der Nährstoffe gerichtet. Das schlechte Gewissen beim Verzehr wird dadurch reduziert und die neutrale Betrachtung von Lebensmitteln wird gefördert.

Da der Wert von Lebensmitteln anhand ihrer Kaloriendichte festgemacht wird, kann es nützlich sein, zusätzliche alternative Bewertungskriterien einzuführen. Dies kann Klient:innen helfen, sich an anderen Faktoren zu orientieren. Das Bundeszentrum für Ernährung stellt dazu den Qualitätsfächer für Lebensmittel zur Verfügung. In dem Qualitätsfächer werden Lebensmittel in verschiedensten Kategorien wie etwa Eignungswert (z. B. Haltbarkeit, Convenience, Zubereitungszeit), Genusswert (z. B. Aussehen, Geschmack, Sinneserfahrung, Konsistenz), sozialer Wert (z. B. fairer Konsum, Preise, Regionalität) oder emotionaler Wert (z. B. Werbung, Erinnerung & Gefühle) unterteilt (Bundeszentrum für Ernährung, 2021). Alle Werte zusammengenommen bestimmen den individuellen Wert eines Lebensmittels. Die Perspektive der Nährwerte und Kalorien wird damit auf viele weitere subjektive Aspekte erweitert. Dies ermöglicht es Menschen, Lebensmittel zusätzlich zu dem Gesundheitswert (Nährwerte, Zutaten, Ernährungsempfehlungen) in weiteren Kategorien zu bewerten und ihre Perspektive zu erweitern. So kann beispielsweise eine Speise, die eine längere Zubereitungsdauer benötigt, zwar einen hohen Gesundheitswert haben, jedoch einen niedrigen Eignungswert, weil es der betreffenden Person zeitlich nicht möglich ist, so aufwendig zu kochen. Umgekehrt kann ein Lebensmittel einen hohen emotionalen Wert und einen hohen Eignungswert haben, jedoch einen niedrigen Gesundheitswert. Die vielschichtige und vor allem individuelle Bewertung von Lebensmitteln ermöglicht eine differenzierte Betrachtung von Lebensmitteln abseits eines dogmatischen Denkens und berücksichtigt individuelle Möglichkeiten, Vorlieben und Grenzen. Hierzu kann jeweils ein Lebensmittel aus der ehemaligen Kategorie *gut* und jeweils ein Lebensmittel aus der ehemaligen Kategorie *schlecht* anhand der verschiedenen Qualitätskriterien bewertet werden. Im Anschluss können die Bewertungen gegenübergestellt und reflektiert werden.

Oftmals wird durch die Übung klar erkennbar, dass sich die Qualitätswerte der verschiedenen Lebensmittel unterscheiden und in Folge auch ergänzen können. Einen Speisplan zu verfolgen, der Lebensmittel beinhaltet, die beispielsweise einen hohen emotionalen Wert haben, und solche, die einen hohen Gesundheitswert haben, ist nicht nur für Körper, sondern auch für die Psyche äußerst wertvoll, wie in dem folgenden Beispiel erkennbar wird:

Therapeutin: Was ist Ihnen aufgefallen, als Sie die Bewertungen vorgenommen haben?

Klientin:	Es war total spannend, weil die Bewertungen der beiden Lebensmittel zum Teil total gegenteilig waren. Das eine Lebensmittel hatte zum Beispiel einen hohen Nährwert und das andere einen hohen emotionalen Wert. Ich finde den Gedanken total schön, dass sich beide Lebensmittel gegenseitig ergänzen können und beide unterschiedliche Bedürfnisse erfüllen und deshalb auch beide Lebensmittel in meinem Speiseplan sein dürfen! Das bringt totale Erleichterung.
Therapeutin:	Lebensmittel nicht in gut oder schlecht einzuteilen, sondern zu sehen, dass sie verschiedene Bedürfnisse erfüllen, schafft Erleichterung. (Paraphrasieren)
Klientin:	*Ja, total!*

Ergänzen statt Austauschen

Statt bestimmte Lebensmittel wegen ihrer Energiedichte aus dem Speiseplan zu streichen, lernen Klient:innen, wie Speisen ergänzt werden können, um sie zu vollwertigen Mahlzeiten werden zu lassen. So muss das Lieblingsfrühstück *Marmeladensemmel* nicht gegen Vollkornbrot mit Cottage Cheese und Gurken ausgetauscht werden. Stattdessen können ebendiese Elemente zu der Marmeladensemmel ergänzt werden, um die Mahlzeit um fehlende Nährstoffe zu ergänzen. Dies ermöglicht Klient:innen, die Lebensmittel in den Speiseplan aufzunehmen, die sie gerne mögen, wobei sie gleichzeitig lernen, den Körper mit Nährstoffen zu versorgen. Aus einer Verzichthaltung wird eine ergänzende Haltung.

Frau M. lernte ich während eines Programmes zur Lebensstilmodifikation kennen. In dem Programm hatte sie mit Diätolog:innen (Diätassistent:innen) erarbeitet, wie eine gesunde Mahlzeitenzusammenstellung aussieht. Auf Basis dessen erfolgte eine Umstellung des Frühstücks. Nachdem die Pensionistin die erarbeitete Speisenfolge zum wiederholten Male nicht umsetzen konnte, wurde sie an mich verwiesen. Sie nahm mir gegenüber mit einem Lächeln im Gesicht Platz. Sie erzählte mir davon, dass ihr innerer Schweinehund zu groß sei und dass sie das Frühstück nicht umsetzen konnte. Folgender Dialog veranschaulicht den Ansatz des Ergänzens:

Therapeutin:	*Welche Speise haben Sie heute in der Früh gegessen, als Sie ein schlechtes Gewissen bekommen haben?*
Klientin:	*(ihre Augen begannen zu glänzen, das Lächeln zog sich von einem Ohr zum anderen, als sie sagte) Eine Semmel mit Marmelade. Aber die Marmelade ist selbst gemacht und so lecker.*
Therapeutin:	*Das klingt gut. Ich frage mich, warum Sie danach ein schlechtes Gewissen gehabt haben.*
Klientin:	*Weil man von Marmeladensemmel zunimmt und ich sollte ja abnehmen!*
Therapeutin:	*Verstehe. Sie mögen das Frühstück sehr gerne und denken, dass Sie etwas anderes essen sollten für die Gesundheit. Aber gleichzeitig mögen Sie das Frühstück gerne. (Die Dame erlebt schlichtweg keine Befriedigung*

	durch die Mahlzeit. Die Folge ist ein Weiteressen oder Snacken nach dem Frühstück, mit dem Ziel die Befriedigung zu erlangen und Sattheit zu erleben.)
Klientin:	*Ja!*
Therapeutin:	*Dann ist die Semmel mit Marmelade Ihr Frühstück für die Seele. Was wäre denn ein Frühstück für Ihre Gesundheit. Eines, das Sie auch gerne mögen?*
Klientin:	*Vielleicht Vollkornbrot mit Cottage Cheese und Cocktailtomaten.*
Therapeutin:	*Das klingt sehr lecker. Was wäre, wenn wir beides zusammenführen und ein gemeinsames Frühstück für Seele und Gesundheit machen?*
Klientin:	*Das heißt, ich kann das Vollkornbrot essen und trotzdem auch die Semmel! Das klingt sehr gut. Das möchte ich probieren!*

Ein sensibles Vorgehen im Umgang mit Mengenbeschränkungen ist empfohlen. Begriffe wie »selten«, »manchmal« oder »ab und zu« können eine Restriktion beim Gegenüber signalisieren bzw. auslösen. Nicht selten formulieren Betroffene selbst ein Verbot, indem sie eine induktive Schlussfolgerung ableiten. Dabei wird aus einer konkreten in einer bestimmten Situation besprochenen Empfehlung eine allgemeingültige Regel abgeleitet. *Der Anteil von Kohlenhydraten ist bei den Mahlzeiten sehr hoch* wird oftmals zu »Ich darf keine Kohlenhydrate essen«. Dieser Effekt ist erfahrungsgemäß umso stärker, je länger die Person ein gezügeltes Essverhalten praktiziert. Psychoedukation und Aufklärung über den Effekt sowie die Aufklärung darüber, dass im Zuge der Ernährungstherapie bzw. Therapie des Essverhaltens nicht mit Verboten gearbeitet wird, kann Klient:innen dabei helfen, dieses Verhaltensmuster abzulegen.

> Hinweis: Von der Vorgehensweise ausgeschlossen sind natürlich Lebensmittel, auf die Personen aus therapeutischen oder medizinischen Gründen verzichten müssen.

Vielfältig und nährstoffreich essen

Wie in klassischen Ernährungsberatungen üblich, besteht auch beim gewichtsneutralen Ansatz der Konsens darüber, dass die verfolgte Ernährung eine vielfältige, natürliche, abwechslungsreiche und nährstoffreiche sein soll. Lediglich die Art der Vermittlung und der Fokus in der Beratung verändert sich.

Klient:innen sollen lernen, bei der Auswahl, Zusammensetzung und Menge der Speisen auf ihre Körpersignale wie Verträglichkeit, Hunger und Sättigung zurückzugreifen. Experimente, Recherche- oder Beobachtungsaufgaben helfen Klient:innen dabei, eigene Erfahrungen zu sammeln und Ernährungskompetenz zu kultivieren.

Bei Klient:innen, bei denen zum Beratungszeitpunkt kein Gefühl für Mengen besteht, kann auf bewährte ernährungstherapeutische Methoden wie die Teller- oder Faustmethode zurückgegriffen werden. Diese Richtwerte können Klient:innen Sicherheit vermitteln. Gleichzeitig sollten Klient:innen jedoch darauf hingewiesen werden, dass es sich bei den Mengen lediglich um Richtwerte handelt, die je nach Tagesaktivitäten, Lebens-, Ernährungs- oder Gesundheitsgeschichte abweichen. Das langfristige Ziel ist die Steuerung der Nahrungsaufnahme als Balanceakt zwischen Kopf (Wissen) und Körpersignalen (Gefühl). Eine ausgewogene nährstoffreiche Mahlzeitengestaltung mit vorherigem moderatem Hunger und folgender Sattheit macht eine Vorgabe von bestimmten Mahlzeitenfrequenzen vollkommen überflüssig.

> Merke: Wenn die Vorgabe einer bestimmten Mahlzeitenfrequenz dazu führt, dass Menschen von einer Vorgabe der Mahlzeitenfrequenz abhängig werden, dann besteht die Therapie nicht darin, Menschen weiterhin mit Vorgaben zu »substituieren«, sondern die Vorgabe überflüssig zu machen. Dies geschieht durch die Stärkung der Körperwahrnehmung.

Ernährung verstehen

Die Ernährungswissenschaft bemüht sich, Ernährungswissen möglichst leicht verständlich an Menschen zu kommunizieren. Dies scheint bei der Komplexität zielführend und für die breite Masse auch zweckdienlich. Gleichzeitig zeigen die Zahlen aber auch die Erfahrung in der Praxis, dass die Simplifizierung bei der Vermittlung von Ernährungsinformationen zu widersprüchlichen Informationen und damit oftmals mehr zu Verwirrung als zum Verständnis führt. Es herrscht ein zum Teil großes Ernährungswissen in der Bevölkerung. Allerdings nicht selten ein oberflächliches.

In der Ernährungskommunikation vermischen sich ethische, ökologische mit nährstoffbezogenen Argumenten und Informationen, die einander oftmals widersprechen und Verwirrung hinterlassen. Je nachdem aus welcher Perspektive ein Lebensmittel diskutiert wird, gilt es als *gut* oder *schlecht*. Dass das Verwirrung bei denjenigen verursacht, die nur einzelne Puzzleteile an Kommunikationsfragmenten erhalten, scheint nicht weiter verwunderlich. In vielen Köpfen herrscht Chaos. Dieses Chaos ist mit dem simplen Ergänzen einer neuen Information zu den bisherigen Informationen nicht beseitigt. Stattdessen erhält die betreffende Person ein neues Puzzleteil, das richtiger als die anderen sein soll und bleibt mit einem Puzzleteil und einem weiteren Stück Verwirrung zurück. Das Chaos zu beseitigen bedeutet, alle Puzzleteile auf den Tisch zu legen, sie zu betrachten, Verbindungen herzustellen und zu einem großen Ganzen zusammenzusetzen. Oder in anderen Worten: Wenn das Chaos aus vielen oberflächlichen einzelnen Informationen entstanden ist, dann kann ein komplexes und tieferes Verständnis helfen, die einzelnen Informationsschnipsel einzuordnen und zu einem verständlichen Ganzen zusammenzusetzen. Simplifizierte Ernährungskommunikation verstärkt ein dogmatisches Denken. Sachverhalte wie Ernährung sind bei weitem nicht dogmatisch, sondern vielfältig und komplex. Die Komplexität zu erfassen kann dabei helfen, aus dem dogmatischen Denkmuster auszusteigen und Ernährung ganzheitlicher zu erfassen.

Im Sinne des Ansatzes »Hilfe zur Selbsthilfe« sollen Klient:innen also nicht nur aufgeklärt werden, sondern selbst in die Lage versetzt werden, Informationen zu sortieren und zu bewerten. Dies betrifft nicht nur Ernährungskommunikation per se, sondern auch die Information darüber, was im Körper mit einzelnen Nährstoffen passiert und wie sie verarbeitet werden.

Bei den zunehmenden Ernährungsinformationen, die seit mehreren Jahren nicht nur durch diverse Menschen in Printmedien oder Fernsehen verbreitet werden, kommen unreflektierte und auf einzelnen Erfahrungswerten basierte Informationen in Form von Ernährungsblogs und Postings in Social-Media-Netzwerken hinzu. Fachkräfte werden dadurch gefordert, nicht mehr, sondern verständlicher und erklärender zu kommunizieren.

Ernährungswissen kann gemeinsam mit Klient:innen erarbeitet und Ernährungsmythen hinterfragt werden. Der sokratische Dialog als Gesprächsform kann dabei helfen, die Glaubenssätze und Bewertungen mit Klient:innen gemeinsam zu hinterfragen. Beobachtungs- oder Erfahrungsexperimente helfen dabei, rationale Wissensinhalte in die Erfahrungswelt zu bringen:

Therapeutin: *Das heißt, Sie haben ein schlechtes Gewissen, wenn Sie Lebensmittel essen, die Sie als ungesund bewerten.* (Hintergrund: Als Therapeutin möchte ich an dieser Stelle am schlechten Gewissen arbeiten. Meine Annahme ist, dass Lebensmittel als gesund/ungesund bewertet werden, und das führt zu einem schlechten Gewissen. Ob diese Annahme stimmt, frage ich hier noch einmal nach)

Klientin: *Ja, genau!*

Therapeutin: *Was sind denn das für Lebensmittel, die Sie als ungesund bewerten?* (Hintergrund: Ich weiß nun zu 100 Prozent, dass ein Gesund/ungesund-Denken vorliegt. Ich möchte nun mehr über die Bewertung herausfinden)

Klientin: *Kohlenhydrate und Süßes und Lebensmittel mit viel Fett.*

Therapeutin: *Diese Lebensmittel, die sie gerade aufgezählt haben, was macht die denn zu ungesunden Lebensmitteln?* (Hintergrund: Ich möchte nicht auf bestimmte Lebensmittelgruppen eingehen und darüber diskutieren, sondern die Denkmuster kennenlernen und hinterfragen.)

Klientin: *Na, die haben alle viele Kalorien!*

Therapeutin: *Aha, das heißt alle Lebensmittel, mit vielen Kalorien sind ungesund?*

Klientin: *Ich denke schon.*

Therapeutin: *Das bedeutet dann im Umkehrschluss, dass nur Lebensmittel mit wenig oder gar keinen Kalorien gesund sind.*

Klientin: *Nein, so kann man das auch nicht sagen, der Körper braucht ja auch Energie.*

Therapeutin: *Hmm, der Körper braucht also Energie. Können Sie sagen, wie viel Energie ihr Körper in einer bestimmten Situation an einem Tag braucht?*

Klientin: *Ich denke, das hängt davon ab, was man an dem Tag schon gegessen hat, welche Aktivitäten man gemacht hat oder ob man viel Sport macht und was ich sonst so noch über den Tag hinweg esse.*

Therapeutin: *Ah, das klingt logisch. Das würde jetzt aber bedeuten, dass Lebensmittel mit viel Energie nicht automatisch ungesund sind?*

Klientin:	Ja, stimmt.
Therapeutin:	Wenn nicht ein Lebensmittel mit viel Energie jetzt automatisch schlecht ist, auf was kommt es dann an?
Klientin:	Ich würde sagen auf eine Balance über den Tag?
Therapeutin:	Mhm! Wie passt denn diese Erkenntnis, dass es keine ungesunden Lebensmittel gibt, nun mit dem schlechten Gewissen zusammen?
Klientin:	Eigentlich gar nicht. Ich brauche kein schlechtes Gewissen zu haben, wenn ich Lebensmittel esse, die viel Energie haben.
Therapeutin:	Mhm ... Wie fühlt sich das jetzt an für Sie?
Klientin:	Sehr erleichternd und befreiend!

6.5.4 Körperbild und Selbstwert

Aufgrund des engen Zusammenhangs zwischen dem Körperbild und dem Essverhalten muss eine Therapie des Essverhaltens immer eine Therapie des Körperbildes miteinschließen. In diesem Therapiebaustein steht die Beziehung zu dem eigenen Körper im Zentrum. Der Zusammenhang zwischen dem Körperbild und dem Essverhalten wird gemeinsam erarbeitet und reflektiert. Klient:innen lernen, dass ein neutraler bis positiver Umgang mit dem eigenen Körper essentiell für die Entwicklung eines gesunden Essverhaltens ist und negative Erfahrungen in der Kindheit, Fat Talks seitens der Eltern oder erlebte Zügelung durch die Eltern zur Entwicklung eines negativen Körperbildes beitragen kann. Erlebte Diskriminierungen oder Stigmata werden besprochen bzw. aufgearbeitet und bestehende negative Zusammenhänge zwischen Körpergewicht und Glaubenssätzen werden aufgelöst.

Analyse des Körperbildes

Viele Klient:innen kommen bereits in sehr frühen Jahren mit Gewichtsstigmata oder Diäten in Berührung. Tatsächlich lerne ich sehr viele Klient:innen kennen, die bereits im Alter von 7 oder 8 Jahren auf Diät gesetzt wurden oder sich selbst auf Diät gesetzt haben. Ich kann mich noch an eine herzzerreißende Aussage einer Klientin erinnern, die bis ins kleinste Detail beschrieb, wie sie mit 7 Jahren zusammengerollt und vor lauter Hunger mit Bauchschmerzen in ihrem Zimmer auf dem Bett lag. Einige Tage zuvor wurde sie von ihrer Mutter *aus bestem Wissen* auf eine Dinner-Cancelling-Diät gesetzt. Erfahrungen wie diese sind oftmals der Startschuss für einen lebenslangen Kampf gegen den eigenen Körper, der in Folge immer negativer bewertet wird.

Wie weiter oben beschrieben ist gezügeltes Essverhalten oftmals die Antwort auf die Unzufriedenheit mit dem eigenen Körper oder aber das Resultat von Gewichtsstigmata oder ungünstigen Erziehungsstilen im Elternhaus (z. B. Zügelung durch die Bezugspersonen, Fat Talks, Verherrlichung von Schönheitsidealen seitens der Bezugspersonen). Gleichzeitig haben Abnehmvorhaben wiederum einen negativen Einfluss auf das Körperbild.

Die Entwicklung des Körperbildes zu betrachten, stellt damit einen wichtigen Therapiebaustein dar.

Im Rahmen einer Biografiearbeit kann das Körperbild über die Lebensspanne dargestellt werden. Hier wird ein Zeitstrahl aufgezeichnet und erinnerte Life Events in Zusammenhang mit dem Körper, Körperbild sowie dem Essverhalten entsprechend auf der Zeitleiste notiert. Meist werden durch solch eine Biografiearbeit markante Ereignisse oder Erfahrungen erinnert, die das Körperbild beeinflusst oder über die Zeit geprägt haben. Diese können im Rahmen der psychologischen Therapie oder Psychotherapie bearbeitet werden. Mitunter kommen im Zuge der Körperbildarbeit Traumata bzw. traumatische Erlebnisse und Erfahrungen im Zusammenhang mit dem Körperbild, wie etwa massive Abwertung, Diskriminierungserfahrungen oder Mobbing zum Vorschein, die im Rahmen einer Traumatherapie mit klinischen Psycholog:innen oder Psychotherapeut:innen bearbeitet werden müssen.

Therapeutin: *Ich kann nicht nachvollziehen, wie es ist, in einem großen Körper zu leben, aber ich kann mir vorstellen, wie belastend es sein muss, ständig das Gefühl zu haben, nicht richtig zu sein. Ich kann mir nur im Ansatz vorstellen, wie groß der Abnehmwunsch für Sie sein muss. Welche Erfahrungen haben Sie denn mit den Abnehmvorhaben gemacht bis dato?*

Klientin: *Es hat sich immer gut angefühlt am Anfang, aber einfach niemals gehalten. Es ist jedes Mal das Gleiche. Ich habe schon so viel gemacht. Ich kann meinen Körper nicht mehr sehen. Ich verdecke alle Spiegel in der Wohnung, nur um mich nicht mehr ansehen zu müssen.*

Therapeutin: *Wann hat es denn begonnen, dass das Sehen von Ihrem Körper so belastend wurde, dass Sie die Spiegel verhängt haben?*

Klientin: *Das war nach so einem Lebensstilprogramm. Ich habe in dem einen Jahr unglaublich viel abgenommen. Und dann dachte ich, ich belohne mich jetzt dafür und lass mir das Essen endlich wieder mal schmecken. Ich habe über ein Jahr nur Lebensmittel gegessen, damit ich abnehme, aber nicht die Lebensmittel, die mir so richtig schmecken. Und dann ging alles außer Kontrolle. Diese Gönnphase hätte eine Woche dauern sollen und dann wurde ein ganzes Jahr daraus. Irgendwann konnte ich mich nicht mehr sehen. Jede Person hat das mitbekommen und gesehen. Ich habe mich so geschämt, dass ich angefangen habe, an andere Orte zum Einkaufen zu fahren. Dort, wo mich niemand kennt, habe ich mich sicher gefühlt.*

Auch der Miteinbezug von Social Media kann hilfreich in der Arbeit sein. So ist es für viele Klient:innen hilfreich, Accounts zu folgen, die für einen wertschätzenden Umgang mit Körperdiversität stehen.

Die Beschäftigung mit dem Körperbild kann für Klient:innen aufgrund ihrer weitreichenden Auswirkungen auf viele andere Lebensbereiche ein äußerst belastendes Thema sein. Dies umfasst beispielsweise die Trauer darüber, dass sie in einem großen Körper leben, oder etwa die Tatsache, dass sie ihren Körper jahrelang abgewertet haben und sich bestimmte Erlebnisse oder Aktivitäten verwehrt haben.

Selbstmitgefühl und Wertschätzung

Dicksein ist in unserer Gesellschaft mit stigmatisierenden Bewertungen wie etwa »Dicke Menschen sind faul« oder »Dicke Menschen essen falsch« verbunden. Hochgewichtige Personen sind daher oftmals im alltäglichen Leben mit vielen gewichtsbezogenen Stereotypisierungen konfrontiert. Diese negativen gewichtsbezogenen Stereotypisierungen (weight stigma) werden in Folge oftmals in Form von negativen Glaubenssätzen internalisiert. Man spricht von internalisierten negativen gewichtsbezogenen Selbststereotypisierungen. Auf diese Weise können sie ein negatives Körperbild fördern bzw. aufrechterhalten. Internalisierte negative gewichtsbezogene Selbststereotypisierungen stehen mit einem negativen Körperbild, Depressionen oder gestörten/ungesunden Essverhaltensweisen im Zusammenhang. In der Therapie sollen Stigmata und negative Selbstüberzeugungen identifiziert und hinterfragt werden.

> An dieser Stelle sei darauf hingewiesen, dass diese Arbeit eine erhöhte Sensitivität und Aufmerksamkeit von Therapeut:innen erfordert. Nachdem diese ebenfalls sehr häufig von Gewichtsstigmatisierungen belastet sind, besteht die Gefahr, dass negative Internalisierungen von Klient:innen *übersehen* bzw. nicht als solche identifiziert werden.

Um das Selbstmitgefühl und die Wertschätzung zu fördern, eignet sich das Umschreiben eines inneren Dialoges. Klient:innen sollen einen kritischen oder sogar feindseligen Selbstdialog aufschreiben. Danach soll dieser Dialog so umgeschrieben werden, als würde die Klient:in als gute:r Freund:in zu sich selbst sprechen. Damit wird es möglich, einen Perspektivenwechsel einzunehmen und eine fürsorgliche Sprache zu wechseln, die durch Üben und Umschreiben derartiger Dialoge kultiviert werden kann.

Beispiel aus dem Buch Food Feelings (Fiechtl, 2022; Seite 118–120)

Kritisches Selbstgespräch:
»Du bist so dämlich. Du hast dir vorgenommen, heute nichts zu naschen. Und jetzt sitzt du hier am Sofa und hast schon wieder die ganze Packung Kekse aufgegessen. Warum bist du eigentlich so dumm? Du hättest dich nur zusammenreißen müssen. Aber nein, stattdessen bist du immer erst im Nachhinein schlauer. Du bekommst es einfach nicht hin.«

Wertschätzendes Selbstgespräch:
»Du hast gerade eine Packung Kekse gegessen. Das ist für dich ein Fehler, der dich traurig macht. Es ist okay, traurig zu sein. Und es ist okay, die Packung Kekse gegessen zu haben. Und weißt du, warum? Wahrscheinlich war das heute einfach notwendig, um dich besser zu fühlen. Du bist ja gerade dabei, neue Strategien zu lernen. Und in Zukunft wirst du andere Möglichkeiten kennengelernt haben – und dann wird so ein Abend anders aussehen.«

Neben dem Ablegen von negativen Überzeugungen spielt das Kultivieren von Fürsorge und Wertschätzung dem eigenen Körper gegenüber eine wichtige Rolle. Die von Kristin Neff entwickelten Übungen zum achtsamen Selbstmitgefühl stellen ein wunderbares Tool für die psychologische oder psychotherapeutische Therapie dar. (Neff, 2023; Neff, 2003)

Auch das Erlernen eines wertschätzenden und freundlichen Umgangs in Form von kognitiven Selbstdialogen oder positiven Glaubenssätzen kann essentiell in der Entwicklung eines positiven Körperbildes sein.

An dieser Stelle sei angemerkt, dass Klient:innen oftmals den Anspruch haben, dass sie sich uneingeschränkt lieben müssen. Dies erzeugt oftmals eine innere Dissonanz, da sie das Gefühl haben, dies niemals erreichen zu können. Für manche Personen ist es nicht möglich oder äußerst schwierig, eine positive Beziehung zu ihrem Körper aufzubauen. Selbstliebe impliziert oftmals eine *bedingungslose und uneingeschränkte* Hingabe zum eigenen Körper. Es ist ratsam, mit Klient:innen gemeinsam zu definieren, ob Selbstliebe das Ziel sein muss oder ob ein wertschätzender oder neutraler Umgang mit dem Körper als definiertes Ziel ausreicht. Für Klient:innen kann es hilfreich sein, wenn Therapeut:innen nicht von Selbstliebe, sondern von Selbstfürsorge, Selbstmitgefühl oder Wertschätzung sprechen. Dies kann Druck

Ins Spüren kommen

Erfahrungsgemäß vermeiden Menschen mit einem negativen Körperbild, den eigenen Körper zu spüren und sich mit ihm bewusst auseinander zu setzen. Im Rahmen der psychologischen Therapie oder Psychotherapie sind daher körperorientierte Techniken, die Betroffenen ermöglichen den Körper wahrzunehmen und zu spüren, äußert wertvoll und wichtig. Zu körperorientierten Übungen zählen Imaginationen (z. B. Schematherapie), Focusing und Somatic Experiencing, Achtsamkeitsübungen oder Meditationen (z. B. Body Scan, Gehmeditation, Atemmeditation), therapeutischer Tanz (z. B. 5 Elemente Tanz oder Ecstatic Dance) oder etwa Yoga (z. B. therapeutisches Yoga, Hatha Yoga, Yin Yoga). Diese Techniken helfen Klient:innen dabei, ihre Wahrnehmung zunehmend mehr auf den Körper zu richten, Emotionen wahrzunehmen, auszudrücken und mit ihnen umzugehen.

6.5.5 Bewegung aus Freude

In diesem Therapiebaustein entdecken Klient:innen einen neuen Zugang zum Thema Bewegung, bei dem das Vergnügen und die Freude dabei im Vordergrund steht. Klient:innen, die lange Zeit keinen Sport/Bewegung durchgeführt haben, nähern sich wieder an Bewegung an und diejenigen, die Bewegung hauptsächlich als Tool zum Verbrennen von Energie verwendet haben, entdecken einen neuen, freudvollen Zugang zu Bewegung. Ängste und Hemmnisse werden abgebaut und Bewegung wird als etwas definiert, das das Wohlbefinden unterstützt.

Beziehung zu Sport reflektieren

Mit einigen Klient:innen kann es wichtig sein, über die eigene Sportgeschichte bzw. Beziehung zum Thema Sport zu sprechen. Einige Klient:innen haben womöglich früher sehr gerne Sport betrieben und diese Freude aufgrund der Instrumentalisierung verloren. Andere Klient:innen sind womöglich in ihrer Kindheit oder Jugend zu Sport gezwungen worden oder haben andere negative Erfahrungen im Zusammenhang mit Sport gemacht. Andere wiederum haben Beschämungen oder andere negative Erlebnisse im Zusammenhang mit Sport erlebt.

Es kann durchaus sinnvoll sein, den Begriff Sport neu zu definieren und zu erarbeiten, wie die Wunschbeziehung zum Thema Sport aussieht. Ein einfaches Brainstorming zum Begriff Sport, deckt Glaubenssätze und Bewertungen auf, mit denen weitergearbeitet werden kann. Die Annäherung an Sport fällt vielen Klient:innen oftmals leichter, wenn der Begriff neu definiert wird. So verbinden Klient:innen mit Sport oftmals einen selbst auferlegten Zwang, um gewisse Kalorien zu verbrennen. Andere knüpfen wiederum bestimmte Bedingungen an das Ausmaß der Bewegung. So muss eventuell eine gewisse Anzahl an Energie verbrannt werden, wenn am Vorabend ein gemütlicher Pizzaabend stattgefunden hat. Das Sprechen über frühere Erfahrungen und Aufarbeitung von belastenden Ereignissen kann hilfreich sein, um die Beziehung zum Thema Sport oder Bewegung neu gestalten zu können.

Nicht selten entstehen frustrierende oder unangenehme Situationen, die eine massive Hemmschwelle für Klient:innen darstellen können. Unangenehme Erlebnisse in der Vergangenheit sorgen bei vielen Klient:innen dafür, dass das Aufsuchen von öffentlichen Bewegungsangeboten nur unter großer Angst und Unsicherheit möglich ist. Vor allem bei hochgewichtigen Personen ist Bewegung mit einer sehr großen Scham verbunden. Internalisierte Glaubenssätze wie etwa »*Dicke haben keine Kondition*« führen dazu, dass eine sehr große Scham in der Durchführung von Bewegung besteht. So interpretieren einige hochgewichtige Personen das Aus-der-Puste-Kommen beim Sport als etwas, das sie auf das Körpergewicht zurückführen. Es ist ihnen unangenehm zu schnaufen oder eine schnelle Atmung zu haben. Auch im Zusammenhang mit der Scham geht es daher um eine Aufarbeitung von eventuellen Ängsten und einen Abbau von Hemmungen oder Hürden. Der folgende Dialog soll als Beispiel dienen:

> *Therapeutin:* *Sie haben mir erzählt, dass Sie früher total gerne zum Boxen gegangen sind. Wie ist es jetzt, wenn Sie sich vorstellen, dass Sie zum Boxen gehen würden?*
> *Klientin:* *Ich habe unglaubliche Angst davor, ins Studio zu gehen.*
> *Therapeutin:* *Diese Angst, die da ist, vor was besteht denn diese Angst genau? Was könnte passieren?*
> *Klientin:* *Ich habe Angst, dass ich nicht mitkomme und völlig außer Puste bin. Das ist total peinlich und unangenehm.*
> *Therapeutin:* *Wenn Sie aus der Puste kommen, ist es peinlich? Das würde ich gerne näher verstehen. Was ist denn das Peinliche am Atmen?*

Klientin:	Dann sehen alle, dass ich zu dick bin und mich überhaupt nicht bewegen kann.
Therapeutin:	Sie denken also, dass das Atmen ein Zeichen dafür ist, dass Sie dick und unfit sind?
Klientin:	Ja!
Therapeutin:	Kennen Sie andere Menschen im Studio, die außer Puste kommen? Menschen, die vielleicht schlanker sind als Sie?
Klientin:	Ja, natürlich.
Therapeutin:	Wenn auch schlanke Menschen aus der Puste kommen, was bedeutet denn das dann für Sie und Ihr Körpergewicht?
Klientin:	Dass das aus der Puste kommen vielleicht gar nicht so viel mit dem Körpergewicht zu tun hat.
Therapeutin:	Ja, das würde ich so unterschreiben. Das mit der Atmung hat viel mehr mit der Ausdauerfähigkeit zu tun und weniger mit dem Körpergewicht. Und das kann jeder Mensch trainieren. Wie fühlt sich das nun für Sie an?
Klientin:	Viel besser! Ich würde gerne diese Woche zum Boxen gehen. Und wenn es mir zu schnell wird, dann kann ich eine Pause machen.
Therapeutin:	Das klingt super! Wenn Sie sich dazu einen Bestärkersatz oder Motivationssatz oder eine Affirmation entwickeln würden, die Ihnen in den Situationen helfen könnte, wie würde der Satz lauten?
Klientin:	Ich darf mir eine Atempause gönnen!
Therapeutin:	Grandios! Wiederholen Sie den Satz nochmal. Wie fühlt sich der Satz an?

Beispiel

Als ich Frau L. kennen lernte, war sie Anfang 40. Mit ihrem freundlichen Gesichtsausdruck und einem traurigen Lächeln in ihrem Gesicht erzählte sie mir in unserem Erstgespräch über ihr Essverhalten. Sie war ein quirliges Mädchen, war immer aktiv und gehörte immer zu den schlanken Kindern. Um das Gewicht musste sie sich nie Gedanken machen. Das veränderte sich auch für längere Zeit nicht. Als Jugendliche nahm Sport eine besondere Rolle ein. Bis zu dem Moment, als sich ein Unfall ereignete. Sie musste ihren Sport aufgeben, schlagartig. Ohne das Gefühl zu haben mehr zu essen, begann das Körpergewicht nach oben zu gehen. Plötzlich waren sie da. Die Gedanken rund um das Gewicht, das Aussehen und Frau L. fand sich plötzlich mitten in den Gesprächen, die sonst nur andere Freund:innen von ihr führten. Es ging um Diäten und Abnehmen. Und diese Diäten und Abnehmvorhaben sollten ihr Leben für 20 Jahre dominieren. Bis heute. Bis zu dem Moment, indem es keine Energie mehr dafür gibt. Keine Energie, nochmal eine Diät zu machen. Nicht nochmal Geld für Abnehmprodukte auszugeben. Nicht nochmal voller Euphorie in ein Projekt zu starten, das später scheitern würde.

Bewegung erkunden

Körperorientierte Übungen helfen Klient:innen dabei, sich an Bewegung anzunähern, den Körper Schritt für Schritt in der Bewegung spüren zu lernen und sich mit den Bewegungen des Körpers zunehmend vertraut zu machen. Zu geeigneten Übungen zählen körperorientierte Achtsamkeitsübungen, bei denen der Körper und seine Bewegungen erkundet werden können. So wird bei Gehmeditationen beispielsweise der Kontakt zwischen Fuß und Boden im Stehen und bei verschiedenen Bewegungen und Tempi erkundet. Aber auch therapeutischer Tanz (z. B. 5 Elemente Tanz oder Ecstatic Dance) oder etwa Yoga (z. B. therapeutisches Yoga, Hatha Yoga, Yin Yoga) eignen sich dazu, Bewegungsräume zu erkunden.

Bewegung und Sport in den Alltag integrieren

Im Zusammenhang mit Bewegung nimmt vor allem die Alltagsbewegung eine wichtige Rolle ein. Klient:innen sollen spielerisch und aus einer Perspektive der Selbstfürsorge heraus dazu angeleitet werden, Bewegung in den Alltag einzubauen. Besonders attraktiv sind spielerische Angebote. In der von mir betriebenen ACHTSAM ESSEN Akademie nutzen wir ein Bewegungs-Bingo, das sich großer Beliebtheit erfreut. Teilnehmer:innen werden mit vielfältigsten Ideen zu Sportangeboten sowie Möglichkeiten zur Alltagsbewegung ausgestattet. Das Bingo erlaubt Teilnehmer:innen die Wahrnehmung für Alltagsbewegungen zu schärfen und ermutigt sie dabei, neue Bewegungsangebote auszuprobieren.

Neben Alltagsbewegung soll die Freude an Ausdauer- und Krafttraining gefördert werden (Oppert et al., 2021). Gängige Sport- oder Fitnessangebote sind oftmals nicht für Personen geeignet, die sich neu an Bewegung bzw. Sport annähern oder aber lange Zeit keinen Sport durchgeführt haben. Besonders hilfreich kann daher das Aufsuchen von inklusiven Bewegungsangeboten sein. Vor allem online gibt es zunehmend mehr Fitessangebote speziell für hochgewichtige Personen. In der österreichischen Hauptstadt Wien gibt es mit ELLY MAGPIE seit 2020 das erste gewichtsinklusive Fitnessstudio, in dem hochgewichtige Personen einen Safe Space erleben, in dem sie sich vorurteilsfrei dem Thema Bewegung neu annähern können.

Wohlbefinden und Spaß anstatt Gewichtsverlust

Das gewichtszentrierte System fördert die Instrumentalisierung von Bewegung. Das führt dazu, dass vielfach auf Sport- oder Bewegungsarten zurückgegriffen wird, die viel Energie verbrennen. Der Fokus verschiebt sich von Freude am Tun hin zu einem Verbrennen von Kalorien. Im Zuge der Therapie dürfen Klient:innen wieder lernen, eine Bewegungsart zu finden, die ihnen Spaß macht und Freude bereitet. Klient:innen sollen in der Therapie ermutigt werden, Kurse oder Stunden zu besuchen und Bewegungsarten zu probieren, die ihnen Freude bereiten.

Darüber hinaus sollen Klient:innen lernen, Bewegung auch als etwas Bedingungs- oder Ergebnisloses zu sehen. Bewegung muss nicht stets an Schritte, bestimmte Minuten oder Stunden, Kalorien, Runden oder Ähnliches gebunden sein.

Auch sollte Bewegung nicht an eine Veränderung des Körpergewichtes gebunden sein. Stattdessen geht es schlichtweg darum, sich wieder gerne zu bewegen und diese Bewegung auch in den Alltag einfließen zu lassen. Zusätzlich darf Bewegung im Sinne der Selbstfürsorge Raum erhalten. So kann Bewegung im Umgang mit Stress oder bei der Regulation von Emotionen eine wichtige Rolle einnehmen.

6.5.6 Emotionales Essen auflösen

Im Therapiebaustein *Emotionales Essen auflösen* lernen Klient:innen, die Ursachen für Essdrang zu verstehen und sich mit eigenen Gedanken und Gefühlen auseinanderzusetzen. Dazu wird mit Klient:innen erarbeitet, was Gefühle sind, wie sie entstehen und welche Funktion sie haben. Außerdem werden Strategien erarbeitet, um mit Emotionen umgehen zu lernen. Darüber hinaus sollen Klient:innen lernen, Essdrang auszuhalten.

Gefühle benennen

Zu Beginn der therapeutischen Arbeit steht das Verständnis über Emotionen und Gefühle im Vordergrund. Gemeinsam mit Klient:innen werden verschiedene Gefühle erarbeitet Klient:innen lernen, dass es eine Vielzahl an Emotionen gibt, die ihrerseits jeweils eine bestimmte Funktion haben. Um die Emotionen mit Klient:innen zu erarbeiten, hat sich die gemeinsame Arbeit am Flipchart oder mit Moderationskärtchen bewährt. Klient:innen nennen dabei alle Emotionen oder Gefühle, die ihnen einfallen. Nachdem nun die Hauptkategorien feststehen, werden die einzelnen Gefühle ins Visier genommen. Gefühle sind in unterschiedlichen Abstufungen wahrnehmbar. Gefühle wie Verlegenheit, Enttäuschung, Panik, Zufriedenheit, Bedrücktheit oder Niedergeschlagenheit stellen unterschiedliche Abstufungen der jeweiligen Emotionen dar. Gemeinsam mit Klient:innen kann erarbeitet werden, wo beispielsweise das Gefühl der Peinlichkeit eingeordnet werden soll und wie intensiv Klient:innen das Gefühl auf einer Skala von 1 (sehr gering) bis 10 (sehr intensiv) erleben. Auf diese Weise entsteht eine Landkarte von Emotionen, mit dessen Hilfe Klient:innen das Vorkommen von Emotionen sowie ihre Abstufungen einordnen können

Die Übung kann folgendermaßen eingeleitet werden:

Therapeutin: *Letzte Woche haben wir darüber gesprochen, dass es Ihnen schwerfällt, Emotionen wahrzunehmen. In der heutigen Einheit möchte ich mich mit Ihnen mit dem Thema Emotionen beschäftigen. Ist das okay?*
Klientin: *Ja.*
Therapeutin: *Sehr schön. Ich habe hier ein paar Moderationskärtchen und einen Stift vorbereitet. Ich möchte gerne mit Ihnen alle Emotionen aufschreiben, die uns einfallen. Das soll uns einen Überblick über alle Emotionen verschaffen, die es gibt. Wenn wir das wissen, dann macht es das wesentlich einfacher, Emotionen überhaupt wahrzunehmen.*
Klientin: *Ja, das klingt logisch.*

> *Therapeutin:* Dann lassen Sie uns starten. Dann starten wir mal damit, dass wir zu Beginn alle Emotionen aufschreiben, die uns spontan einfallen.
> ...

Durch die Erarbeitung des Emotionssterns soll für Klient:innen auch die Erklärung abgeleitet werden, warum sie manchmal Gefühle nicht voneinander unterscheiden können. So sind zum Beispiel Gefühle wie Wut oder Ärger nur unterschiedliche Abstufungen von der Emotion Ärger. Manche Gefühle sind Mischgefühle, die sich aus verschiedenen Gefühlen zusammensetzen. Hier ist es weniger relevant, dass Klient:innen Emotionen und Gefühle exakt zuordnen können, als vielmehr eine Struktur in die emotionale Landschaft zu bringen. Gefühle sind stets subjektiv, was dazu führt, dass es keine objektiv richtige Einordnung gibt.

Im nächsten Schritt wird ein Gefühl, welches häufig mit Essdrang in Zusammenhang steht (Ärger, Traurigkeit, Enttäuschung, Langeweile) ausgewählt. Gemeinsam mit Klient:innen wird erarbeitet, wie sich Ärger anfühlt, welche Gedanken bei Ärger aufkommen oder welche Verhaltensweisen bei Ärger typisch sind. Das Erarbeiten kann zunächst ganz allgemein erfolgen, bevor die Klient:innen die Emotionen, Gedanken oder Verhaltensweisen bei sich selbst beobachten.

Gefühle verstehen lernen

Hier können Klient:innen in das ABC-Modell nach Albert Ellis eingeführt werden. A steht für die auslösende Situation, B steht für die jeweiligen Bewertungen oder Kognitionen und C für die Konsequenzen in den Gefühlen sowie dem Verhalten. Anhand des Modells lernen Klient:innen, das eigene Verhalten (Essen) in Zusammenhang mit Gedanken und Gefühlen kennen. Um das Modell zu erarbeiten, kann auf eine vergangene Situation zurückgegriffen werden. Diese Situation wird unter dem A für Auslöser oder auslösende Situation stichwortartig beschrieben. Danach wird die Konsequenz als das konkrete Verhalten (Essen) unter dem C notiert. Ausgehend von dem Verhalten und der Situation wird erarbeitet, wie es der Person vor dem Essen ging und welche Gedanken ihr durch den Kopf gegangen sind. Am Ende entsteht ein Verhaltensmodell, anhand dessen Klient:innen ihr Verhalten verstehen und einordnen können. Dies hilft dabei, Selbstvorwürfe einerseits zu reduzieren und liefert konkrete Anhaltspunkte, wie dem Essen vorgebeugt werden kann.

Exemplarische Darstellung für die Arbeit mit dem ABC-Modell nach Albert Ellis:

> *Therapeutin:* Ich würde den von Ihnen geschilderten Essanfall gleich dazu nutzen, um gemeinsam einen Blick darauf zu werfen, warum es eventuell zu diesem Essanfall gekommen ist. Und vielleicht finden wir ein paar Hinweise darauf, was helfen kann, den Essanfall das nächste Mal vorzubeugen. Passt das für Sie?
> *Klientin:* Ja, sehr gut.
> *Therapeutin:* Okay. Dann spulen wir den Tag mal bis zu dem Moment vor, als dieser Essdrang da war. Was sehe ich in dieser Szene? (Verhalten erarbeiten)

6.5 Behandlung ungesunden/gestörten Essverhaltens

Situation	Bewertungen	Emotionen	Verhalten
Meeting bei der Arbeit. Chef hat eine Entscheidung getroffen, die in meinen Bereich fällt.	„Keiner respektiert mich.", „Ich reiße mir hier den Hintern auf und dann tanzen mir alle auf dem Kopf herum.", „Ich bin scheinbar zu unfähig für die Organisation."	Ärger	Nach Hause gekommen und die ganze Keksparkung gegessen

Abb. 6.4: Beispiel für ein grob ausgearbeitetes ABC-Modell zur Reflexion der Situation. Gemeinsam mit Klient:innen wird eine bestimmte Situation im Detail besprochen, wobei dazugehörige Bewertungen (Glaubenssätze, Gedanken, Bewertungen), Emotionen und daraus resultierende Verhaltensweisen niedergeschrieben werden. Auf diese Art wird ein Verständnis für eigene Verhaltensweisen, Emotionen oder Glaubenssätze erwirkt.

Klientin: Ich bin von der Arbeit nach Hause gekommen und war völlig fertig. Und dann habe ich mir die Tafel Schokolade, die noch da war, geholt.

Therapeutin: Sie waren also fertig? Was hat denn dazu geführt, dass Sie so fertig waren? (Situation erarbeiten)

Klientin: Es war ein stressiger Arbeitstag und ich musste mich ärgern.

Therapeutin: Sie waren also verärgert. (Emotion) Wie intensiv war denn der Ärger in der Situation von 1 = gering bis 10 = sehr stark?

Klientin: Ich würde sagen eine 8.

Therapeutin: Das klingt nach einem ganz schön großen Ärger. Was hat Sie denn so verärgert?

Klientin: In ein paar Wochen ist eine Messe, für die ich als Marketingleitung zuständig bin. Ich organisiere die ganze Messe und bin dafür verantwortlich, dass alles gut läuft und dass der Messestand immer besetzt ist. Dazu hatte ich heute ein Meeting mit meinem Chef. Ohne mit mir Rücksprache zu halten, hat er die Standbesetzung eingeteilt.

Therapeutin: Dass der Chef das bestimmt hat, hat Sie geärgert.

Klientin: Ja, total. Es sind meine Mitarbeiterinnen und es ist mein Kompetenzbereich. Er kann mich nicht einfach so meine Mitarbeiter:innen einteilen, ohne mit mir zu sprechen.

Therapeutin: Sie haben sich hintergangen gefühlt, weil Ihr Chef über Ihren Kopf hinweg entschieden hat.

Klientin: Ja, das beschreibt es sehr gut.

Therapeutin: Okay, dann notiere ich das mal hier. Ich bin mir sicher, Sie hatten in der Situation schon so einige Ärgergedanken, die Ihnen durch den Kopf gegangen sind. (Abwarten, bis die Körpersprache ein Ja signalisiert). Können Sie sich an die erinnern? (Gedanken notieren)

Klientin:	Ja. Ich habe mir gedacht »Keiner respektiert mich«, »Ich reiße mir hier den Hintern auf und dann tanzen mir alle auf dem Kopf herum«, »Ich bin scheinbar zu unfähig für die Organisation«.
Therapeutin:	Das sind ganz schön fiese Gedanken. Ich notiere die auch direkt hier am Flipchart, ohne dass wir weiter auf die Gedanken eingehen. Gab es noch etwas an dem Tag, das dazu geführt hat, dass Sie fertig waren?
Klientin:	Nein, sonst nichts. Aber ich war tagsüber schon sehr müde, weil ich schlecht geschlafen und sowieso schon viel Termindruck in der Arbeit hatte. Und dieser Ärger über das Meeting, der war den ganzen Tag da. Meine Gedanken sind dann nur noch darum gekreist.
Therapeutin:	Sie waren schon direkt von morgens an mehr angespannt als sonst.
Klientin:	Auf jeden Fall.
Therapeutin:	Sie waren also schon sehr angespannt und gestresst und dann war dieses Meeting. Und dann kamen die Gedanken, die Sie geschildert haben. Sie mussten sich einfach ärgern und das so lange bis sie zu Hause waren. Und dann war es einfach zu viel und essen hat Ihnen dabei geholfen zu entspannen. Wie ist das für Sie, unsere Notizen so jetzt zu sehen?
Klientin:	Mir war nicht bewusst, wie lange mich die Gedanken dann noch beschäftigt haben. Das war ja wirklich den ganzen Tag. Das war mir nicht bewusst. Es macht den Tag irgendwie viel klarer, das so zu sehen und zu verstehen, warum ich wieder die ganze Schokolade gegessen habe.

Dysfunktionale Gedanken identifizieren

Anhand der Arbeit mit dem ABC-Modell werden Bewertungen sichtbar. Hinter Bewertungen liegen oftmals Glaubenssätze oder dysfunktionale Denkmuster, die identifiziert und abgelegt werden können. Zu dysfunktionalen Denkmustern nach Stavemann (2004) zählen:

- unrealistische Vergleiche, bei denen sich Klient:innen mit anderen Personen oder deren Verhaltensweisen vergleichen;
- Katastrophendenken, bei dem immer das Schlimmste angenommen wird;
- Versicherungsdenken, bei dem stets Vorkehrungen getroffen werden, damit nichts schief gehen kann;
- Muss-Denken, gekennzeichnet durch starre Regeln, die einzuhalten sind;
- emotionale Beweisführung, bei der Verhaltensweisen oder Aussagen von anderen als Beweis z. B. der eigenen Unzulänglichkeit oder Disziplinlosigkeit herangezogen werden;
- Schwarz-Weiß-Denken, bei dem das Denken nur in zwei Kategorien stattfindet und weitere Möglichkeiten ausgeblendet werden;
- Verallgemeinerungen, bei denen von einer Situation auf allgemeingültige Tatsachen geschlossen wird;
- Menschenwertbestimmen, bei dem der Wert einer Person durch bestimmte Eigenschaften definiert wird, sowie
- Applaussucht oder Punkte sammeln, bei dem ständig nach Lob gestrebt wird.

Die Denkstile können mit Klient:innen durchbesprochen, Gedankenmuster auf dysfunktionale Denkstile untersucht und dahinterliegende Bedürfnisse formuliert werden. Dies hilft Klient:innen, ungünstige Gedanken zu erkennen und abzulegen:

Therapeutin:	Diese Gedanken, die Sie in der Situation hatten – »Keiner respektiert mich«, »Ich reiße mir hier den Hintern auf und dann tanzen mir alle auf dem Kopf herum«, »Ich bin scheinbar zu unfähig für die Organisation« –, zu welchem Anteil gehören sie?
Klientin:	Die gehören zu der inneren Kritikerin.
Therapeutin:	Ja genau. Welche Kritiker können Sie darin entdecken?
Klientin:	Da stecken auf jeden Fall das Verallgemeinern drinnen und die emotionale Beweisführung!
Therapeutin:	Ja, das denke ich auch. Wie fair denken Sie denn, ist es davon auszugehen, dass Sie scheinbar unfähig sind, nur weil der Chef eine Entscheidung ohne Sie getroffen hat?
Klientin:	Das ist richtig gemein und fies so eine Schlussfolgerung zu ziehen. Es gibt womöglich auch andere Gründe, warum er das getan hat.

Positive Selbstgespräche führen

Nachdem innere kritische Anteile und Stimmen bei Klient:innen oftmals sehr laut sind, sollen positive Selbstgespräche etabliert werden. Diese Technik basiert auf der Theorie, dass Gefühle und Verhalten von Gedanken ausgelöst werden. Oftmals entsteht ein innerer Dialog aus kritischen oder negativen Gedanken, die zu unangenehmen Emotionen und in Folge zu Essdrang führen. Neben dem Auflösen von dysfunktionalen Denkmustern kann es demnach für Klient:innen äußerst hilfreich sein, neutrale oder positive Selbstgespräche zu führen. Die Selbstgespräche können positive Affirmationen *(Ich kann alles schaffen, was ich will)*, Ermutigungen *(Kopf hoch, du schaffst das!)*, beruhigende Worte *(So, jetzt atme mal tief durch und dann wagen wir einen neuen Anlauf)* und bestärkende Worte *(Hey, wie grandios ist das. Schau mal, du hast es geschafft!)* umfassen oder in Form eines reflektierenden Dialoges erfolgen. Positive Selbstgespräche lassen sich auch sehr gut mit imaginativen Techniken, wie etwa dem wohlwollenden Begleiter, verbinden:

Klientin:	Ja. Ich habe mir gedacht »Keiner respektiert mich«, »Ich reiße mir hier den Hintern auf und dann tanzen mir alle auf dem Kopf herum«, »Ich bin scheinbar zu unfähig für die Organisation«.
Therapeutin:	Das sind ganz schön fiese Gedanken.
Klientin:	Ja, aber so denke ich eben. Ich gehe immer nur vom Schlimmsten aus. Ich wünschte, das wäre nicht so.
Therapeutin:	Ja, manchmal ist die kritische Stimme in Ihnen sehr laut. Was halten Sie davon, wenn wir der Stimme mal Kontra geben?
Klientin:	Das wäre toll, aber ich wüsste nicht wie.

Therapeutin:	Angenommen Ihre kritischen Gedanken wären keine Gedanken, sondern kleine gemeine Wesen, die Ihnen auf der Schulter sitzen. Was würde Ihre beste Freundin machen, wenn Sie die gemeinen Wesen sehen würde?
Klientin:	Na, die würde diese Wesen aber ordentlich zur Türe hinausjagen wollen.
Therapeutin:	Das klingt doch sehr effektiv. Was würde Sie zu Ihnen sagen?
Klientin:	Vielleicht sowas wie »Schluss jetzt. Ihr hattet euren Spaß und jetzt verzieht euch!«
Therapeutin:	Was halten Sie davon, wenn wir das gleich jetzt mal ausprobieren? Und nachdem die beste Freundin nicht da ist, würde ich sagen, Sie übernehmen die Rolle der besten Freundin. Glauben Sie geht das?
Klientin:	Ja, okay. »Schluss jetzt. Ihr hattet euren Spaß und jetzt verzieht euch!«
Therapeutin:	Und wie fühlt sich das an?
Klientin:	Richtig stark. Ich komme mir etwas komisch dabei vor, aber es fühlt sich gut an. So als würde ich die fiesen Gedanken wirklich verjagen können.
Therapeutin:	Ja, es ist halt ungewöhnlich, so streng zu sein. Ich würde sagen, Sie probieren das bis zur nächsten Stunde mal aus, und zwar so oft wie möglich, wenn diese fiesen Wesen kommen und dann schauen wir beim nächsten Termin, wie es sich nach etwas Übung anfühlt.

Zur Verdeutlichung der Wirksamkeit, kann vor und nach dem Einführen derartiger bestärkender Selbstgespräche eine Skalierung eingesetzt werden, die die Intensität der negativen Gefühle abfragt.

Therapeutin:	Auf einer Skala von 1 (gar nicht) bis 10 (sehr stark), wie belastend fühlen sich diese Aussagen dieser negativen Wesen an?
Klientin:	8 – sehr stark.
(nach der Übung)	
Therapeutin:	Jetzt da Sie diese fiesen Wesen weggejagt haben, wie belastend sind die Gedanken da noch?
Klientin:	3 – deutlich weniger!

Emotionen spüren und bewältigen lernen

Achtsamkeitsübungen können Klient:innen dabei helfen, ihre Körperwahrnehmung zu trainieren. Zu Beginn eignen sich vor allem geführte und fokussierte Achtsamkeitsübungen, bei denen Klient:innen darin angeleitet werden, ihre Aufmerksamkeit auf bestimmte Körperregionen oder Körperteile zu richten und Körpersensationen wahrzunehmen. Der Bodyscan ist eine Übung dieser Kategorie. Auch Atembeobachtungen, bei denen Klient:innen ihre Aufmerksamkeit auf die Atmung lenken und die Körperbewegungen während der Atmung beobachten, helfen dabei, den Körper besser wahrnehmen zu lernen. Die Bauchatmung, wie etwa die Dreiecksatmung oder die Vierecksatmung, sind Beispiele dafür. Trainieren Klient:innen ihre Achtsamkeit, fällt es ihnen leichter, Gefühle, Bedürfnisse, Gedanken sowie automatische Verhaltensmuster wahrzunehmen.

Die Fähigkeit, die eigenen Emotionen zu regulieren, ist ein wesentlicher Prädiktor für die mentale und psychische Gesundheit. Klient:innen sollen dabei angeleitet werden, Emotionen im Alltag wahrzunehmen. Mit Körper- und emotionsfokussierten Übungen können erfahrene klinische Psycholog:innen oder Psychotherapeut:innen Klient:innen dabei begleiten, Emotionen spüren zu lernen und belastende Lebensereignisse aufzuarbeiten.

Darauf aufbauend können Strategien entwickelt werden, um mit entsprechenden Emotionen umzugehen bzw. die Entstehung von den Essdrang begünstigenden Emotionen vorzubeugen (Brytek-Matera, 2021; Evers et al., 2018).

Konfrontation

Die Nahrungsmittelexposition ist eine geeignete Strategie, um situationsbedingte Auslösereize von einem Essanfall zu entkoppeln. Die Annahme der Theorie ist, dass Essanfällen Konditionierungen zugrunde liegen. So wurden über die Zeit situationsbedinge Auslösereize wie Geruch, Optik einer Speise, Gedanken oder Gefühle mit dem Essanfall oder Überessen konditioniert. Der Geruch einer Speise kann auf diesem Weg eine konditionierte Reaktion (Essanfall) auslösen. Durch die Nahrungsmittelexposition soll eine Desensibilisierung erreicht werden (Jansen, 1998). Hierzu werden Patien:innen mit entsprechenden comfort food konfrontiert. Durch die kontrollierte Bedingung in der Therapiesitzung bleibt der Essanfall aus, wodurch es zu einer Entkopplung zwischen nahrungsbezogenen Reizen und einem Essanfall kommt. Lebensmittelreize werden auf diesem Weg von Essanfällen entkoppelt. Nahrungsmittelexpositionen sollten stets in den Therapieverlauf eingebettet sein, gut vorbereitet und von erfahrenen Psycholog:innen oder (Psycho-)Therapeut:innen durchgeführt werden. Klient:innen sollen auf die Konfrontationsübung vorbereitet werden, wobei sie verstehen sollen, warum diese Übung durchgeführt wird. Oftmals kann es sinnvoll sein, mit Konfrontationen in sensu zu starten, bevor diese in vivo durchgeführt werden.

Um die Expositionsübung in vivo durchzuführen, wird von Patient:innen eine Liste an comfort food verfasst, die typischerweise einen Essanfall auslösen. Für die entsprechende Sitzung wird ein Lebensmittel von der Liste mitgebracht, welches mittleren bis starken Essdrang auslöst. In der Sitzung wird die/der Klient:in dabei angeleitet, dass Lebensmittel wahrzunehmen, es anzusehen und alle Gefühle oder Gedanken wahrzunehmen und auszusprechen, die dabei aufkommen. In weiterer Folge sollen Klient:innen das Lebensmittel berühren, daran riechen, es in den Mund nehmen und zuletzt einen Bissen davon essen. Während des ganzen Prozesses stehen Klient:innen mit Therapeut:innen in Kontakt. Klient:innen werden durch die Übung geleitet, wobei sie immer wieder gefragt werden, wie intensiv das Verlangen nach dem Lebensmittel gerade ist. Hierzu kann eine Skala von 1 (gering) bis 10 (sehr intensiv) verwendet werden. Die Übung wird so lange durchgeführt, bis der ausgelöste Essdrang gering bzw. nicht mehr als intensiv wahrgenommen wird.

Psychoedukation: Stress

Klient:innen sollen verstehen, was im Körper passiert, wenn sie unter Stress stehen und wie sich das Essverhalten in einer anhaltenden Stressbelastung verändert. Teilnehmer:innen lernen, dass Stress eine unspezifische Reaktion ist, die in verschiedenen Situationen aktiviert werden kann und zu einem Anstieg im Anspannungsniveau führt. Besonders relevant ist in diesem Zusammenhang, dass Klient:innen unterschiedliche Spannungsniveaus kennenlernen und verstehen, dass Emotionsregulation ab einem gewissen Punkt, dem point of no return, nur noch schwer möglich ist. Die Erarbeitung von Strategien zum präventiven Spannungsabbau ist hierbei für Klient:innen besonders hilfreich.

Darüber hinaus kann mit Klient:innen an der Identifikation von Stressoren, also jenen Faktoren, die Stress auslösen, gearbeitet werden. Hierzu zählen beispielsweise dysfunktionale Denkmuster, Glaubenssätze oder Denkstile. So zeigt sich Essdrang in der Praxis häufig bei Personen mit hohen Leistungsansprüchen oder bei Personen, die eine innere Unruhe aufweisen. Für Klient:innen ist es wichtig zu verstehen, wie Glaubenssätze mit dem Essdrang in Zusammenhang stehen und dass diese Essdrang begünstigen können.

6.6 Verändertes Essverhalten als Begleiter

Ein verändertes Essverhalten zeigt sich häufig als Symptom bei psychischen Erkrankungen. Das Essverhalten kann dabei als maladaptive Bewältigungsstrategie gesehen werden. Psychische Erkrankungen, die das Leben von Klient:innen gravierend beeinflussen und zu Einschränkungen im Alltag führen, haben in der Therapie stets Vorrang. Gleichzeitig kann es jedoch sein, dass ein maladaptives Essverhalten vorliegt, welches ebenfalls zu massiven Belastungen auf Seiten von Klient:innen führt. Dies kann der Fall sein, wenn Klient:innen Kontrollverlust bei Binge-Anfällen erleben oder wenn häufige Binge-Anfälle zu einer Gewichtszunahme führen und dies wiederum einen massiven Leidensdruck bei Klient:innen erzeugt. Daher finden sich im folgenden allgemeine Therapiebausteine, die in die störungsspezifische Therapie inkludiert werden können. Weiter unten finden Sie störungsspezifische Empfehlungen für die Therapie und Beratung.

Folgende Therapieinhalte sind störungsübergreifende (allgemeine) Empfehlungen zur Ergänzung in der Therapie:

- Entwicklung einer Essroutine: Bei vielen Klient:innen fehlt eine Mahlzeitenstruktur, die ihrerseits zu Heißhunger führt und Essanfälle begünstigen kann. In weiterer Folge können dadurch störungsspezifische Symptome, wie etwa destruktive Gedanken oder Ängste, verstärkt werden. Empfehlenswert ist daher der Aufbau einer regelmäßigen Essroutine mit einer festgelegten Mahlzeitenstruktur.

In individuellen Fällen kann das Festlegen von fixen Essenszeiten oder das Aufstellen von Mahlzeitenplänen sinnvoll sein.
- Psychoedukation: Nicht selten führen Klient:innen das maladaptive Essverhalten auf Disziplinlosigkeit und eigene Schwäche zurück, weil alternative Erklärungsmodelle für das Essverhalten fehlen. Ein Verständnis für das eigene Essverhalten liefert Klient:innen ein alternatives Erklärungsmodell für ihr Essverhalten. Dies kann den Heilungsprozess oder die Stabilisierung begünstigen.
- Analyse der aufrechterhaltenden und verstärkenden Faktoren: Für die jeweilige spezifische Störung typischen Gedankenmuster oder Trigger können ein maladaptives Essverhalten auslösen und triggern. So kann die fehlende Struktur bei Patient:innen mit ADHS dazu führen, dass Aufgaben am Ende des Tages offenbleiben, was zu Selbstvorwürfen führen und Essanfälle begünstigen kann. Ein Verständnis dafür ist nicht nur für den Therapiefortschritt, sondern auch für die Prävention und Eingrenzung von Essanfällen wichtig.
- Aufbau einer Ernährungskompetenz: Essanfälle können dazu führen, dass Klient:innen ein gezügeltes Essverhalten kultivieren, um einer eventuellen Gewichtszunahme vorzubeugen. Dies wiederum kann Binge-Anfälle oder negative Gedankenkreisläufe verstärken. Die nährstoffreiche Mahlzeitengestaltung ist nicht nur für die physische, sondern auch für die psychische Gesundheit wichtig.
- Medikamentöse Therapie: Einige Medikamente, die zur Behandlung von Angststörungen, depressiven Störungen, PTBS und anderen Störungen eingesetzt werden (z. B. selektive Serotonin-Wiederaufnahmehemmer, Benzodiazepine) können zu einer Veränderung des Appetits, der Nahrungsaufnahme sowie Veränderungen im Körpergewicht führen, was wiederum zu Herausforderungen in der Therapie des Essverhaltens führen kann (z. B. Appetitverlust, gezügeltes Essverhalten oder andere kompensatorische Maßnahmen). Hierbei zeigen einige Medikamente stärkere Effekte als andere (Calarge et al., 2017; Serretti & Mandelli, 2010). Es empfiehlt sich eine Rücksprache bzw. Koordination mit entsprechenden Fachärzt:innen.

6.6.1 Aufmerksamkeits-Defizit-Hyperaktivitäts-Syndrom (ADHS)

Frauen mit ADHS haben ein 3,6-mal höheres Risiko an einer klinischen oder subklinischen Essstörung zu erkranken und ein 5,6-mal höheres Risiko eine klinische oder subklinische Bulimie zu entwickeln. Bei Erwachsenen und Kindern kann darüber hinaus ein erhöhtes Risiko für Essanfälle mit anschließendem Erbrechen, kontrolliertes Überessen, emotionsregulierendes Essverhalten sowie eine übermäßige Beschäftigung mit dem Essen beobachtet werden. Da sich ADHS-Symptome bei Frauen oftmals anders manifestieren als bei Männern, wird die Störung seltener diagnostiziert, weshalb Betroffenen weniger Unterstützung zukommt. Es wird davon ausgegangen, dass Essen eine maladaptive Strategie darstellt, um mit Gefühlen oder Belastungen umzugehen (Biederman et al., 2007; El Archi et al., 2020; Nazar et al., 2014).

Durch ADHS verlieren sich Betroffene häufig in Raum und Zeit und vergessen dabei Pausen einzuhalten oder Mahlzeiten einzunehmen. Das Fehlen von Nährstoffen aber auch die emotionale Erschöpfung können emotionsregulierendes Essverhalten fördern. Das Erarbeiten von SOS-Strategien bei Heißhunger, wie etwa das Erstellen einer Snackliste, das Zusammenstellen einer Liste mit schnellen Gerichten oder Vorkochen, können geeignete Strategien für Betroffene sein. Darüber hinaus ist das Erarbeiten einer Mahlzeiten- und Kochroutine empfehlenswert. Hierbei ist es besonders wichtig, einfache Gerichte auszuwählen. Empfehlenswert sind 5–8 Rezepte, deren Zutaten immer zu Hause sind und die schnell und ohne großen Kochaufwand zuzubereiten sind.

Der Umgang mit Emotionen und das Lernen von Strategien zur Emotionsbewältigung stellen neben dem klassischen Therapieinhalten bei ADHS essentielle Bausteine in der Therapie dar.

Medikamentöse Therapie: Die zur Behandlung von ADHS verwendeten Psychostimulanzien wirken auf das dopaminerge und noradrenerge System, was zu einer verbesserten Funktion des Frontallappens führt und folglich die Symptome (unter anderem auch Essdrang oder ungehemmtes Essen) bei ADHS verbessern kann. Es wird vermutet, dass die Medikation auf diese Weise sowie durch die appetithemmende Nebenwirkung die Beziehung zwischen ADHS und Mehrgewicht moderieren kann (Hasnain & Vieweg, 2013).

6.6.2 Posttraumatische Belastungsstörung (PTBS), Traumata

Überwältigende Lebensereignisse und Traumata sind Risikofaktoren für die Entstehung eines ungesunden Essverhaltens, wie etwa Binge Eating. Schon bei Babys oder Kleinkindern können akute und/oder chronische Belastungssituationen eine veränderte Aktivität in der HPA-Achse hervorrufen. Dies führt in Folge zu einer vermehrten Produktion von Fettgewebe sowie stressinduziertem Essen (Palmisano et al., 2016). Eine besondere Rolle dürfte in diesem Zusammenhang das Hormon Ghrelin spielen, welches bei Betroffenen chronisch erhöht ist und zu mehr Hunger führt (Mani & Zigman, 2017). Besonders sensibel dürfte hierbei die vorgeburtliche Zeit sein. Chronischer oder akuter Stress oder die Unterversorgung mit Nährstoffen können massive und langanhalte Auswirkungen auf das spätere Leben haben (Sominsky & Spencer, 2014).

Traumata können als Reaktion auf einschneidende Lebensereignisse entstehen. Gleichzeitig können sich Traumata auch als Reaktion auf Entwicklungstraumata (emotionale Vernachlässigung, Einsamkeit) oder soziale Traumata (Diskriminierung, Stigmatisierung, Mobbingerfahrungen ...) manifestieren. Eine Metastudie mit über 70 Studien und mehr als 306.583 Teilnehmer:innen untersuchte den Zusammenhang zwischen Körpergewicht und traumatischen Lebensereignissen. Die Metaanalyse stützte bisherige Forschungsergebnisse, die zeigen, dass traumatische Lebensereignisse ein Risikofaktor für die Entwicklung eines ungesunden Essverhaltens wie etwa Binge Eating darstellen. 87 % der untersuchten Studien zeigten einen Zusammenhang zwischen einschneidenden Life Events und der Entstehung der Binge-Eating-Störung. In 85 % der Studien konnte ein Zusammenhang zwischen traumatischen Lebensereignissen, einer posttraumatischen Belastungsstörung und der Binge-Eating-Störung hergestellt werden. 90 % der untersuchten Studien zeigen einen engen Zusammenhang zwischen zwischen Binge Eating und erlebten Traumata (Palmisano et al., 2016).

Die Escape Theory geht davon aus, dass das Essverhalten einen Ausweg aus unangenehm erlebten Gefühlzuständen darstellt. Es wird davon ausgegangen, dass es unter dem Vorhandensein von unangenehmen Emotionen zu einer reduzierten Wahrnehmung des Selbst sowie einer reduzierten kognitiven Funktionsfähigkeit kommt. Dieser Shift zu einem niedrigeren Level an Selbstwahrnehmung dürfte ähnlich wie ein dissoziativer Bewusstseinszustand sein. Da dieser Zustand zur Enthemmung führt, wird das Essen oder Überessen begünstigt (Palmisano et al., 2016). In Studien konnte ein Zusammenhang zwischen der Binge-Eating-Störung, PTBS und dissoziativen Zuständen aufgezeigt werden.

Neben einer spezifischen traumafokussierten Therapie oder der Therapie der PTBS sollte der Zusammenhang zwischen Essanfällen und dem Trauma in Form einer Psychoedukation erläutert werden. Im Vordergrund steht die Entwicklung eines Verständnisses für das eigene Essverhalten. Meiner Erfahrung nach kann dieses Wissen zu einer Entlastung bei Klient:innen führen, die Essanfälle oftmals auf das eigene Versagen zurückführen.

Bei mehrgewichtigen Klient:innen liegen nicht selten soziale Traumata in Form von Diskriminierung und Stigmatisierung sowie Mobbing vor (Palmisano et al., 2016). Hier sind das Aufarbeiten des Körperbildes über die Lebensspanne und die Aufarbeitung von diskriminierenden Erlebnissen ein wichtiger Therapiebaustein.

Aus ernährungspsychologischer Sicht besonders wichtig ist der Aufbau einer Essroutine und Mahlzeitenstruktur.

6.6.3 Borderline Persönlichkeitsstörung

Die Borderline-Persönlichkeitsstörung gilt als Persönlichkeitsstörung mit einer auffallend hohen Prävalenz für Essstörungen. Im Zusammenhang mit der Borderline-Persönlichkeitsstörung zeigt die Anorexia nervosa eine Prävalenz von 22 bis 25 % und die Bulimia nervosa eine Prävalenz von 28 %. Bei der Borderline-Persönlichkeitsstörung dürfe das Essverhalten eine Strategie zur Emotionsbewältigung darstellen (Chen et al., 2009; De Paoli et al., 2020; Sansone & Sansone, 2011). Purging-Verhalten führt beispielsweise zur Erschöpfung und Ermüdung, welches in Folge intensive Gefühle wie Wut oder Ärger abdämpfen kann (Sansone & Sansone, 2011).

Neben der klassischen störungsspezifischen Therapie bei Borderline steht vor allem eine regelmäßige Mahlzeitenstruktur im Vordergrund. Ähnlich wie bei ADHS-Betroffenen verlieren sich Klient:innen mit Borderline-Persönlichkeitsstörung häufig in Raum und Zeit und vergessen dabei, Pausen einzuhalten oder Mahlzeiten einzunehmen. Das Erarbeiten von SOS-Strategien bei Heißhunger, das Erstellen einer Snackliste oder Vorsorge im Sinne des Einkaufs von hochwertigen Tiefkühlprodukten als SOS-Strategie können für Betroffene hilfreich sein.

Besonders hilfreich ist bei Borderline-Patient:innen das Verständnis um den Zusammenhang zwischen der Symptomatik und dem Essverhalten. Das Wissen um auslösende und aufrechterhaltende Faktoren kann im Sinne der Prävention von ungesunden Essverhaltensweisen hilfreich sein. So durfte ich Patient:innen kennen lernen, bei denen das Auslassen von Mahlzeiten eine Negativspirale an intensiven und unangenehmen Emotionen aktivierte, während ausreichend Selbstfürsorge, Achtsamkeitsübungen oder auch eine regelmäßige Nahrungsaufnahme dabei half, das emotionale Befinden (und in Folge das Essverhalten) zu stabilisieren.

6.6.4 Depressionen

Zwischen Depressionen und einem gestörten Essverhalten scheint es einen hohen wechselseitigen Zusammenhang zu geben. Als Risikofaktoren für die Entstehung von Depressionen in Zusammenhang mit einem gestörten Essverhalten werden Körperunzufriedenheit, ein niedriger Selbstwert und wenig soziale Unterstützung gesehen (Santos et al., 2007). Daraus ergibt sich die Wichtigkeit der Körperbildarbeit bei depressiven Personen sowie die Arbeit mit dem Selbstwert.

Auf der anderen Seite kann maladaptives Essverhalten als Strategie zur Emotionsregulation gesehen werden. Restriktives Essverhalten sowie emotionsregulierendes Essverhalten können bei depressiven Personen beobachtet werden. Restriktive Verhaltensweisen werden dabei primär dazu genutzt, um unangenehme Emotionen vorzubeugen, während Binge. oder Purge-Verhaltensweisen eher genutzt werden, um unangenehme Empfindungen zu reduzieren (Brausch & Gutierrez, 2009; Prefit & Szentagotai-Tătar, 2018; M. Santos et al., 2007).

Das Erlernen eines gesunden Essverhaltens und das Ablegen von gezügeltem Essverhalten sind wichtige Therapiebausteine. Darüber hinaus ist das Erarbeiten einer Mahlzeitenroutine empfehlenswert. Gerade in akuten depressiven Episoden fällt es Betroffenen schwer zu kochen, sich essen zuzubereiten oder einkaufen gehen. Alleine das Schälen von Karotten und das Kochen von Suppe kann oftmals ein zu hoher Energieaufwand sein. Ich empfehle, gemeinsam mit Klient:innen einfache Gerichte zu erarbeiten und festzulegen. Empfehlenswert sind 5–8 Rezepte, die schnell und ohne großen Kochaufwand zuzubereiten sind. Außerdem sind vollwertige und nährstoffreiche Tiefkühlprodukte, wie es sie bei einigen Herstellern gibt, besonders in Phasen von starken Episoden hilfreich. Gleichzeitig kann die Analyse der aufrechterhaltenden und verstärkenden Faktoren äußert essentiell für die Therapie sein. Überforderung oder fehlende Erholung kann beispielsweise depressive Episoden verstärken, was wiederum zu Essdrang führen kann.

6.6.5 Angststörungen

Auch zwischen Angststörungen und Essverhalten zeigt sich ein hoher Zusammenhang. Angststörungen haben eine hohe Komorbidität mit Essstörungen mit einer Lebenszeitprävalenz von bis zu 60 % in Anorexia nervosa und Bulimia nervosa (Godart et al., 2003; Kaye et al., 2004). Das maladaptive Essverhalten dürfte das Resultat von Verhaltensweisen sein, die Sicherheit vermitteln sollen (safety seeking).

Safety Behaviors werden bei Betroffenen eingesetzt, um die Kontrolle zu behalten und Sicherheit zu schaffen. Dies wird durch Studien bestätigt, die zeigen, dass die Angststörung der Essstörung vorhergeht (Kaye et al., 2004; Kerr-Gaffney et al., 2018; Pallister & Waller, 2008). Langfristig können diese dazu führen, dass sich das Störungsbild durch starkes Vermeidungsverhalten verschlimmert oder aufrechterhalten wird.

Die störungsspezifische Therapie kann hierbei durch mit den zu Beginn des Kapitels beschriebenen störungsübergreifenden Empfehlungen ergänzt werden. Besonders wichtig scheint hier die Psychoedukation zum Verständnis des Essverhaltens sowie die Besprechung der aufrechterhaltenden Faktoren.

6.6.6 Hochsensibilität

Obwohl die Hochsensibilität keine psychische Störung darstellt, sei sie an dieser Stelle erwähnt, da auch hier ein Zusammenhang mit Binge-Verhaltensweisen beobachtet wird. Hochsensible Personen nehmen mehr Reize in der Umwelt war als andere Personen, wobei sie in der Regel zeitgleich weniger Coping-Strategien zur Verfügung haben. Binge-Verhaltensweisen stellen eine passive Regulationsstrategie dar, die hochsensiblen Menschen hilft, mit der emotionalen Überforderung umzugehen (Hebert, 2018).

In der Beratung oder Therapie von hochsensiblen Personen steht daher die Emotionsregulation und das Erarbeiten von Bewältigungsstrategien im Vordergrund.

7 Fallbeispiele

Die folgenden Beispiele basieren auf realen Falldarstellungen. Alle Klient:innen wurden um die Zustimmung gebeten. Zur Wahrung der Anonymität wurden für die Falldarstellung unwesentliche Details verändert, weggelassen oder ergänzt.

7.1 Frieden mit Ernährung schließen mit B.

7.1.1 Erstgespräch

Die Klientin wurde aufgrund ihres Leidensdrucks in Zusammenhang mit ihrem Essverhalten vorstellig. Nach eigenen Angaben würde sie sich ständig mit dem Thema Ernährung beschäftigen. Zum Vorstellungszeitpunkt war die junge Frau Anfang 30, hatte ein Studium in einem Gesundheitsberuf absolviert und ging einer Beschäftigung nach, die ihr Spaß machte. Ärztliche Untersuchungen werden nach Angaben der Patientin in regelmäßigen Abständen durchgeführt. Es gibt keine vorliegenden Diagnosen, Erkrankungen oder Beschwerden.

Die junge Frau erzählte mir, dass sie sich schon mehr als 20 Jahre mit ihrem Körper beschäftigte. Sie war nach eigenen Angaben nie wirklich dünn. Die Sehnsucht nach einem dünnen Körper begleitete sie ihr Leben lang.

Aus ihrer Kindheit waren ihr vor allem die Botschaften »*Geh mehr raus, iss nicht so viele Süßigkeiten* oder *iss auf*« in Erinnerung geblieben. Die Beziehung zu der eigenen Familie und die eigene Kindheit werden als schwer beschrieben und war durch das Übernehmen von Verantwortung in jungen Jahren geprägt. So musste sich die junge Frau schon als Kind um die Geschwister kümmern oder Essen zubereiten, während die Eltern arbeiten waren. Zum aktuellen Zeitpunkt besteht eine neutrale Beziehung zu den Eltern. Bei Besuchen bestehe zum Teil eine angespannte Beziehung. Vor allem die Beziehung zu der Mutter wird als schwierig beschrieben. Das Verhältnis zu den Geschwistern sei gut.

Die junge Frau befindet sich seit mehreren Jahren in einer Beziehung, die sie als gut bezeichnet. Der Partner wird als sehr unterstützend und liebevoll beschrieben. Auch das soziale Netzwerk wird als unterstützend erlebt.

Die Klientin beschreibt, sich hin und her gerissen zu fühlen zwischen ihrem Kopf und ihrem Verhalten. So sagt sie, dass sie eigentlich keine Lust auf die Schokolade habe, sie aber dennoch esse. Dies führe zu einem Unverständnis dem eigenen Verhalten gegenüber. Die junge Frau beschreibt gerne ein intuitives und achtsames Essverhalten erlernen zu wollen. Hierzu hatte sie sich nach eigenen Angaben bereits mit dem Thema beschäftigt, was ihr sehr geholfen habe. Sie gab an, ihre Hunger- und Sättigungssignale besser wahrzunehmen, Alternativen zu Essdrang entwickelt zu haben oder etwa gelernt zu haben, sich mit ihren Glaubenssätzen zu beschäftigen.

Die junge Frau beschreibt den Wunsch ein gesundes Essverhalten zu entwickeln. Gleichzeitig schildert sie ihre große Angst vor dem Zunehmen. Der Wunsch, Körpergewicht zu reduzieren, ist präsent, jedoch sei dieser nicht mehr so groß wie früher. Dennoch sei da diese innere Sehnsucht, schlanker zu sein.

Die junge Frau hat sich nach eigenen Angaben schon äußerst lange mit dem Thema Ernährung beschäftigt. Von Low Carb über Intervallfasten bis hin zu Paleo und Veganismus habe sie alles ausprobiert und über einige Zeit lange verfolgt. Die Klientin scheint einiges an Wissen über Ernährung zu haben. Besonders auffallend ist die davon begleitete innere Zerrissenheit. Bei der veganen Ernährung wurden Kohlenhydrate als positiv und gut beschrieben, während bei der Low-Carb- oder Paleo-Ernährung Kohlenhydrate beinahe komplett zu meiden waren. Durch die unterschiedlichen Ernährungskonzepte zeigt sich eine enorme Verwirrung darüber, was nun *gesund* sei und was nicht.

Aktuell nimmt die junge Frau drei Mahlzeiten pro Tag ein. Die erste Mahlzeit findet um 11.00 Uhr statt. Als Beispiele für typischerweise eigenommene Frühstücke nennt die Klientin Joghurt mit Obst und Haferflocken, ein Brötchen mit Butter, Marmelade sowie Käse, ein Croissant oder ein Butterbrot mit Schnittlauch und Ei. Die nächste Mahlzeit findet gegen 14.00 oder 16.00 Uhr statt. Hierbei handelt es sich meist um eine im Supermarkt gekaufte Mahlzeit wie etwa eine Bowl oder ein Salat. Gegen 20.00 oder 21.00 Uhr finde das Abendessen statt. Abends würde die Klientin zu Hause kochen. Beispiele für Gerichte sind Nudeln mit Sauce, Pizza, Fisch mit Kartoffeln, Reis und Gemüse oder asiatische Nudelgerichte.

Abseits von den Mahlzeiten beschreibt die junge Frau abendlichen Essdrang. Als mögliche Auslöser nennt sie Stress, Überforderung oder Tage, an denen sie wenig für sich selbst tun würde. Lesen, Yoga, Spazieren gehen, Malen, Meditieren, Unternehmungen mit Freunden oder Bewegung zählen zu den Hobbys der jungen Frau.

Die Klientin sehnt sich nach einer neutralen Beziehung zum Essen. Statt ständigen Gedanken rund um das Essen, möchte die Frau ohne schlechtes Gewissen genießen können und Ernährung mit Leichtigkeit begegnen. Ernährung soll die Gedanken nicht mehr einnehmen. Außerdem soll ein neutraler Umgang mit dem eigenen Körper erlernt werden. Besonders die Förderung der eigenen Gesundheit scheint im Vordergrund zu stehen.

7.1.2 Persönlicher Eindruck (Psychopathologischer Befund)

Die junge Frau ist auffällig bunt und fröhlich gekleidet, hat einen freundlichen und offenen Gesichtsausdruck, lacht viel und strahlt eine gewisse Lebensenergie aus. Im Kontakt ist sie sehr offen, mitteilungsbereit und reflektiert. Sie ist selbstkritisch, kann jedoch Fortschritte und Erfolge benennen. Sie ist bewusstseinsklar und orientiert. Der Leidensdruck im Zusammenhang mit dem Thema ist deutlich spürbar, obwohl die Klientin gleichzeitig eine optimistische Zukunftshaltung zeigt.

7.1.3 Problemanalyse

Aus dem Anamnesegespräch von Frau B. lassen sich folgende Problembereiche unterscheiden:

- Verkopftes Essverhalten: Die ständige Beschäftigung mit dem Essen und Fragen rund um Ernährung lösen eine deutliche Belastung aus. Die Klientin hat in der Vergangenheit durch das Absolvieren von Diäten eine große Anzahl unterschiedlicher Ernährungslisten befolgt, die ein widersprüchliches Bild von Ernährung vermittelt haben. Dies äußert sich aktuell in einer Verwirrung, einer inneren Zerrissenheit und einer psychischen Belastung sowie Angst aufgrund der falschen Ernährung zuzunehmen.
- Negatives Körperbild: Die Klientin zeigt eine negative Körperwahrnehmung sowie eine negative Beziehung zu dem eigenen Körper. Die Belastung durch den Körper und die Sehnsucht nach einem schlankeren Körper scheinen durchaus vorhanden zu sein. Gleichzeitig kleidet sich die junge Frau auffällig und bunt und kann sich gedanklich von Abnehmvorhaben distanzieren. Die Förderung der Gesundheit hat für die Frau einen größeren Stellenwert als die Reduktion des Körpergewichtes.

7.1.4 Therapieplan

Verkopftes Essverhalten und Ernährung: Einzelne Wissensfetzen rund um Ernährung gemeinsam hinterfragen, um eine Ordnung und Struktur in Ernährungsfragen zu bringen. Ernährungsfragen und Lebensmittel sollen dabei nicht mehr dogmatisch, sondern vielschichtiger gesehen werden können. Der Fokus bei Ernährungsentscheidungen liegt bei der Klientin aktuell meist im Kopf (was esse ich, wann esse ich, wie viel esse ich), weshalb der Fokus für Ess-Entscheidungen mit Genusstraining und Achtsamkeitsübungen weg vom Kopf und hin zu dem Spüren und Wahrnehmen von Körpersignalen gelenkt werden soll. Ziel ist es Ernährungsentscheidungen nicht nur alleine mit dem Kopf, sondern auch in Übereinstimmung mit den Körpersignalen zu treffen.

Körperbild: Im Zusammenhang mit dem Körperbild zeigt sich eine negative Bewertung und ein negativer Zugang. Im Zuge der Therapie sollen Bewertungen im Zusammenhang mit dem Körper und Körpergewicht über die Lebensspanne aber auch in konkreten Situationen erarbeitet und gemeinsam reflektiert werden. Körperorientierte Übungen, sowie Achtsamkeitsübungen sollen dabei helfen, einen neutraleren bis positiveren Umgang mit dem eigenen Körper zu kultivieren. Außerdem sollen emotionsfokussierte Übungen zum Einsatz kommen.

7.1.5 Behandlungsverlauf

Abseits vom Erstgespräch fanden insgesamt 10 Termine über einen Zeitraum von 5 Monaten mit der Klientin statt. Zu Beginn waren die Termine 14-tägig angesetzt, gegen Ende wurde das Intervall verlängert. Zwischen den letzten beiden Terminen befand sich ein Monat Abstand. Im letzten Gespräch fand ein gemeinsamer Abschluss statt, in dem die Fortschritte und die Zusammenarbeit reflektiert wurden.

Zu Beginn der Zusammenarbeit wurde die Beziehung zu Ernährung gemeinsam beleuchtet und definiert. Hierbei konnten einige Glaubenssätze oder Bewertungen im Zusammenhang mit Ernährung identifiziert werden. So formulierte die Klientin beispielsweise folgende Glaubenssätze: »*Ernährung ist Medizin und bestimmte Dinge passen nicht dazu, z. B. Weizen, Hülsenfrüchte und Getreide*«, »*Milch brauchen Menschen nicht, also soll ich sie nicht trinken*«, »*Fastenzeiten sind sehr gesund*«. Gleichzeitig wurden Herausforderungen im Zusammenhang mit diesen Glaubenssätzen oder Bewertungen besprochen. So gab die junge Frau an, dass es gesund sei Fastenzeiten bzw. Essenspausen von mehreren Stunden einzuhalten. Gleichzeitig schilderte die junge Frau, dass ihr Hunger vor Mahlzeiten so groß sei, dass sie das Essen mit einem großen Esstempo und in kürzester Zeit aufessen würde. Die Verbindung der beiden Ereignisse half der Frau, den Glaubenssatz zu hinterfragen. So wurden die genannten Glaubenssätze anhand des sokratischen Dialogs gemeinsam hinterfragt.

Außerdem wurde direkt zu Beginn des therapeutischen Prozesses der Begriff *gesunde Ernährung* näher beleuchtet. Statt einer Bewertung von Lebensmitteln in *gesund* und *ungesund* aufgrund ihrer Nährstoffe, wurde an einer neuen, passenden und die Therapieziele unterstützenden Definition von gesunder Ernährung gearbeitet. Die Klientin definierte gesunde Ernährung für sich neu:

- den Körper mit Nährstoffen versorgen,
- genussvoll essen
- Balance zwischen Körpersignalen und Kopf sowie
- Verträglichkeit

Dieses Bild ihrer gesunden Ernährung half der Klientin schon bis zur nächsten Sitzung einen anderen Zugang zu Ernährung zu entwickeln. Auch der abendliche Essdrang verschwand.

In der ersten Phase der Zusammenarbeit kam es zu einer kleinen Gewichtszunahme, die bei der Klientin Angst auslöste. Sie berichtete von ihrer Diätmentalität, die aktiv wurde. Gemeinsam thematisierten wir die Angst und analysierten Situationen, in denen die Diätmentalität besonders aktiv war. Das half der Klientin dabei, Skills zu entwickeln, um mit der Diätstimme umzugehen.

Die Klientin machte rasche Fortschritte im Umgang mit der Diätmentalität, sodass diese schon nach kurzer Zeit beinahe verschwunden war. Um eine Sicherheit zu entwickeln und die Körpersignale der jungen Frau zu stärken, führten wir gemeinsam Genuss- und Achtsamkeitsübungen durch, die der jungen Frau dabei helfen sollten, ihre Hunger- und Sättigungssignale besser spüren zu lernen. Die Übungen wurden von der neugierigen Frau stets gut angenommen und in den

Alltag integriert. Schon bald konnte die junge Frau ihre Körpersignale deutlicher spüren und begann die Nahrungsaufnahme nach diesen zu richten.

Während des Therapieverlaufes ergaben sich immer wieder Phasen, in denen es nach Angaben der Klientin schlechter lief. In diesen Phasen analysierten wir, was genau schlechter lief. Die ganzheitliche Betrachtung der Lebenssituation half dabei immer die Auswirkungen auf das Essverhalten zu verstehen. So berichtete die junge Frau beispielsweise von dem bevorstehenden Sommerurlaub, der Gedanken an Sommer, Strand und Bikini hochbrachte. Das wiederum aktivierte Ängste. Das Verständnis für unterschiedliche Trigger und Einflussfaktoren auf das Essverhalten half der jungen Frau dabei, diese besser einzuordnen und mit ihnen umzugehen.

Um die Beziehung zum Körper näher zu betrachten, führten wir körperorientierte Übungen sowie Achtsamkeitsübungen zum Selbstmitgefühl nach Neff durch. Nach einigen Sitzungen gelang es der Klientin, zunehmend besser wahrzunehmen, was bestimmte Gedanken, Bewertungen oder Glaubenssätze in ihr auslösten. Sie begann zunehmend aktiver mit den Glaubenssätzen zu arbeiten. So gelang es ihr beispielsweise eine neutralere Beziehung zu Sport zu entwickeln. Sie begann Bewegung nicht mehr als *Muss* zu sehen und führte keine Bewegungseinheit mehr aus *Muss* durch. Stattdessen standen Spaß und Freude an der Bewegung im Vordergrund.

Der Sommerurlaub schaffte ein positives Erlebnis für die junge Frau und bestärkte sie in ihrer Beziehung mit dem Körper. Es gelang ihr, sich neue Bikinis zu kaufen, sich darin wohlzufühlen und sich mit den Bikinis am Strand zu zeigen.

Im Herbst zeigte sich ein Rückschlag. Dafür verantwortlich war ein Arzttermin. Bei der Routineuntersuchung erlebte die junge Frau eine Stigmatisierung durch eine Aussage ihrer Untersuchungsärztin, die sie, ohne einen Blick in die Befunde zu werfen, beurteilte und Rückschlüsse auf ihr Bewegungsverhalten zog. Obwohl diese Situation ein Rückschlag war und die junge Frau damit zu kämpfen hatte, konnte sie mit Freude feststellen, dass sie dieses Erlebnis nicht mehr so stark aus der Bahn warf, wie es eventuell vor einigen Monaten noch der Fall gewesen wäre. Sie zeigte sich stabiler, konnte sich schneller wieder erholen und die Gedanken wieder in eine positive Richtung lenken. Ihre Ängste in Zusammenhang mit Arztgesprächen thematisierten wir in den gemeinsamen Sitzungen. Anstehende Arztgespräche bereiteten wir gemeinsam vor und übten in Rollenspielen Grenzen zu ziehen. Die kommenden Arzttermine, die sehr positiv verliefen, halfen der kerngesunden jungen Frau, ihre Ängste vor Ärzt:innen zu bewältigen und sich sicherer zu fühlen.

Gegen Ende der gemeinsamen Zusammenarbeit suchte sich die Klientin kleine Challenges aus, die sie im Alltag umsetzte. Hierbei ging es vor allem darum, die Ängste vor Bewertungen durch andere abzulegen.

Die Klientin zeigte einen neutraleren oder positiveren Zugang zu Ernährung, war in der Lage ihre Körpersignale besser zu spüren, hatte eine positivere Beziehung zu sich selbst entwickelt und lernte, mit ihren Ängsten und der eigenen kritischen Stimme umzugehen. Gemeinsam beschlossen wir die gemeinsame Zusammenarbeit zu beenden.

Im Jahr 2023 und damit ein Jahr nach Beendigung der Therapie erfolgte eine Kontaktaufnahme mit der Klientin, um sie nach ihrer Zustimmung zur Falldarstellung zu fragen. Ca. ein Jahr nach dem gemeinsamen Abschluss waren das Essverhalten und die Beziehung zum Selbst nach wie vor stabil. Die Klientin nimmt wahr, wenn bestimmte Life Events das Essverhalten beeinflussen und kann damit nach eigenen Angaben gut und konstruktiv umgehen.

7.2 Gewichtsstigmata aufarbeiten mit S.

7.2.1 Erstgespräch

Als ich Frau S. kennen lernte, war sie 17 Jahre alt. Die Terminvereinbarung erfolgte ursprünglich durch die Eltern. S. befand sich zu dem damaligen Zeitpunkt im vorletzten Schuljahr und nahm das Erstgespräch gemeinsam mit der Mutter wahr. Vor einigen Monaten äußerte S. gegenüber ihren Eltern, dass sie gerne etwas abnehmen würde. Daraufhin vereinbarten die Eltern einen Termin bei der örtlichen Krankenkasse, die verschiedenste Gesundheitsangebote für Versicherte zur Verfügung stelle. Von da an hatte S. regelmäßige Termine mit der betreuenden Ärztin sowie mit einer Ernährungstherapeutin. Die Beziehung zur Ernährungstherapeutin wurde als sehr gut und sehr positiv beschrieben. S. habe sehr viel über Ernährung gelernt und zum ersten Mal in ihrem Leben Ernährungswissen verständlich vermittelt bekommen. Die Beziehung zur betreuenden Ärztin stellte sich anders da. S. wurde bei den 14-tägigen Terminen regelmäßig gewogen und nach eigenen Angaben durch die Ärztin gemaßregelt. S. wurde angehalten, mehr Sport zu treiben und weniger zu essen. Sie solle sich Sportarten aussuchen, die möglichst viele Kalorien verbrennen würden. Wenn sie so weitermachen würde, so die Ärztin, würde sie einen Herzinfarkt bekommen, früher sterben und krank werden. Die Mutter bestätigte die Schilderungen ihrer Tochter. Die Zeit mit der Ärztin wurde von S. sehr belastend wahrgenommen. Vor jedem Termin hatte sie nach eigenen Angaben Angst, da sie wusste, dass sie erneut auf die Waage steigen sollte. Die Angst, sterben zu müssen oder wegen dem Körpergewicht krank zu werden, löste mit der Zeit Panikattacken aus.

Bewegung verwandelte sich über die Zeit von einem Hobby zu einem belasteten und konfliktreichen Thema. Nachdem die Lust an Bewegung nachgelassen habe, nahm S. immer seltener an Bewegungseinheiten teil. Dies führte zu Konflikten mit den Eltern, die die Sporteinheiten finanzierten. Der innere Widerstand gegen Bewegung und die regelmäßigen Konflikte mit den Eltern führten zu einer größer werdenden Belastung im Zusammenhang mit dem Thema Sport.

S. hat einen jüngeren Bruder. Die Beziehung zwischen den Geschwistern ist laut S. durchwachsen. Eine besondere Nähe bestehe zwischen den beiden nicht, aber auch keine große Distanz. Es zeigte sich ein Rivalitäts- und Ungerechtigkeitsdenken gegenüber dem Bruder, welches S. auf das Körpergewicht zurück führte. Während der Bruder des Öfteren nach seiner schulischen Leistung gefragt wurde, wurde S. nach ihren Abnehmvorhaben gefragt. S. ist eine ehrgeizige Schülerin mit guten Noten, die nach eigenen Angaben nicht für ihre Leistung und mit ihren Bedürfnissen gesehen wurde. Sie hatte das Gefühl, dass sie als dickes Mädchen weniger wert sei.

S. hat eine enge und intensive Beziehung zu den Eltern. Sie unternehme regelmäßig etwas mit ihnen, würde mit den Eltern über alles reden und habe auch bei den Eltern auch immer ein offenes Ohr. Auf der anderen Seite berichtet S. in einem weiteren Gespräch über Grenzüberschreitungen seitens der Mutter. Diese würde ungefragt in das Zimmer von S. gehen und diese in weiterer Folge ansprechen, wenn das Zimmer unordentlich sei oder sie Verpackungen von Süßigkeiten im Zimmer finde. Dies führe dazu, dass S. zunehmend heimlich esse, sich Süßigkeiten heimlich kaufe und in ihrem Zimmer aufbewahre, sodass die Eltern auch nicht sehen würden, wenn sie sich etwas zu essen hole. Auch der Körper, die Kleidung oder das Essverhalten würde von der Mutter öfters kommentiert werden. Diese Art der Grenzüberschreitung führe regelmäßig zu Streit zwischen den beiden. Die Beziehung zu dem Vater beschreibt die Klientin als einfach und unkompliziert. Der Vater ist hochgewichtig. Seitens der Großeltern zeigen sich Grenzüberschreitungen in Form von starken stigmatisierenden Kommentaren und Handlungen.

S. gibt an, die Hunger- und Sättigungssignale nicht deutlich zu spüren. Es zeigen sich ein gezügeltes Essen, Essanfälle sowie Überessen. Die Mahlzeitenaufnahme ist unregelmäßig und findet nach Angaben der Klientin 2-mal täglich statt, wobei eine Mahlzeit mit der Familie abends eingenommen würde. Das Essen in der Familie wird als unangenehm beschrieben, da dieses zum Teil von den Eltern kommentiert würde. Dies wäre insbesondere der Fall, wenn sich S. eine zweite Portion holen würde oder wenn es um Süßigkeiten ginge.

S. leidet unter Gedankenkreisen. Sie unternehme gerne Aktivitäten mit Freunden. Ansonsten zeigt S. ein Vermeidungsverhalten. Obwohl ihr beispielsweise eine Kampfsportart sehr viel Spaß mache, gibt es innere Hemmungen die Sporteinheiten aufzusuchen. S. komme außer Puste oder müsse sich sehr stark überwinden zur Sporteinheit zu fahren. Reiten habe ihr früher viel Spaß gemacht, jedoch habe sie die Sportart aufgrund des Gewichtes aufgegeben.

Die junge Frau gibt an, sich gut, hübsch und liebenswert zu finden. Einzig die Kommentare von außen würden ihr das Gefühl geben, nicht richtig zu sein.

7.2.2 Persönlicher Eindruck (Psychopathologischer Befund)

S. ist eine freundliche und sanftmütige junge Frau mit viel Energie und stark ausgeprägten sozialen Werten. Nach außen wirkt sie selbstbewusst und eloquent. Im Kontakt ist sie sehr offen, mitteilungsbereit und reflektiert. Sie ist selbstkritisch, kann jedoch Fortschritte und Erfolge benennen und nimmt Impulse und kritische Fragen stets an. Sie kommt stets vorbereitet in die Einheiten, macht sie zwischen den Stunden Notizen und kann formulieren, was sie braucht. Allgemein wirkt die junge Frau bedrückt und nachdenklich.

7.2.3 Problemanalyse

Aus dem Anamnesegespräch von Frau S. lassen sich folgende Problembereiche unterscheiden:

- Körper und Gewichtsstigmata: S. leidet sehr stark darunter, dass das eigene Körpergewicht in der Familie ein großes Thema einnimmt und sie selbst auf das Körpergewicht reduziert würde. Es zeigen sich Glaubenssätze wie »*Ich sollte nichts essen*«, »*Mehrgewichtige sollen nichts essen*«, »*Ich darf keinen Hunger mehr haben*«. S. zeigt ein ausgeprägtes Bedürfnis nach Fürsorge und Anerkennung, insbesondere von den Eltern. Darüber hinaus zeigt sich auch eine Überkompensation bei Grenzüberschreitungen seitens der Eltern in Form eines Trotzverhaltens, bei dem S. aus Provokation gewisse Lebensmittel isst. Außerdem zeigt sich heimliches Essen und eine Scham vor anderen Personen zu essen, was dazu führt, dass S. oftmals nichts oder heimlich im Zimmer isst. Gewichtsstigmata führen zu internalisierten Überzeugungen mit selbstwertreduzierenden Glaubenssätzen. Auch das Bewegungsverhalten scheint durch die gehäuften negativen und gewichtsverlust-fokussierten Erfahrungen negativ behaftet. Die emotionale Belastung durch internalisierte Gewichtsstigmata ist deutlich spürbar.
- Emotionales Essen: Gedankenkreisen und Verlustängste sowie allgemeine Sorgen belasten die Klientin. Emotionales Essen zeigt sich als Emotionsbewältigungsstrategie.
- Fehlende Essabläufe und Routinen: Es zeigt sich ein unregelmäßiges und einseitiges Essverhalten. Abläufe und Routinen scheinen zu fehlen. Das Wissen rund um Ernährung scheint gegeben, kann jedoch nur mangelhaft im Alltag umgesetzt werden.
- Beziehung zu den Eltern: Die Beziehungsdynamik zu den Eltern stellt sich zum Teil als problematisch dar.

7.2.4 Therapieplan

Aufarbeitung von Gewichtsstigmata: Die Aufarbeitung von erlebten negativen Erfahrungen sowie die Arbeit am Körperbild sollen dabei helfen, die Beziehung zum Selbst zu verbessern.

Stärkung der Persönlichkeit, Körperrespekt und Aufbau von Ressourcen: Der Aufbau von Ressourcen soll die Klientin dabei unterstützen, ihren Selbstwert zu stärken und sich selbst zu behaupten.

Gesundes Essverhalten: Achtsamkeitsübungen sollen dabei helfen, die Körpersignale in den Vordergrund zu rücken und Hungersignale von emotionalen Essauslösern unterscheiden zu lernen. Essabläufe und Routinen sollen aufgebaut werden.

7.2.5 Behandlungsverlauf

Die Zusammenarbeit mit S. umfasste insgesamt mehr als 21 Termine in 15 Monaten. Parallel zu den Sitzungen mit der Klientin wurden Elterngespräche abgehalten.

Dieses Vorgehen wurde von der Klientin befürwortet. Die Inhalte der Gespräche wurden mit der Klientin abgestimmt.

Zu Beginn der psychologischen Therapie war der Fokus auf die Stabilisierung und die Reduktion der Ängste gerichtet. Die Stabilisierungsübungen halfen S. dabei, Gedankenkreisen zu durchbrechen und Sorgen zu reduzieren. Imaginationsübungen wie die *Berg-Meditation*, die Stabilisierungsübung 5–4–3–2–1 oder etwa Atemübungen halfen S. dabei, die Gedanken zu lenken, mit Ängsten umzugehen und eigene Sorgen kritisch zu hinterfragen.

Gleichzeitig war der Fokus zu Beginn sehr stark auf die Aufarbeitung der stigmatisierenden Erlebnisse in Zusammenhang mit dem Körpergewicht gerichtet. Zu Beginn war es der Klientin nicht möglich, für sich selbst einzustehen, aktiv Grenzen zu ziehen oder verbal zu formulieren. Mit zunehmenden Behandlungsverlauf war es S. besser möglich, Ungerechtigkeiten auszudrücken, ohne das Verhalten anderer zu entschuldigen. In einem an die Bezugspersonen gerichteten Brief war es S. ca. 2 Monate später möglich, Verletzungen sowie Gefühle zu artikulieren und Grenzen zu formulieren. Wochen später gelang es S., mit anderen Personen in Austausch zu gehen, Grenzen und Verletzungen zu äußern, ohne Angst davor zu haben andere zu verletzen.

Die Panikattacken zeigten einen Rückgang und waren nach etwa 3 Monaten fast völlig verschwunden. S. zeigte sich zunehmend selbstbewusster und stand zunehmend für ihre Ziele und ihre Vorhaben ein. In Gesprächen mit den Eltern konnte S. ihre Vorhaben zum Teil bereits wenige Monate nach Therapiebeginn artikulieren.

4 Monate nach Beginn der Zusammenarbeit begann die Arbeit am Essverhalten. Gemeinsam wurde das bisherige Wissen rund um Ernährung reflektiert, sortiert und Strategien erarbeitet, das Wissen in den Alltag einzubringen. Wir arbeiteten an Essabläufen, Essroutinen und dem Wahrnehmen von Körpersignalen wie etwa Hunger oder Sättigung. An diesem Punkt waren auch die Essanfälle fast völlig verschwunden. S. lernte ihre Mahlzeit zu beenden, wenn sie keinen Hunger mehr hatte. Ein besonderes Highlight der Klientin war die erlebte Freiheit beim Bestellen von Mahlzeiten. So berichtete sie von einer Situation im Skiurlaub, in der sie sich erstmals einen Germknödel bestellte, ohne sich dabei schuldig und schlecht zu fühlen. Diese Situation stelle ein besonderes Erlebnis für die Klientin dar, da das Bestellen von derartigen Speisen zu Diskussionen innerhalb der Familie führte und in Folge ein beschämendes Gefühl auf Seite der jungen Frau hinterließ. Das Essverhalten wurde regelmäßiger und ausgewogener. Es zeigten sich jedoch weiterhin Grenzüberschreitungen innerhalb der Familie, in der die Nahrungsaufnahme oder die Auswahl von Speisen von einzelnen Familienmitgliedern kommentiert wurde. Der Umgang mit dem Essen vor anderen stellte sich während der gesamten Zusammenarbeit als herausfordernd dar, wobei sich die Belastung im Zusammenhang mit Essen reduzierte.

Nach wenigen Monaten kam es zu einer Häufung von Life Events, darunter familiäre Ereignisse oder etwa der Ausbruch des Ukraine-Krieges. S. zeigte Sorgen, wobei sie in der Lage war, sich selbst zu stabilisieren. Dies war ein Hinweis darauf, dass S. bereits Skills und Strategien beherrschte, um mit ihren Sorgen und Ängsten umzugehen.

Eine weitere sensible Phase stellte der Ernährungsunterricht in der Schule dar, in dem die Risiken von Mehrgewicht auf diskriminierende und stigmatisierende Art und Weise thematisiert wurden. Auch hier zeigte S. ein selbstbewussteres Auftreten als zuvor, wenngleich die Belastung durch die Inhalte Thema in den Sitzungen war.

Mit der Zeit konnte eine Steigerung im Selbstwert und in der Selbstsicherheit beobachtet werden. S. nahm an Partys teil, trug Kleidung, die ihr gefiel, und konnte positive Erfahrungen sammeln.

Das Thema Bewegung war ein durchgehend belastetes Thema. Aufgrund der Verknüpfung von Bewegung mit Abnehmzielen zeigte sich eine Hemmung und ein innerer Widerstand. S. nahm des Öfteren an Bewegungseinheiten teil und konnte mitunter auch positive oder angenehme Erfahrungen sammeln. Sie besuchte das Fitnesscenter mit Freund:innen, mit ihrer Mutter und nahm an Kampfsportklassen teil. Das Nicht-Wahrnehmen von bereits bezahlten Sportangeboten führte jedoch zu wiederholen Diskussionen mit den Eltern, was eine Belastung und einen Druck verursachte. Um derartigen Diskussionen aus dem Weg zu gehen und sich selbst zu entlasten, beschloss die junge Frau Sporteinheiten selbst zu finanzieren.

Nach 14 Monaten kann die Klientin auf ihre Körpersignale hören, der Essdrang sowie die Panikattacken waren nachhaltig verschwunden, das Selbstbewusstsein gestärkt. Auch die Beziehung zu den Eltern wird durch die Klientin als besser beschrieben. Die festgelegten Therapieziele sind erreicht. Die Klientin möchte an ihrem Selbstbewusstsein und an ihrer Beziehung zu dem Thema Bewegung weiterhin arbeiten.

7.3 Die Gesundheit fördern mit F.

7.3.1 Erstgespräch

F. ist 35 Jahre alt, als ich sie kennen lerne. Sie hat warme und strahlende Augen, einen sanften Blick und eine energiegeladene Ausstrahlung. Sie lebt in einer liebevollen und nach eigenen Angaben guten Beziehung, in der es einen Kinderwunsch gibt.

Beruflich geht Frau F. einem Vollzeitjob als Pädagogin nach, den sie sehr liebt und für den sie brennt. Durch das eigene Engagement und den Job gibt es regelmäßig stressige Phasen, die sich auch im Essverhalten widerspiegeln.

Frau F. gibt an, bereits als Kind dick gewesen zu sein. In der Schule sei sie immer dicker gewesen als alle anderen, was auch kommentiert worden sei. Damit sei das Körpergewicht immer Thema gewesen. Den Vater beschreibt F. als hochgewichtig und resistent gegenüber den Vorschlägen der Mutter. Essen spielte in der Familie auch immer eine Rolle.

Mit 14 Jahren habe F. die erste Diät gemacht. Die Mutter habe sie damals unterstützt, als sie weniger als 1000 Kalorien pro Tag gegessen habe. F. gibt an, nie gelernt zu haben, was sie brauche oder was ihr ernährungstechnisch guttun würde.

Das Essverhalten beschreibt sie als sehr verkopft, geprägt durch ein starkes Gesund/ungesund-Denken.

Das Frühstück würde sich F. zu Hause zubereiten und mit in die Schule nehmen. Da das Essen in der Schule etwas schwierig ist, isst sie meistens erst zu Mittag. Regelmäßigkeit gäbe es keine. Mittagessen würde sie in der Kantine oder ebenfalls Mitgebrachtes von zu Hause. Beim Essen zu Mittag habe sie genug Zeit. In den Ferien würde sie sich mehr Zeit und Raum zum Essen nehmen.

Hungersignale würde F. spüren, aber nur, wenn sie sich Zeit dafür nehme. Sättigung hingegen nehme sie weniger gut wahr. Sättigung ginge mit einem Völlegefühl einher. F. gibt an, die Signale eher zu spüren, wenn diese stark seien. Ansonsten beschreibt F. ihre eigene Ernährung als vollwertig und abwechslungsreich. Es gäbe Haferflocken mit Chia-Samen, Naturjoghurt, Obst, Nüssen oder Rosinen, Spinat mit Eiern und Kartoffeln, griechischen Salat, Nudeln mit Gemüse, Ofengemüse oder etwa Couscous-Salat.

Aktuell leide F. an Essdrang und Essanfällen, vor allem unter Stress oder aber bei Langeweile. Hier sei Naschen ein großes Thema. Essdrang sei eher nachmittags oder abends vorhanden.

Die Beziehung zu dem eigenen Körper sei eher negativ. Auch besitze F. eine ausgeprägte innere Kritikerin. Spiegel und das Anblicken des eigenen Körpers vermeidet die junge energiegeladene Frau. Vor zwei Jahren wurde ein Lipödem diagnostiziert. Ansonsten gäbe es keine auffälligen Befunde.

Als Hobbys nennt F. Schwimmen, Spazieren gehen oder Freunde treffen. Ansonsten würde sie viel und gerne arbeiten und Podcasts oder Hörbücher hören.

Als Ziele formuliert F., Hunger und Sättigung wieder wahrnehmen zu können. Außerdem möchte sie emotionale Bedürfnisse von Hunger unterscheiden lernen und Körperrespekt kultivieren.

7.3.2 Persönlicher Eindruck (Psychopathologischer Befund)

Die junge Frau ist meist positiv gestimmt und kommt mit einem Lächeln und freundlichen Augen in die Therapiestunde. Sie hat einen freundlichen und offenen Gesichtsausdruck und strahlt stets eine positive Energie aus. Im Kontakt ist sie offen, selbstkritisch und sehr selbstreflektiert. Sie kann Fortschritte und Erfolge benennen, nimmt Übungen und Impulse gut an und arbeitet auch zwischen den Therapiesitzungen aktiv an den besprochenen Themen. Zu den Einheiten erscheint sie stets vorbereitet, kann formulieren, was sie braucht, und gibt Feedback. Der Leidensdruck im Zusammenhang mit dem Körpergewicht und erlebten Stigmata ist spürbar.

7.3.3 Problemanalyse

Aus dem Anamnesegespräch lassen sich folgende Problembereiche unterscheiden:

- Verkopftes Essverhalten: Frau F. zeigt ein sehr verkopftes Essverhalten, das dazu führt, dass sie Körpersignale weder gut spüren noch die Nahrungsaufnahme da-

nach richten kann. Grundsätzlich besteht eine gute und gesunde Beziehung zum Thema Ernährung, die jedoch sehr kopflastig zu sein scheint.
- Negatives Körperbild: Die Beziehung zum Körper ist seit der Kindheit negativ ausgeprägt. Es gibt familiäre Vorbelastungen, negativ verstärkende Verhaltensweisen der Mutter sowie Mobbingerfahrungen in der Schule.
- Emotionale Kompetenz: F. zeigt eine sehr gute und ausgeprägte emotionale Kompetenz, die sie jedoch meist nach außen zeigt. Bei sich selbst fällt es ihr schwer, Emotionen und Gefühle wahrzunehmen und bedürfnisgerecht zu agieren.

7.3.4 Therapieplan

Verkopftes Essverhalten: Die Ernährung zeigt bei hauptsächlich pflanzlicher Kost wenig Anteil an Eiweiß. Diese sollen im Speiseplan ergänzt werden. Durch Achtsamkeitsübungen sollen Körpersignale wie Hunger, Sättigung sowie Verträglichkeit gestärkt werden, wodurch eine Verlagerung der Essensentscheidungen zurück in eine Balance zwischen Kopf und Körper stattfinden soll. Das dogmatische Denken soll hinterfragt und abgelegt werden. Eine freundvolle Beziehung zu Ernährung soll kultiviert werden.

Emotionale Kompetenz: Übungen zur Wahrnehmung von Emotionen sollen F. dabei helfen, Emotionen bei sich besser wahrzunehmen und bedürfnisgerecht darauf zu reagieren. Darüber hinaus sollen Stressoren im Alltag reduziert und Entspannungsmomente gefördert werden, um Essdrang zu reduzieren.

Körperbild: Die Verarbeitung von erlebten Diskriminierungserfahrungen soll dabei helfen, mit dem Körper Frieden zu schließen. Außerdem sollen Übungen zur Förderung des aktiven Selbstmitgefühls durchgeführt werden, um die Beziehung zum Körper zu stärken.

7.3.5 Behandlungsverlauf

Die Zusammenarbeit mit F. erstreckt sich über 9 Monate, mit insgesamt 15 Terminen, die ca. 2–3 Mal pro Monat stattfanden.

Die Ergänzung des Speiseplans mit Eiweiß führte zu einer merklichen subjektiven Verbesserung. Achtsamkeitsübungen halfen F. zu Beginn dabei, das eigene Essverhalten im Alltag zu beobachten. Außerdem gelang es F. zu Beginn sehr gut, auf die eigenen Bedürfnisse zu achten und mehr Zeit für sich in den Alltag zu integrieren.

Für die Auseinandersetzung mit Glaubenssätzen, arbeiteten wir mit dem ABC-Modell aus der kognitiven Verhaltenstherapie sowie mit den kognitiven Verzerrungen nach Staveman (2004).

Zu Beginn der Zusammenarbeit stand das verkopfte Essverhalten im Fokus. So haben wir anhand von konkreten Situationen aus dem Alltag Glaubenssätze und Denkmuster im Zusammenhang mit dem gezügelten Essverhalten identifiziert. F. notierte sich Gedanken wie »*Ich habe Angst vor der Waage*«, »*Ich halte mich beim Essen in Gesellschaft zurück*«, »*Ich schau mir meinen Körper ungerne an*«, »*Ich habe Angst vor*

Klassentreffen«, »Ich mache nur Fotos von meinem Gesicht«. Diese Beobachtungen halfen F. dabei, dahinterliegende Glaubenssätze, Ängste oder Bewertungen zu entdecken und daran zu arbeiten. Die Beschäftigung mit Stress und den inneren Antreibern half F. dabei, Glaubenssätze, die als Stressoren fungierten, zu identifizieren und zu erkennen. Eine Übung zum Gedankenstoppen und -lenken half ihr dabei, sich von Glaubenssätzen zu distanzieren. F. entdeckte Denkmuster, die ihr im Alltag nun immer bewusster auffielen. Dies half F. entsprechende Denkmuster zu hinterfragen und abzulegen.

Um die Körpersignale zu stärken, arbeiteten wir mit Achtsamkeitsübungen sowie Skalierungen wie etwa der Hunger- oder Sättigungsskala. Wir führten gemeinsam Übungen durch, die F. helfen sollten, die Körpersignale wahrnehmen zu lernen. Übungen zur Hungerwahrnehmung führten dazu, dass F. realisierte, dass sie ihre Hungersignale nicht so gut spürte, wie sie anfänglich dachte. Hunger war für sie nicht gut auszuhalten, weshalb sie relativ schnell zu Nahrung griff. Außerdem fiel ihr auf, dass sie zu wenig trank und häufig Durst statt Hunger hatte. Nach etwas Übungszeit gelang es F. immer besser, ihre Hungersignale wahrzunehmen. F. startete ein Experiment, indem sie den Hunger ausreizen sollte, um die Hungersignale auch im oberen Bereich der Hungerskala erkunden zu können. Die Wahrnehmung von Hunger gelang F. mit der Zeit immer besser. Auch die Wahrnehmung der Sättigung gelang ihr gut. Eine Herausforderung war das Stehenlassen von Mahlzeiten bei der Wahrnehmung von Sättigung. F. näherte sich an und machte positive Erfahrungen, als sie begann nicht aufzuessen. Sie erhielt auch Feedback von ihrem Partner, dem auffiel, dass sich einiges im Essverhalten von F. veränderte. Nach ca. 7 Monaten gelang es F. immer besser, ihre Körpersignale zu spüren und ihr Essverhalten danach auszurichten.

Als die Schulzeit begann, traf F. auf viele neue Erkenntnisse. Es fiel ihr auf, dass das Körpergewicht plötzlich mehr Raum einnahm als davor. Sie entdeckte Ängste, von Schüler:innen auf Basis ihres Gewichtes beurteilt zu werden. Stress wurde oftmals durch ihre hohen Ansprüche an sich selbst ausgelöst. Es ging darum, richtig und gut zu sein. Ein Glaubenssatz den F. auch stark mit ihrem Körpergewicht in Verbindung bringen konnte. F. wollte von Eltern und Schüler:innen als gut und wertvoll beurteilt werden, weshalb sie sich immer besonders viel Mühe gab, jede einzelne Stunde intensiv vorbereitete und Schularbeiten stets in der nächsten Schulstunde zurückgeben wollte. Sie begann diese Gedanken und Antreiber schneller und besser zu erkennen und sich selbst sowie ihre Verhaltensweisen zu verstehen und zu hinterfragen. Achtsamkeitsübungen halfen ihr dabei, ihre Aufmerksamkeit mehr auf sich selbst zu lenken. F. begann eine Morgenroutine und Journaling in ihren Tag einzubauen. Außerdem fragte sie sich regelmäßig, wie es ihr ging oder was sie brauchte. Sie erlaubte sich. Pausen zu machen und besser für sich selbst zu sorgen. So entdeckte sie, dass ihr Bewegung fehlte und sie wieder mehr Bewegung machen wolle.

Im Zusammenhang mit dem Körperbild arbeiteten wir unter anderem mit der körperorientierten Technik des Focusing, mit traumatherapeutischen Techniken sowie mit Übungen zum achtsamkeitsbasierten Selbstmitgefühl. Die Arbeit am Körperbild bedeutete eine große emotionale Überwindung für F., die nach 6 Monaten noch immer mied, sich im Spiegel zu betrachten. Im Verlauf gelang es F.

immer besser mit ihrem Körper umzugehen bzw. sich mit ihrem Körper zu konfrontieren. Zu Beginn lag der Fokus vor allem auf die vom Lipödem geprägten Körperbereiche. Mit der Zeit gelang es F., ihren Körper nach und nach zu erkunden und nicht nur die ungeliebten Stellen zu sehen. Es gelang ihr, ihre Beine mit Creme einzuschmieren und Stück für Stück eine bessere Beziehung zu dem Körper aufzubauen. F. gelang es auch zunehmend besser, Emotionen bei sich selbst wahrzunehmen und darauf einzugehen.

Am Ende der Zusammenarbeit konnte F. ihre Körpersignale viel besser spüren. Es machte ihr Spaß, sich mit ihren Körpersignalen zu beschäftigen und die Nahrungsaufnahme danach zu richten. Auch gelang es F., ihren Essdrang viel besser einzuordnen und zu verstehen. Sie wollte weiterhin an der Körperwahrnehmung und an der Beziehung zu ihrem Körper arbeiten. Sie beschloss sich jeden Monat eine kleine Aufgabe zu setzen.

Literaturverzeichnis

Ackard, D. M., Croll, J. K., & Kearney-Cooke, A. (2002). Dieting frequency among college females: Association with disordered eating, body image, and related psychological problems. *Journal of Psychosomatic Research*, 52(3), 129–136. https://doi.org/10.1016/S0022-3999(01)00269-0

Agüera, Z., Lozano-Madrid, M., Mallorquí-Bagué, N., Jiménez-Murcia, S., Menchón, J. M., & Fernández-Aranda, F. (2021). A review of binge eating disorder and obesity. *Neuropsychiatrie*, 35(2), 57–67. https://doi.org/10.1007/s40211-020-00346-w

Ahlich, E., & Rancourt, D. (2022). Boredom proneness, interoception, and emotional eating. *Appetite*, 178, 106167. https://doi.org/10.1016/j.appet.2022.106167

Alberts, H. J. E. M., Thewissen, R., & Raes, L. (2012). Dealing with problematic eating behaviour. The effects of a mindfulness-based intervention on eating behaviour, food cravings, dichotomous thinking and body image concern. *Appetite*, 58(3), 847–851. https://doi.org/10.1016/j.appet.2012.01.009

Allen, H. A., Chambers, A., Blissett, J., Chechlacz, M., Barrett, T., Higgs, S., & Nouwen, A. (2016). Relationship between Parental Feeding Practices and Neural Responses to Food Cues in Adolescents. *PloS One*, 11(8), e0157037. https://doi.org/10.1371/journal.pone.0157037

Alleva, J. M., Holmqvist Gattario, K., Martijn, C., & Lunde, C. (2019). What can my body do vs. How does it look?: A qualitative analysis of young women and men's descriptions of their body functionality or physical appearance. *Body Image*, 31, 71–80. https://doi.org/10.1016/j.bodyim.2019.08.008

Al-Wardat, M., Clarke, C., Alwardat, N., Kassab, M., Salimei, C., Gualtieri, P., Marchetti, M., Best, T., Di Renzo, L.. The Difficulties in Emotional Regulation among a Cohort of Females with Lipedema. *Int J Environ Res Public Health*, 19(20):13679. doi: 10.3390/ijerph192013679.

Arnow, B., Kenardy, J., & Agras, W. S. (1995). The Emotional Eating Scale: The development of a measure to assess coping with negative affect by eating. *The International Journal of Eating Disorders*, 18(1), 79–90. https://doi.org/10.1002/1098-108x(199507)18:1<79::aid-eat2260180109>3.0.co;2-v

Arroyo, A., Segrin, C., & Andersen, K. K. (2017). Intergenerational transmission of disordered eating: Direct and indirect maternal communication among grandmothers, mothers, and daughters. *Body Image*, 20, 107–115. https://doi.org/10.1016/j.bodyim.2017.01.001

Atkinson, M. J., & Wade, T. D. (2016). Does mindfulness have potential in eating disorders prevention? A preliminary controlled trial with young adult women. *Early Intervention in Psychiatry*, 10(3), 234–245. https://doi.org/10.1111/eip.12760

Augustus-Horvath, C. L., & Tylka, T. L. (2011). The acceptance model of intuitive eating: A comparison of women in emerging adulthood, early adulthood, and middle adulthood. *Journal of Counseling Psychology*, 58(1), 110–125. https://doi.org/10.1037/a0022129

Avalos, L. C., & Tylka, T. L. (2006). Exploring a model of intuitive eating with college women. *Journal of Counseling Psychology*, 53(4), 486–497. https://doi.org/10.1037/0022-0167.53.4.486

Bacon, L., & Aphramor, L. (2011). Weight Science: Evaluating the Evidence for a Paradigm Shift. *Nutrition Journal*, 10(1), 9. https://doi.org/10.1186/1475-2891-10-9

Bacon, L., Keim, N. L., Van Loan, M. D., Derricote, M., Gale, B., Kazaks, A., & Stern, J. S. (2002). Evaluating a ›non-diet‹ wellness intervention for improvement of metabolic fitness, psychological well-being and eating and activity behaviors. *International Journal of Obesity*, 26(6), Article 6. https://doi.org/10.1038/sj.ijo.0802012

Bacon, L., Stern, J. S., Van Loan, M. D., & Keim, N. L. (2005). Size acceptance and intuitive eating improve health for obese, female chronic dieters. *Journal of the American Dietetic Association*, *105*(6), 929–936. https://doi.org/10.1016/j.jada.2005.03.011

Beauchamp, G. K., & Moran, M. (1982). Dietary experience and sweet taste preference in human infants. *Appetite*, *3*(2), 139–152. https://doi.org/10.1016/S0195-6663(82)80007-X

Behrend, N., & Warschburger, P. (2022). Validation of a German version of the Body Appreciation Scale-2 (BAS-2). *Body Image*, *41*, 216–224. https://doi.org/10.1016/j.bodyim.2022.01.020

Bertakis, K. D., & Azari, R. (2005). The impact of obesity on primary care visits. *Obesity Research*, *13*(9), 1615–1623. https://doi.org/10.1038/oby.2005.198

Biederman, J., Ball, S. W., Monuteaux, M. C., Surman, C. B., Johnson, J. L., & Zeitlin, S. (2007). Are girls with ADHD at risk for eating disorders? Results from a controlled, five-year prospective study. *Journal of Developmental and Behavioral Pediatrics: JDBP*, *28*(4), 302–307. https://doi.org/10.1097/DBP.0b013e3180327917

Birch, L. L., Fisher, J. O., & Davison, K. K. (2003). Learning to overeat: Maternal use of restrictive feeding practices promotes girls' eating in the absence of hunger. *The American Journal of Clinical Nutrition*, *78*(2), 215–220. https://doi.org/10.1093/ajcn/78.2.215

Birch, L. L., Fisher, J. O., Grimm-Thomas, K., Markey, C. N., Sawyer, R., & Johnson, S. L. (2001). Confirmatory factor analysis of the Child Feeding Questionnaire: A measure of parental attitudes, beliefs and practices about child feeding and obesity proneness. *Appetite*, *36*(3), 201–210. https://doi.org/10.1006/appe.2001.0398

Birch, L. L., & Marlin, D. W. (1982). I don't like it; I never tried it: Effects of exposure on two-year-old children's food preferences. *Appetite*, *3*(4), 353–360. https://doi.org/10.1016/S0195-6663(82)80053-6

Blissett, J., Haycraft, E., & Farrow, C. (2010). Inducing preschool children's emotional eating: Relations with parental feeding practices123. *The American Journal of Clinical Nutrition*, *92*(2), 359–365. https://doi.org/10.3945/ajcn.2010.29375

Blundell, J. E., & Halford, J. C. G. (1994). Regulation of nutrient supply: The brain and appetite control. *Proceedings of the Nutrition Society*, *53*(2), 407–418. https://doi.org/10.1079/PNS19940046

Boon, B., Stroebe, W., Schut, H., & Ijntema, R. (2002). Ironic processes in the eating behaviour of restrained eaters. *British Journal of Health Psychology*, *7*(1), 1–10. https://doi.org/10.1348/135910702169303

Braun, T. D., Park, C. L., & Gorin, A. (2016). Self-compassion, body image, and disordered eating: A review of the literature. *Body Image*, *17*, 117–131. https://doi.org/10.1016/j.bodyim.2016.03.003

Brausch, A. M., & Gutierrez, P. M. (2009). The role of body image and disordered eating as risk factors for depression and suicidal ideation in adolescents. *Suicide & Life-Threatening Behavior*, *39*(1), 58–71. https://doi.org/10.1521/suli.2009.39.1.58

Breen, C., O'Connell, J., Geoghegan, J., O'Shea, D., Birney, S., Tully, L., Gaynor, K., O'Kelly, M., O'Malley, G., O'Donovan, C., Lyons, O., Flynn, M., Allen, S., Arthurs, N., Browne, S., Byrne, M., Callaghan, S., Collins, C., Courtney, A., … Yoder, R. (2022). Obesity in Adults: A 2022 Adapted Clinical Practice Guideline for Ireland. *Obesity Facts*, *15*(6), 736–752. https://doi.org/10.1159/000527131

Breines, J., Toole, A., Tu, C., & Chen, S. (2014). Self-compassion, Body Image, and Self-reported Disordered Eating. *Self and Identity*, *13*(4), 432–448. https://doi.org/10.1080/15298868.2013.838992

Brown, K. W., Ryan, R. M., & Creswell, J. D. (2007). Mindfulness: Theoretical foundations and evidence for its salutary effects. *Psychological Inquiry*, *18*(4), 211–237. https://doi.org/10.1080/10478400701598298

Bruch, H. (2004). *Eßstörungen: Zur Psychologie und Therapie von Übergewicht und Magersucht* (9.). Fischer Taschenbuch.

Bruch, H., & Touraine, G. (1940). Obesity in Childhood: V. The Family Frame of Obese Children*. *Psychosomatic Medicine*, *2*(2), 141. https://journals.lww.com/psychosomaticmedicine/abstract/1940/04000/obesity_in_childhood__v__the_family_frame_of_obese.5.aspx

Brytek-Matera, A. (2021). Negative Affect and Maladaptive Eating Behavior as a Regulation Strategy in Normal-Weight Individuals: A Narrative Review. *Sustainability*, *13*(24), 13704. https://doi.org/10.3390/su132413704

Burton, A. L., & Abbott, M. J. (2019). Processes and pathways to binge eating: Development of an integrated cognitive and behavioural model of binge eating. *Journal of Eating Disorders*, *7*(1), 18. https://doi.org/10.1186/s40337-019-0248-0

Calarge, C. A., Mills, J. A., Janz, K. F., Burns, T. L., Coryell, W. H., & Zemel, B. S. (2017). Body Composition in Adolescents During Treatment With Selective Serotonin Reuptake Inhibitors. *Pediatrics*, *140*(1), e20163943. https://doi.org/10.1542/peds.2016-3943

Campos, P., Saguy, A., Ernsberger, P., Oliver, E., & Gaesser, G. (2006). The epidemiology of overweight and obesity: Public health crisis or moral panic? *International Journal of Epidemiology*, *35*(1), 55–60. https://doi.org/10.1093/ije/dyi254

Capaldi, E. D. (1992). Conditioned Food Preferences. In D. L. Medin (Hrsg.), *Psychology of Learning and Motivation* (Bd. 28, S. 1–33). Academic Press. https://doi.org/10.1016/S0079-7421(08)60486-7

Carels, R. A., Burmeister, J., Oehlhof, M. W., Hinman, N., LeRoy, M., Bannon, E., Koball, A., & Ashrafloun, L. (2013). Internalized weight bias: Ratings of the self, normal weight, and obese individuals and psychological maladjustment. *Journal of Behavioral Medicine*, *36*(1), 86–94. https://doi.org/10.1007/s10865-012-9402-8

Carper, J. L., Orlet Fisher, J., & Birch, L. L. (2000). Young girls' emerging dietary restraint and disinhibition are related to parental control in child feeding. *Appetite*, *35*(2), 121–129. https://doi.org/10.1006/appe.2000.0343

Catia Martins, Robertson, M. D., & Morgan, L. M. (2008). Effects of exercise and restrained eating behaviour on appetite control. *Proceedings of the Nutrition Society*, *67*(1), 28–41. https://doi.org/10.1017/S0029665108005995

Chambers, R., Gullone, E., & Allen, N. B. (2009). Mindful emotion regulation: An integrative review. *Clinical Psychology Review*, *29*(6), 560–572. https://doi.org/10.1016/j.cpr.2009.06.005

Chen, E. Y., Brown, M. Z., Harned, M. S., & Linehan, M. M. (2009). A comparison of borderline personality disorder with and without eating disorders. *Psychiatry Research*, *170*(1), 86–90. https://doi.org/10.1016/j.psychres.2009.03.006

Coelho, J. S., Carter, J. C., McFarlane, T., & Polivy, J. (2008). »Just looking at food makes me gain weight«: Experimental induction of thought-shape fusion in eating-disordered and non-eating-disordered women. *Behaviour Research and Therapy*, *46*(2), 219–228. https://doi.org/10.1016/j.brat.2007.11.004

Craig, A. D. (2002). How do you feel? Interoception: the sense of the physiological condition of the body. *Nature Reviews Neuroscience*, *3*(8), 655–666. https://doi.org/10.1038/nrn894

Craig, A. D. (Bud). (2004). Human feelings: Why are some more aware than others? *Trends in Cognitive Sciences*, *8*(6), 239–241. https://doi.org/10.1016/j.tics.2004.04.004

Crosnoe, R. (2007). Gender, Obesity, and Education. *Sociology of Education*, *80*(3), 241–260. https://doi.org/10.1177/003804070708000303

Crosnoe, R., & Muller, C. (2004). Body mass index, academic achievement, and school context: Examining the educational experiences of adolescents at risk of obesity. *Journal of Health and Social Behavior*, *45*(4), 393–407. https://doi.org/10.1177/002214650404500403

Cummings, D. E., Weigle, D. S., Frayo, R. S., Breen, P. A., Ma, M. K., Dellinger, E. P., & Purnell, J. Q. (2002). Plasma ghrelin levels after diet-induced weight loss or gastric bypass surgery. *The New England Journal of Medicine*, *346*(21), 1623–1630. https://doi.org/10.1056/NEJMoa012908

Dallman, M. F., Pecoraro, N. C., & La Fleur, S. E. (2005). Chronic stress and comfort foods: Self-medication and abdominal obesity. *Brain, Behavior, and Immunity*, *19*(4), 275–280. https://doi.org/10.1016/j.bbi.2004.11.004

Daly, M., Robinson, E., & Sutin, A. R. (2017). Does Knowing Hurt? Perceiving Oneself as Overweight Predicts Future Physical Health and Well-Being. *Psychological Science*, *28*(7), 872–881. https://doi.org/10.1177/0956797617696311

Dannenberg, A., & Weingärtner, E. (2023). The effects of observability and an information nudge on food choice. *Journal of Environmental Economics and Management*, *120*, 102829. https://doi.org/10.1016/j.jeem.2023.102829

De Paoli, T., Fuller-Tyszkiewicz, M., Huang, C., & Krug, I. (2020). A network analysis of borderline personality disorder symptoms and disordered eating. *Journal of Clinical Psychology*, 787–800. https://onlinelibrary.wiley.com/doi/abs/10.1002/jclp.22916#:~:text=Co morbidity%20between%20BPD%20and%20ED,central%20elements%20in%20the%20net work.

de Ridder, D., Adriaanse, M., Evers, C., & Verhoeven, A. (2014). Who diets? Most people and especially when they worry about food. *Appetite*, *80*, 103–108. https://doi.org/10.1016/j.appet.2014.05.011

Denny, K. N., Loth, K., Eisenberg, M. E., & Neumark-Sztainer, D. (2013). Intuitive eating in young adults. Who is doing it, and how is it related to disordered eating behaviors? *Appetite*, *60*(1), 13–19. https://doi.org/10.1016/j.appet.2012.09.029

Desmet, P. M. A., & Schifferstein, H. N. J. (2008). Sources of positive and negative emotions in food experience. *Appetite*, *50*(2–3), 290–301. https://doi.org/10.1016/j.appet.2007.08.003

Devoe, D., Han, A., Anderson, A., Katzman, D. K., Patten, S. B., Soumbasis, A., Flanagan, J., Paslakis, G., Vyver, E., Marcoux, G., & Dimitropoulos, G. (2023). The impact of the COVID-19 pandemic on eating disorders: A systematic review. *International Journal of Eating Disorders*, *56*(1), 5–25. https://doi.org/10.1002/eat.23704

Dulloo, A. G., Jacquet, J., & Montani, J.-P. (2012). How dieting makes some fatter: From a perspective of human body composition autoregulation. *The Proceedings of the Nutrition Society*, *71*(3), 379–389. https://doi.org/10.1017/S0029665112000225

Eckert, E. D., Gottesman, I. I., Swigart, S. E., & Casper, R. C. (2018). A 57-Year Follow-up Investigation and review of the minnesota study on human starvation and ist relevance to eatin disorders. *Archives of Psychology*, *2*(3).

El Archi, S., Cortese, S., Ballon, N., Réveillère, C., De Luca, A., Barrault, S., & Brunault, P. (2020). Negative Affectivity and Emotion Dysregulation as Mediators between ADHD and Disordered Eating: A Systematic Review. *Nutrients*, *12*(11), 3292. https://doi.org/10.3390/nu12113292

Eldredge, K. L., Agras, W. S., & Arnow, B. (1994). The last supper: Emotional determinants of pretreatment weight fluctuation in obese binge eaters. *The International Journal of Eating Disorders*, *16*(1), 83–88. https://doi.org/10.1002/1098-108x(199407)16:1<83::aid-eat2260160109>3.0.co;2-a

Elmalfda, I. (2019). *Ernährungslehre, 4. Auflage.* utb.

Ernsberger, P., & Koletsky, R. J. (1999). Biomedical Rationale for a Wellness Approach to Obesity: An Alternative to a focus on Weight Loss. *Journal of Social Issues*, *55*(2), 221–260. https://doi.org/10.1111/0022-4537.00114

Evers, C., Dingemans, A., Junghans, A. F., & Boevé, A. (2018). Feeling bad or feeling good, does emotion affect your consumption of food? A meta-analysis of the experimental evidence. *Neuroscience & Biobehavioral Reviews*, *92*, 195–208. https://doi.org/10.1016/j.neubiorev.2018.05.028

Fairburn, C. G., & Beglin, S. J. (2011). *Eating Disorder Examination Questionnaire* [dataset]. https://doi.org/10.1037/t03974-000

Faith, M. S., Berkowitz, R. I., Stallings, V. A., Kerns, J., Storey, M., & Stunkard, A. J. (2004). Parental feeding attitudes and styles and child body mass index: Prospective analysis of a gene-environment interaction. *Pediatrics*, *114*(4), e429–436. https://doi.org/10.1542/peds.2003-1075-L

Ferrari, M., Hunt, C., Harrysunker, A., Abbott, M., Beath, A., & Einstein, D. (2019). Self-Compassion Interventions and Psychosocial Outcomes: A Meta-Analysis of RCTs. *Mindfulness*, *10*. https://doi.org/10.1007/s12671-019-01134-6

Ferreira, C., Matos, M., Duarte, C., & Pinto-Gouveia, J. (2014). Shame memories and eating psychopathology: The buffering effect of self-compassion. *European Eating Disorders Review: The Journal of the Eating Disorders Association*, *22*(6), 487–494. https://doi.org/10.1002/erv.2322

Field, A. E., Manson, J. E., Taylor, C. B., Willett, W. C., & Colditz, G. A. (2004). Association of weight change, weight control practices, and weight cycling among women in the Nurses' Health Study II. *International Journal of Obesity*, *28*(9), 1134–1142. https://doi.org/10.1038/sj.ijo.0802728

Fildes, A., Charlton, J., Rudisill, C., Littlejohns, P., Prevost, A. T., & Gulliford, M. C. (2015). Probability of an Obese Person Attaining Normal Body Weight: Cohort Study Using Electronic Health Records. *American Journal of Public Health*, *105*(9), e54–59. https://doi.org/10.2105/AJPH.2015.302773

Foster, G. D., Wadden, T. A., Makris, A. P., Davidson, D., Sanderson, R. S., Allison, D. B., & Kessler, A. (2003). Primary care physicians' attitudes about obesity and its treatment. *Obesity Research*, *11*(10), 1168–1177. https://doi.org/10.1038/oby.2003.161

Fothergill, E., Guo, J., Howard, L., Kerns, J. C., Knuth, N. D., Brychta, R., Chen, K. Y., Skarulis, M. C., Walter, M., Walter, P. J., & Hall, K. D. (2016). Persistent metabolic adaptation 6 years after »The Biggest Loser« competition. *Obesity (Silver Spring, Md.)*, *24*(8), 1612–1619. https://doi.org/10.1002/oby.21538

Framson, C., Kristal, A. R., Schenk, J. M., Littman, A. J., Zeliadt, S., & Benitez, D. (2009). Development and Validation of the Mindful Eating Questionnaire. *Journal of the American Dietetic Association*, *109*(8), 1439–1444. https://doi.org/10.1016/j.jada.2009.05.006

Gaesser, G. A., & Angadi, S. S. (2021). Obesity treatment: Weight loss versus increasing fitness and physical activity for reducing health risks. *iScience*, *24*(10), 102995. https://doi.org/10.1016/j.isci.2021.102995

Gagnon-Girouard, M.-P., Bégin, C., Provencher, V., Tremblay, A., Mongeau, L., Boivin, S., & Lemieux, S. (2010). Psychological Impact of a »Health-at-Every-Size« Intervention on Weight-Preoccupied Overweight/Obese Women. *Journal of Obesity*, *2010*, e928097. https://doi.org/10.1155/2010/928097

Gearhardt, A. N., White, M. A., & Potenza, M. N. (2011). Binge Eating Disorder and Food Addiction. *Current drug abuse reviews*, *4*(3), 201–207. https://www.ncbi.nlm.nih.gov/pmc/articles/PMC3671377/

Gillen, M. M. (2015). Associations between positive body image and indicators of men's and women's mental and physical health. *Body Image*, *13*, 67–74. https://doi.org/10.1016/j.bodyim.2015.01.002

Godart, N. T., Flament, M. F., Curt, F., Perdereau, F., Lang, F., Venisse, J. L., Halfon, O., Bizouard, P., Loas, G., Corcos, M., Jeammet, P., & Fermanian, J. (2003). Anxiety disorders in subjects seeking treatment for eating disorders: A DSM-IV controlled study. *Psychiatry Research*, *117*(3), 245–258. https://doi.org/10.1016/s0165-1781(03)00038-6

Gorard, D. A., Gomborone, J. E., Libby, G. W., & Farthing, M. J. (1996). Intestinal transit in anxiety and depression. *Gut*, *39*(4), 551–555. https://doi.org/10.1136/gut.39.4.551

Gross, J. J. (2015). Emotion regulation: Current status and future prospects. *Psychological Inquiry*, *26*(1), 1–26. https://doi.org/10.1080/1047840X.2014.940781

Gruber, M. (2022). Essmuster als Indikator, *ernährung heute*, *4*, 9

Guagnano, M. T., Ballone, E., Pace-Palitti, V., Vecchia, R. D., D'Orazio, N., Manigrasso, M. R., Merlitti, D., & Sensi, S. (2000). Risk factors for hypertension in obese women. The role of weight cycling. *European Journal of Clinical Nutrition*, *54*(4), 356–360. https://doi.org/10.1038/sj.ejcn.1600963

Haiman, C., & Devlin, M. J. (1999). Binge eating before the onset of dieting: A distinct subgroup of bulimia nervosa? *The International Journal of Eating Disorders*, *25*(2), 151–157. https://doi.org/10.1002/(sici)1098-108x(199903)25:2<151::aid-eat4>3.0.co;2-5

Halliwell, E. (2013). The impact of thin idealized media images on body satisfaction: Does body appreciation protect women from negative effects? *Body Image*, *10*(4), 509–514. https://doi.org/10.1016/j.bodyim.2013.07.004

Han, L., You, D., Zeng, F., Feng, X., Astell-Burt, T., Duan, S., & Qi, L. (2019). Trends in Self-perceived Weight Status, Weight Loss Attempts, and Weight Loss Strategies Among Adults in the United States, 1999–2016. *JAMA Network Open*, *2*(11), e1915219. https://doi.org/10.1001/jamanetworkopen.2019.15219

Harris, M., & Smith, S. (1983). The relationships of age, sex, ethnicity, and weight to stereotypes of obesity and self perception.

Harris, R. B. S. (1990). Role of set-point theory in regulation of body weight. *The FASEB Journal*, *4*(15), 3310–3318. https://doi.org/10.1096/fasebj.4.15.2253845

Harrison, L., Schriever, S. C., Feuchtinger, A., Kyriakou, E., Baumann, P., Pfuhlmann, K., Messias, A. C., Walch, A., Tschöp, M. H., & Pfluger, P. T. (2019). Fluorescent blood–brain barrier tracing shows intact leptin transport in obese mice. International Journal of Obesity, 43(6), Article 6. https://doi.org/10.1038/s41366-018-0221-z

Harvey, E. L., & Hill, A. J. (2001). Health professionals' views of overweight people and smokers. International Journal of Obesity and Related Metabolic Disorders: Journal of the International Association for the Study of Obesity, 25(8), 1253–1261. https://doi.org/10.1038/sj.ijo.0801647

Hasnain, M., & Vieweg, W. V. R. (2013). Weight Considerations in Psychotropic Drug Prescribing and Switching. Postgraduate Medicine, 125(5), 117–129. https://doi.org/10.3810/pgm.2013.09.2706

Haynos, A. F., & Fruzzetti, A. E. (2011). Anorexia Nervosa as a Disorder of Emotion Dysregulation: Evidence and Treatment Implications. Clinical Psychology: Science and Practice, 18(3), 183–202. https://doi.org/10.1111/j.1468-2850.2011.01250.x

Hazzard, V., Telke, S., Simone, M., Anderson, L., Larson, N., & Neumark-Sztainer, D. (2021). Intuitive Eating Longitudinally Predicts Better Psychological Health and Lower Use of Disordered Eating Behaviors: Findings from EAT 2010–2018. *Eating and weight disorders : EWD*, 26(1), 287–294. https://doi.org/10.1007/s40519-020-00852-4

Heatherton, T. F., & Baumeister, R. F. (1991). Binge eating as escape from self-awareness. *Psychological Bulletin*, 110(1), 86–108. https://doi.org/10.1037/0033-2909.110.1.86

Hebert, K. R. (2018). Sensory processing styles and eating behaviors in healthy adults. *The British Journal of Occupational Therapy*, 81(3), 162–170. https://doi.org/10.1177/0308022617743708

Herbert, B. M., Blechert, J., Hautzinger, M., Matthias, E., & Herbert, C. (2013). Intuitive eating is associated with interoceptive sensitivity. Effects on body mass index. *Appetite*, 70, 22–30. https://doi.org/10.1016/j.appet.2013.06.082

Herbert, B. M., Muth, E. R., Pollatos, O., & Herbert, C. (2012). Interoception across Modalities: On the Relationship between Cardiac Awareness and the Sensitivity for Gastric Functions. *PLOS ONE*, 7(5), e36646. https://doi.org/10.1371/journal.pone.0036646

Herbert, B. M., Pollatos, O., & Schandry, R. (2007). Interoceptive sensitivity and emotion processing: An EEG study. *International Journal of Psychophysiology*, 65(3), 214–227. https://doi.org/10.1016/j.ijpsycho.2007.04.007

Herbert, B. M., Ulbrich, P., & Schandry, R. (2007). Interoceptive sensitivity and physical effort: Implications for the self-control of physical load in everyday life. *Psychophysiology*, 44(2), 194–202. https://doi.org/10.1111/j.1469-8986.2007.00493.x

Herman, C. P., & Mack, D. (1975). Restrained and unrestrained eating. *Journal of Personality*, 43(4), 647–660. https://doi.org/10.1111/j.1467-6494.1975.tb00727.x

Herman, C. P., & Polivy, J. (1984). A boundary model for the regulation of eating. *Research Publications – Association for Research in Nervous and Mental Disease*, 62, 141–156.

Hermann, A., Jun KIm, T., Kindinger, E., Mackert, N., Rose, L., Schorb, F., Tolasch, E., & Villa, P.-I. (2022). *Fat Studies—Ein Glossar*. transcript. https://www.transcript-verlag.de/978-3-8376-6005-0/fat-studies/

Hibscher, J. A., & Herman, C. P. (1977). Obesity, dieting, and the expression of obese characteristics. *Journal of Comparative and Physiological Psychology*, 91(2), 374–380. https://doi.org/10.1037/h0077334

Hilbert, A., Karwautz, A., Niederhofer, H., & Munsch, S. (2007). Eating Disorder Examination-Questionnaire: Evaluation der deutschsprachigen Übersetzung. / Eating Disorder Examination-Questionnaire: Psychometric properties of the German version. *Diagnostica*, 53, 144–154. https://doi.org/10.1026/0012-1924.53.3.144

Hofmann, W., Luhmann, M., Fisher, R. R., Vohs, K. D., & Baumeister, R. F. (2014). Yes, But Are They Happy? Effects of Trait Self-Control on Affective Well-Being and Life Satisfaction: Trait Self-Control and Well-Being. *Journal of Personality*, 82(4), 265–277. https://doi.org/10.1111/jopy.12050

Hollstein, T., Ando, T., Basolo, A., Krakoff, J., Votruba, S. B., & Piaggi, P. (2019). Metabolic response to fasting predicts weight gain during low-protein overfeeding in lean men: Further evidence for spendthrift and thrifty metabolic phenotypes. *The American Journal of Clinical Nutrition*, 110(3), 593–604. https://doi.org/10.1093/ajcn/nqz062

Houldcroft, L., Farrow, C., & Haycraft, E. (2014). Perceptions of parental pressure to eat and eating behaviours in preadolescents: The mediating role of anxiety. *Appetite*, *80*, 61–69. https://doi.org/10.1016/j.appet.2014.05.002

Hsu, Y.-T., Buckworth, J., Focht, B. C., & O'Connell, A. A. (2013). Feasibility of a Self-Determination Theory-based exercise intervention promoting Healthy at Every Size with sedentary overweight women: Project CHANGE. *Psychology of Sport and Exercise*, *14*(2), 283–292. https://doi.org/10.1016/j.psychsport.2012.11.007

Hughes, M., Brown, S. L., Campbell, S., Dandy, S., & Cherry, M. G. (2021). Self-Compassion and Anxiety and Depression in Chronic Physical Illness Populations: A Systematic Review. *Mindfulness*, *12*(7), 1597–1610. https://doi.org/10.1007/s12671-021-01602-y

Hupfeld, J., & Ruffieux, N. (2011). Validierung einer deutschen Version der Self-Compassion Scale (SCS-D). *Zeitschrift für Klinische Psychologie und Psychotherapie*, *40*(2), 115–123. https://doi.org/10.1026/1616-3443/a000088

Ie, A., Ngnoumen, C., & Langer, E. (Hrsg.). (2014). *The Wiley Blackwell handbook of mindfulness*. Wiley Blackwell.

Itariu, B.-K. (2023). Konsensuspapier der Österreichischen Adipositasgesellschaft zur Diagnose und Behandlung von Menschen mit Adipositas. *Wiener klinische Wochenschrift*, *135*(S6), 705–705. https://doi.org/10.1007/s00508-023-02276-3

Jacquet, P., Schutz, Y., Montani, J.-P., & Dulloo, A. (2020). How dieting might make some fatter: Modeling weight cycling toward obesity from a perspective of body composition autoregulation. *International Journal of Obesity (2005)*, *44*(6), 1243–1253. https://doi.org/10.1038/s41366-020-0547-1

Jansen, A. (1998). A learning model of binge eating: Cue reactivity and cue exposure. *Behaviour Research and Therapy*, *36*(3), 257–272. https://doi.org/10.1016/s0005-7967(98)00055-2

Johannsen, D. L., Knuth, N. D., Huizenga, R., Rood, J. C., Ravussin, E., & Hall, K. D. (2012). Metabolic slowing with massive weight loss despite preservation of fat-free mass. *The Journal of Clinical Endocrinology and Metabolism*, *97*(7), 2489–2496. https://doi.org/10.1210/jc.2012-1444

John, O. P., & Gross, J. J. (2004). Healthy and unhealthy emotion regulation: Personality processes, individual differences, and life span development. *Journal of Personality*, *72*(6), 1301–1333. https://doi.org/10.1111/j.1467-6494.2004.00298.x

Johnson, F., Pratt, M., & Wardle, J. (2012). Dietary restraint and self-regulation in eating behavior. *International Journal of Obesity*, *36*(5), Article 5. https://doi.org/10.1038/ijo.2011.156

Jones, C. C., & Young, S. L. (2021). The Mother-Daughter Body Image Connection: The Perceived Role of Mothers' Thoughts, Words, and Actions. *Journal of Family Communication*, *21*(2), 118–126. https://doi.org/10.1080/15267431.2021.1908294

Kaluza, G. (2018). *Stressbewältigung: Trainingsmanual zur psychologischen Gesundheitsförderung*. Heidelberg: Springer.

Karlsson, J., Persson, L. O., Sjöström, L., & Sullivan, M. (2000). Psychometric properties and factor structure of the Three-Factor Eating Questionnaire (TFEQ) in obese men and women. Results from the Swedish Obese Subjects (SOS) study. International Journal of Obesity and Related Metabolic Disorders: Journal of the International Association for the Study of Obesity, *24*(12), 1715–1725. https://doi.org/10.1038/sj.ijo.0801442

Karnehed, N., Rasmussen, F., Hemmingsson, T., & Tynelius, P. (2006). Obesity and attained education: Cohort study of more than 700,000 Swedish men. Obesity (Silver Spring, Md.), *14*(8), 1421–1428. https://doi.org/10.1038/oby.2006.161

Katterman, S. N., Kleinman, B. M., Hood, M. M., Nackers, L. M., & Corsica, J. A. (2014). Mindfulness meditation as an intervention for binge eating, emotional eating, and weight loss: A systematic review. Eating Behaviors, *15*(2), 197–204. https://doi.org/10.1016/j.eatbeh.2014.01.005

Kaye, W. H., Bulik, C. M., Thornton, L., Barbarich, N., & Masters, K. (2004). Comorbidity of anxiety disorders with anorexia and bulimia nervosa. *The American Journal of Psychiatry*, *161*(12), 2215–2221. https://doi.org/10.1176/appi.ajp.161.12.2215

Kemps, E., & Tiggemann, M. (2007). Modality-specific imagery reduces cravings for food: An application of the elaborated intrusion theory of desire to food craving. *Journal of Experimental Psychology. Applied*, *13*(2), 95–104. https://doi.org/10.1037/1076-898X.13.2.95

Kerr-Gaffney, J., Harrison, A., & Tchanturia, K. (2018). Social anxiety in the eating disorders: A systematic review and meta-analysis. *Psychological Medicine*, *48*(15), 2477–2491. https://doi.org/10.1017/S0033291718000752

Kirk, S., Ramos Salas, X., Alberga, A., & Russell-Mayhew. (o.J.). Canadian Adult Obesity Clinical Reducing Weight Bias in Obesity Management, Practice.

Klotter, C., & Trautmann, W. (2009). Warum Ernährungspsychologie in der Ernährungsberatung gebraucht wird. 1. https://www.ernaehrungs-umschau.de/print-artikel/15-10-2009-warum-ernaehrungspsychologie-in-der-ernaehrungsberatung-gebraucht-wird/

Kristeller, J. L., & Wolever, R. Q. (2010). Mindfulness-Based Eating Awareness Training for Treating Binge Eating Disorder: The Conceptual Foundation. *Eating Disorders*, *19*(1), 49–61. https://doi.org/10.1080/10640266.2011.533605

Kukk, K., & Akkermann, K. (2020). Emotion regulation difficulties and dietary restraint independently predict binge eating among men. *Eating and Weight Disorders – Studies on Anorexia, Bulimia and Obesity*, *25*(6), 1553–1560. https://doi.org/10.1007/s40519-019-00791-9

Larimer, M. E., Palmer, R. S., & Marlatt, G. A. (1999). Relapse prevention. An overview of Marlatt's cognitive-behavioral model. *Alcohol Research & Health: The Journal of the National Institute on Alcohol Abuse and Alcoholism*, *23*(2), 151–160.

Larkin, J. C., & Pines, H. A. (1979). No Fat Persons Need Apply: Experimental Studies of the Overweight Stereotype and Hiring Preference. *Sociology of Work and Occupations*, *6*(3), 312–327. https://doi.org/10.1177/073088847900600303

Le magnen, J. (1999). Effect of a Multiplicity of Food Stimuli on the Amount Eaten by the Rat (first published in French in 1960). *Appetite*, *33*(1), 36–39. https://doi.org/10.1006/appe.1999.0258

Lee, E. E., Govind, T., Ramsey, M., Wu, T. C., Daly, R., Liu, J., Tu, X. M., Paulus, M. P., Thomas, M. L., & Jeste, D. V. (2021). Compassion toward others and self-compassion predict mental and physical well-being: A 5-year longitudinal study of 1090 community-dwelling adults across the lifespan. *Translational Psychiatry*, *11*(1), Article 1. https://doi.org/10.1038/s41398-021-01491-8

Lister, N. B., Baur, L. A., Felix, J. F., Hill, A. J., Marcus, C., Reinehr, T., Summerbell, C., & Wabitsch, M. (2023). Child and adolescent obesity. *Nature Reviews Disease Primers*, *9*(1), Article 1. https://doi.org/10.1038/s41572-023-00435-4

Logan, G. D. (2015). The Point of No Return. *Quarterly journal of experimental psychology (2006)*, *68*(5), 833–857. https://doi.org/10.1080/17470218.2015.1008020

Loth, K. A., MacLehose, R. F., Fulkerson, J. A., Crow, S., & Neumark-Sztainer, D. (2013). Food-Related Parenting Practices and Adolescent Weight Status: A Population-Based Study. *Pediatrics*, *131*(5), e1443–e1450. https://doi.org/10.1542/peds.2012-3073

Loth, K. A., MacLehose, R. F., Fulkerson, J. A., Crow, S., & Neumark-Sztainer, D. (2014). Are food restriction and pressure-to-eat parenting practices associated with adolescent disordered eating behaviors? *The International Journal of Eating Disorders*, *47*(3), 310–314. https://doi.org/10.1002/eat.22189

Lowe, M. R., & Butryn, M. L. (2007). Hedonic hunger: A new dimension of appetite? *Physiology & Behavior*, *91*(4), 432–439. https://doi.org/10.1016/j.physbeh.2007.04.006

MacBeth, A., & Gumley, A. (2012). Exploring compassion: A meta-analysis of the association between self-compassion and psychopathology. *Clinical Psychology Review*, *32*(6), 545–552. https://doi.org/10.1016/j.cpr.2012.06.003

Macht, M. (2005). *Essen und Emotion*. *52*, 304–208.

Macht, M. (2008). How emotions affect eating: A five-way model. *Appetite*, *50*(1), 1–11. https://doi.org/10.1016/j.appet.2007.07.002

MacLean, P. S., Blundell, J. E., Mennella, J. A., & Batterham, R. L. (2017). Biological Control of Appetite: A Daunting Complexity. *Obesity (Silver Spring, Md.)*, *25*(Suppl 1), S8–S16. https://doi.org/10.1002/oby.21771

Major, B., Hunger, J. M., Bunyan, D. P., & Miller, C. T. (2014). The ironic effects of weight stigma. *Journal of Experimental Social Psychology*, *51*, 74–80. https://doi.org/10.1016/j.jesp.2013.11.009

Major, G. C., Doucet, E., Trayhurn, P., Astrup, A., & Tremblay, A. (2007). Clinical significance of adaptive thermogenesis. *International Journal of Obesity*, *31*(2), Article 2. https://doi.org/10.1038/sj.ijo.0803523

Mani, B. K., & Zigman, J. M. (2017). Ghrelin as a survival hormone. *Trends in endocrinology and metabolism: TEM*, *28*(12), 843–854. https://doi.org/10.1016/j.tem.2017.10.001

Mann, T., Tomiyama, A. J., Westling, E., Lew, A.-M., Samuels, B., & Chatman, J. (2007). Medicare's Search for Effective Obesity Treatments. *American Psychologist*, *62*(3), 220–233. https://doi.org/10.1037/0003-066x.62.3.220

Markey, C. H., Strodl, E., Aimé, A., McCabe, M., Rodgers, R., Sicilia, A., Coco, G. L., Dion, J., Mellor, D., Pietrabissa, G., Gullo, S., Granero-Gallegos, A., Probst, M., Maïano, C., Bégin, C., Alcaraz-Ibáñez, M., Blackburn, M.-E., Caltabiano, M. L., Manzoni, G. M., ... Fuller-Tyszkiewicz, M. (2023). A survey of eating styles in eight countries: Examining restrained, emotional, intuitive eating and their correlates. *British Journal of Health Psychology*, *28*(1), 136–155. https://doi.org/10.1111/bjhp.12616

Marsh, I. C., Chan, S. W. Y., & MacBeth, A. (2018). Self-compassion and Psychological Distress in Adolescents-a Meta-analysis. *Mindfulness*, *9*(4), 1011–1027. https://doi.org/10.1007/s12671-017-0850-7

Martin, A., Booth, J. N., Laird, Y., Sproule, J., Reilly, J. J., & Saunders, D. H. (2018). Physical activity, diet and other behavioural interventions for improving cognition and school achievement in children and adolescents with obesity or overweight. *Cochrane Database of Systematic Reviews*, *1*. https://doi.org/10.1002/14651858.CD009728.pub3

Martin, E., Dourish, C. T., Rotshtein, P., Spetter, M. S., & Higgs, S. (2019). Interoception and disordered eating: A systematic review. *Neuroscience & Biobehavioral Reviews*, *107*, 166–191. https://doi.org/10.1016/j.neubiorev.2019.08.020

Mason, A. E., Epel, E. S., Kristeller, J., Moran, P. J., Dallman, M., Lustig, R. H., Acree, M., Bacchetti, P., Laraia, B. A., Hecht, F. M., & Daubenmier, J. (2016). Effects of a mindfulness-based intervention on mindful eating, sweets consumption, and fasting glucose levels in obese adults: Data from the SHINE randomized controlled trial. *Journal of Behavioral Medicine*, *39*(2), 201–213. https://doi.org/10.1007/s10865-015-9692-8

McAuley, P. A., Artero, E. G., Sui, X., Lee, D., Church, T. S., Lavie, C. J., Myers, J. N., España-Romero, V., & Blair, S. N. (2012). The Obesity Paradox, Cardiorespiratory Fitness, and Coronary Heart Disease. *Mayo Clinic Proceedings*, *87*(5), 443–451. https://doi.org/10.1016/j.mayocp.2012.01.013

McCargar, L. J., & McBurney, R. F. (1999). The Chronic Dieting Syndrome: Metabolic and Behavioural Characteristics. *Canadian Journal of Dietetic Practice and Research: A Publication of Dietitians of Canada = Revue Canadienne De La Pratique Et De La Recherche En Dietetique: Une Publication Des Dietetistes Du Canada*, *60*(4), 227–230.

McGregor, S., Roberts, S., Grant, S. L., & O'Loghlen, E. (2022). Weight-Normative versus Weight-Inclusive Narratives in Weight-Related Public Health Campaigns: Effects on Anti-Fat Attitudes, Stigma, Motivation, and Self-Efficacy. *Obesities*, *2*(1), Article 1. https://doi.org/10.3390/obesities2010008

Meule, A., Richard, A., Schnepper, R., Reichenberger, J., Georgii, C., Naab, S., Voderholzer, U., & Blechert, J. (2019). Emotion regulation and emotional eating in anorexia nervosa and bulimia nervosa. *Eating Disorders*, 1–17. https://doi.org/10.1080/10640266.2019.1642036

Montani, J.-P., Schutz, Y., & Dulloo, A. G. (2015). Dieting and weight cycling as risk factors for cardiometabolic diseases: Who is really at risk? *Obesity Reviews: An Official Journal of the International Association for the Study of Obesity*, *16 Suppl 1*, 7–18. https://doi.org/10.1111/obr.12251

Moran L. J., Misso, M. L., Wild, R. A. & Norman, R. J. (2010). Impaired glucose tolerance, type 2 diabetes and metabolic syndrome in polycystic ovary syndrome: a systematic review and meta-analysis. *Hum Reprod Update*, *16*(4):347–63. doi: 10.1093/humupd/dmq001

Morewedge, C. K., Huh, Y. E., & Vosgerau, J. (2010). Thought for food: Imagined consumption reduces actual consumption. *Science (New York, N.Y.)*, *330*(6010), 1530–1533. https://doi.org/10.1126/science.1195701

Moser, G., & Peter, J. (2017). Hirn-Bauch-Achse und bauch-gerichtete Hypnose – Erfolg einer integrierten psychosomatischen Behandlung in der Gastroenterologie. *Zeitschrift für Psychosomatische Medizin und Psychotherapie*, *63*(1), 5–19. https://www.jstor.org/stable/44244577

Most, J., & Redman, L. M. (2020). Impact of calorie restriction on energy metabolism in humans. *Experimental gerontology*, *133*, 110875. https://doi.org/10.1016/j.exger.2020.110875

Müller, M. J., Bosy-Westphal, A., & Heymsfield, S. B. (2010). Is there evidence for a set point that regulates human body weight? *F1000 Medicine Reports*, *2*, 59. https://doi.org/10.3410/M2-59

Müller, R., Barthels, F., Meyer, F., & Pietrowsky, R. (2021). Analysis of macronutrient composition of binge-eating episodes in a non- clinical normal weight sample. *Ernahrungs Umschau*, *68*(1), 30–37. https://doi.org/10.4455/eu.2021.004

Myers, K. P. (2018). The convergence of psychology and neurobiology in flavor-nutrient learning. *Appetite*, *122*, 36–43. https://doi.org/10.1016/j.appet.2017.03.048

Nazar, B. P., Suwwan, R., de Sousa Pinna, C. M., Duchesne, M., Freitas, S. R., Sergeant, J., & Mattos, P. (2014). Influence of attention-deficit/hyperactivity disorder on binge eating behaviors and psychiatric comorbidity profile of obese women. *Comprehensive Psychiatry*, *55*(3), 572–578. https://doi.org/10.1016/j.comppsych.2013.09.015

Neff, K. (2003). Self-Compassion: An Alternative Conceptualization of a Healthy Attitude Toward Oneself. *Self and Identity*, *2*(2), 85–101. https://doi.org/10.1080/15298860309032

Neff, K. (2023). Self-Compassion: Theory, Method, Research, and Intervention. *Annual Review of Psychology*, *74*(1), 193–218. https://doi.org/10.1146/annurev-psych-032420-031047

Neumark-Sztainer, D., Patterson, J., Mellin, A., Ackard, D. M., Utter, J., Story, M., & Sockalosky, J. (2002). Weight control practices and disordered eating behaviors among adolescent females and males with type 1 diabetes: Associations with sociodemographics, weight concerns, familial factors, and metabolic outcomes. *Diabetes Care*, *25*(8), 1289–1296. https://doi.org/10.2337/diacare.25.8.1289

Oh, K. H., Wiseman, M. C., Hendrickson, J., Phillips, J. C., & Hayden, E. W. (2012). Testing the Acceptance Model of Intuitive Eating With College Women Athletes. *Psychology of Women Quarterly*, *36*(1), 88–98. https://doi.org/10.1177/0361684311433282

O'Hara, L., & Taylor, J. (2018). What's Wrong With the ›War on Obesity?‹ A Narrative Review of the Weight-Centered Health Paradigm and Development of the 3C Framework to Build Critical Competency for a Paradigm Shift. *SAGE Open*, *8*(2), 215824401877288. https://doi.org/10.1177/2158244018772888

Oliva, R., Morys, F., Horstmann, A., Castiello, U., & Begliomini, C. (2019). The impulsive brain: Neural underpinnings of binge eating behavior in normal-weight adults. *Appetite*, *136*, 33–49. https://doi.org/10.1016/j.appet.2018.12.043

Oppert, J.-M., Bellicha, A., van Baak, M. A., Battista, F., Beaulieu, K., Blundell, J. E., Carraça, E. V., Encantado, J., Ermolao, A., Pramono, A., Farpour-Lambert, N., Woodward, E., Dicker, D., & Busetto, L. (2021). Exercise training in the management of overweight and obesity in adults: Synthesis of the evidence and recommendations from the European Association for the Study of Obesity Physical Activity Working Group. *Obesity Reviews: An Official Journal of the International Association for the Study of Obesity*, *22 Suppl 4*, e13273. https://doi.org/10.1111/obr.13273

O'Reilly, G. A., Cook, L., Spruijt-Metz, D., & Black, D. S. (2014). Mindfulness-Based Interventions for Obesity-Related Eating Behaviors: A Literature Review. *Obesity reviews : an official journal of the International Association for the Study of Obesity*, *15*(6), 453–461. https://doi.org/10.1111/obr.12156

Ostrowska, L., Gier, D., Zyśk, B. (2021). The Influence of Reducing Diets on Changes in Thyroid Parameters in Women Suffering from Obesity and Hashimoto's Disease. *Nutrients*, *13*(3):862. doi: 10.3390/nu13030862

Ouwens, M. A., Schiffer, A. A., Visser, L. I., Raeijmaekers, N. J. C., & Nyklíček, I. (2015). Mindfulness and eating behaviour styles in morbidly obese males and females. *Appetite*, *87*, 62–67. https://doi.org/10.1016/j.appet.2014.11.030

Pallister, E., & Waller, G. (2008). Anxiety in the eating disorders: Understanding the overlap. *Clinical Psychology Review*, *28*(3), 366–386. https://doi.org/10.1016/j.cpr.2007.07.001

Palmisano, G. L., Innamorati, M., & Vanderlinden, J. (2016). Life adverse experiences in relation with obesity and binge eating disorder: A systematic review. *Journal of Behavioral Addictions*, *5*(1), 11–31. https://doi.org/10.1556/2006.5.2016.018

Pavlov, I. P. (1927). *Conditioned reflexes: an investigation of the physiological activity of the cerebral cortex.*

Paxton, S. J., Neumark-Sztainer, D., Hannan, P. J., & Eisenberg, M. E. (2006). Body dissatisfaction prospectively predicts depressive mood and low self-esteem in adolescent girls and boys. *Journal of Clinical Child and Adolescent Psychology: The Official Journal for the Society of Clinical Child and Adolescent Psychology, American Psychological Association, Division 53*, *35*(4), 539–549. https://doi.org/10.1207/s15374424jccp3504_5

Peitz, D., Schulze, J., & Warschburger, P. (2021). Getting a deeper understanding of mindfulness in the context of eating behavior: Development and validation of the Mindful Eating Inventory. *Appetite*, *159*, 105039. https://doi.org/10.1016/j.appet.2020.105039

Peters, A. (2011). *Das egoistische Gehirn: Die Ursachen von Adipositas und Typ-2-Diabetes aus neurobiologischer Sicht.* 6(04), 216–224.

Peters, A., Schweiger, U., Pellerin, L., Hubold, C., Oltmanns, K. M., Conrad, M., Schultes, B., Born, J., & Fehm, H. L. (2004). The selfish brain: Competition for energy resources. *Neuroscience and Biobehavioral Reviews*, *28*(2), 143–180. https://doi.org/10.1016/j.neubiorev.2004.03.002

Phillips, W. J., & Hine, D. W. (2021). Self-compassion, physical health, and health behaviour: A meta-analysis. *Health Psychology Review*, *15*(1), 113–139. https://doi.org/10.1080/17437199.2019.1705872

Pidgeon, A., Lacota, K., & Champion, J. (2013). The Moderating Effects of Mindfulness on Psychological Distress and Emotional Eating Behaviour. *Australian Psychologist*, *48*(4), 262–269. https://doi.org/10.1111/j.1742-9544.2012.00091.x

Pivarunas, B., Kelly, N. R., Pickworth, C. K., Cassidy, O., Radin, R. M., Shank, L. M., Vannucci, A., Courville, A. B., Chen, K. Y., Tanofsky-Kraff, M., Yanovski, J. A., & Shomaker, L. B. (2015). Mindfulness and eating behavior in adolescent girls at risk for type 2 diabetes. *International Journal of Eating Disorders*, *48*(6), 563–569. https://doi.org/10.1002/eat.22435

Polivy, J. (1976). Perception of calories and regulation of intake in restrained and unrestrained subjects. *Addictive Behaviors*, *1*(3), 237–243. https://doi.org/10.1016/0306-4603(76)90016-2

Polivy, J., Heatherton, T. F., & Herman, C. P. (1988). Self-esteem, restraint, and eating behavior. *Journal of Abnormal Psychology*, *97*(3), 354–356. https://doi.org/10.1037/0021-843X.97.3.354

Polivy, J., & Herman, C. P. (1987). Diagnosis and treatment of normal eating. *Journal of Consulting and Clinical Psychology*, *55*(5), 635–644. https://doi.org/10.1037/0022-006X.55.5.635

Polivy, J., & Herman, C. P. (2020). Overeating in Restrained and Unrestrained Eaters. *Frontiers in Nutrition*, *7*, 30. https://doi.org/10.3389/fnut.2020.00030

Prefit, A. B., & Szentagotai-Tătar, A. (2018). Depression and disordered eating behaviors: The role of emotion regulation difficulties. *Journal of Evidence-Based Psychotherapies*, *18*(1), 95–106. https://doi.org/10.24193/jebp.2018.1.8

Prowse, E., Bore, M., & Dyer, S. (2013). Eating disorder symptomatology, body image, and mindfulness: Findings in a non-clinical sample. *Clinical Psychologist*, *17*(2), 77–87. https://doi.org/10.1111/cp.12008

Pudel, V., & Westenhöfer, J. (2003). *Ernährungspsychologie. Eine Einführung.* (3. unveränderte Auflage). Hogrefe.

Puhl, R. M., & Heuer, C. A. (2009). The Stigma of Obesity: A Review and Update. *Obesity*, *17*(5), 941–964. https://doi.org/10.1038/oby.2008.636

Raspopow, K., Abizaid, A., Matheson, K., & Anisman, H. (2010). Psychosocial stressor effects on cortisol and ghrelin in emotional and non-emotional eaters: Influence of anger and shame. *Hormones and Behavior*, *58*(4), 677–684. https://doi.org/10.1016/j.yhbeh.2010.06.003

Redman, L. M., Smith, S. R., Burton, J. H., Martin, C. K., Il'yasova, D., & Ravussin, E. (2018). Metabolic Slowing and Reduced Oxidative Damage with Sustained Caloric Restriction

Support the Rate of Living and Oxidative Damage Theories of Aging. *Cell Metabolism*, 27(4), 805–815.e4. https://doi.org/10.1016/j.cmet.2018.02.019

Reinhardt, M., Schlögl, M., Bonfiglio, S., Votruba, S. B., Krakoff, J., & Thearle, M. S. (2016). Lower core body temperature and greater body fat are components of a human thrifty phenotype. *International Journal of Obesity*, 40(5), Article 5. https://doi.org/10.1038/ijo.2015.229

Ricciardelli, L. A., & McCabe, M. P. (2001). Self-Esteem and Negative Affect as Moderators of Sociocultural Influences on Body Dissatisfaction, Strategies to Decrease Weight, and Strategies to Increase Muscles Among Adolescent Boys and Girls. *Sex Roles*, 44(3), 189–207. https://doi.org/10.1023/A:1010955120359

Robinson, E., Aveyard, P., Daley, A., Jolly, K., Lewis, A., Lycett, D., & Higgs, S. (2013). Eating attentively: A systematic review and meta-analysis of the effect of food intake memory and awareness on eating1234. *The American Journal of Clinical Nutrition*, 97(4), 728–742. https://doi.org/10.3945/ajcn.112.045245

Robinson, E., Marty, L., Higgs, S., & Jones, A. (2021). Interoception, eating behaviour and body weight. *Physiology & Behavior*, 237, 113434. https://doi.org/10.1016/j.physbeh.2021.113434

Robison, J. (2005). Health at Every Size: Toward a New Paradigm of Weight and Health. *Medscape General Medicine*, 7(3), 13. https://www.ncbi.nlm.nih.gov/pmc/articles/PMC1681635/

Roehling, M. V., Roehling, P. V., & Pichler, S. (2007). The relationship between body weight and perceived weight-related employment discrimination: The role of sex and race. *Journal of Vocational Behavior*, 71(2), 300–318. https://doi.org/10.1016/j.jvb.2007.04.008

Rolls, B. J., Rowe, E. A., Rolls, E. T., Kingston, B., Megson, A., & Gunary, R. (1981). Variety in a meal enhances food intake in man. *Physiology & Behavior*, 26(2), 215–221. https://doi.org/10.1016/0031-9384(81)90014-7

Rosenbaum, M., Murphy, E. M., Heymsfield, S. B., Matthews, D. E., & Leibel, R. L. (2002). Low Dose Leptin Administration Reverses Effects of Sustained Weight-Reduction on Energy Expenditure and Circulating Concentrations of Thyroid Hormones. *The Journal of Clinical Endocrinology & Metabolism*, 87(5), 2391–2394. https://doi.org/10.1210/jcem.87.5.8628

Rosenbaum, M., Sy, M., Pavlovich, K., Leibel, R. L., & Hirsch, J. (2008). Leptin reverses weight loss-induced changes in regional neural activity responses to visual food stimuli. *The Journal of Clinical Investigation*, 118(7), 2583–2591. https://doi.org/10.1172/JCI35055

Rosenberg, M., Schooler, C., Schoenbach, C., & Rosenberg, F. (1995). Global Self-Esteem and Specific Self-Esteem: Different Concepts, Different Outcomes. *American Sociological Review*, 60(1), 141–156. https://doi.org/10.2307/2096350

Rothblum, E. D. (1992). The Stigma of Women's Weight: Social and Economic Realities. *Feminism & Psychology*, 2(1), 61–73. https://doi.org/10.1177/0959353592021005

Rubino, F., Puhl, R. M., Cummings, D. E., Eckel, R. H., Ryan, D. H., Mechanick, J. I., Nadglowski, J., Ramos Salas, X., Schauer, P. R., Twenefour, D., Apovian, C. M., Aronne, L. J., Batterham, R. L., Berthoud, H.-R., Boza, C., Busetto, L., Dicker, D., De Groot, M., Eisenberg, D., … Dixon, J. B. (2020). Joint international consensus statement for ending stigma of obesity. *Nature Medicine*, 26(4), Article 4. https://doi.org/10.1038/s41591-020-0803-x

Ruzanska, U. A., & Warschburger, P. (2017). Psychometric evaluation of the German version of the Intuitive Eating Scale-2 in a community sample. *Appetite*, 117, 126–134. https://doi.org/10.1016/j.appet.2017.06.018

Ryan, R. M., & Deci, E. L. (2017). *Self-determination theory: Basic psychological needs in motivation, development, and wellness* (S. xii, 756). The Guilford Press. https://doi.org/10.1521/978.14625/28806

Sala, M., & Levinson, C. A. (2017). A Longitudinal Study on the Association Between Facets of Mindfulness and Disinhibited Eating. *Mindfulness*, 8(4), 893–902. https://doi.org/10.1007/s12671-016-0663-0

Saltzman, J. A., Pineros-Leano, M., Liechty, J. M., Bost, K. K., Fiese, B. H., & the STRONG Kids Team. (2016). Eating, feeding, and feeling: Emotional responsiveness mediates longitudinal associations between maternal binge eating, feeding practices, and child weight. *Interna-*

tional Journal of Behavioral Nutrition and Physical Activity, *13*(1), 89. https://doi.org/10.1186/s12966-016-0415-5

Sansone, R. A., & Sansone, L. A. (2011). Personality pathology and its influence on eating disorders. *Innovations in Clinical Neuroscience*, *8*(3), 14–18.

Santos, I., Sniehotta, F., Marques, M., Carraca, E. V., & Teixeira, P. J. (2017). Prevalence of personal weight control attempts in adults: A systematic review and meta-analysis. https://onlinelibrary.wiley.com/doi/10.1111/obr.12466

Santos, M., Richards, C. S., & Bleckley, M. K. (2007). Comorbidity between depression and disordered eating in adolescents. *Eating Behaviors*, *8*(4), 440–449. https://doi.org/10.1016/j.eatbeh.2007.03.005

Sares-Jäske, L., Knekt, P., Männistö, S., Lindfors, O., & Heliövaara, M. (2019). Self-report dieting and long-term changes in body mass index and waist circumference. *Obesity Science & Practice*, *5*(4), 291–303. https://doi.org/10.1002/osp4.336

Scaglioni, S., Salvioni, M., & Galimberti, C. (2008). Influence of parental attitudes in the development of children eating behaviour. *The British Journal of Nutrition*, *99 Suppl 1*, S22–25. https://doi.org/10.1017/S0007114508892471

Schachinger, H. (2005). Das Selbst, die Selbsterkenntnis und das Gefühl für den eigenen Wert: Einführung und Überblick (2., überarb. und erg. Aufl.). Programm Huber: Psychologie Sachbuch.

Schober, C. (1991). V. Pudel und J. Westhöfer: Fragebogen zum Eßverhalten (FEV). Verlag für Psychologie Dr. C. J. Hogrefe, Göttingen, Toronto, Zürich 1989. Preis: 45,80 DM. *Food / Nahrung*, *35*(1), 121–121. https://doi.org/10.1002/food.19910350153

Schoenefeld, S. J., & Webb, J. B. (2013). Self-compassion and intuitive eating in college women: Examining the contributions of distress tolerance and body image acceptance and action. *Eating Behaviors*, *14*(4), 493–496. https://doi.org/10.1016/j.eatbeh.2013.09.001

Schwartz, A., & Doucet, É. (2010). Relative changes in resting energy expenditure during weight loss: A systematic review. *Obesity Reviews*, *11*(7), 531–547. https://doi.org/10.1111/j.1467-789X.2009.00654.x

Seguias, L., & Tapper, K. (2018). The effect of mindful eating on subsequent intake of a high calorie snack. *Appetite*, *121*, 93–100. https://doi.org/10.1016/j.appet.2017.10.041

Serretti, A., & Mandelli, L. (2010). Antidepressants and body weight: A comprehensive review and meta-analysis. *The Journal of Clinical Psychiatry*, *71*(10), 1259–1272. https://doi.org/10.4088/JCP.09r05346blu

Shafran, R., & Robinson, P. (2004). Thought-shape fusion in eating disorders. *British Journal of Clinical Psychology*, *43*(4), 399–408. https://doi.org/10.1348/0144665042389008

Sharma, A. M., & Kushner, R. F. (2009). A proposed clinical staging system for obesity. *International Journal of Obesity*, *33*(3), 289–295. https://doi.org/10.1038/ijo.2009.2

Shunk, J. A., & Birch, L. L. (2004). Girls at Risk for Overweight at Age 5 Are at Risk for Dietary Restraint, Disinhibited Overeating, Weight Concerns, and Greater Weight Gain from 5 to 9 Years. *Journal of the American Dietetic Association*, *104*(7), 1120–1126. https://doi.org/10.1016/j.jada.2004.04.031

Sieverding, M., Specht, N. K., & Agines, S. G. (2019). »Don't drink too much!« Reactance among young men following health-related social control«: Erratum. *American Journal of Men's Health*, *13*(2), No Pagination Specified-No Pagination Specified.

Silventoinen, K., Jelenkovic, A., Sund, R., Hur, Y.-M., Yokoyama, Y., Honda, C., Hjelmborg, J. vB, Möller, S., Ooki, S., Aaltonen, S., Ji, F., Ning, F., Pang, Z., Rebato, E., Busjahn, A., Kandler, C., Saudino, K. J., Jang, K. L., Cozen, W., … Kaprio, J. (2016). Genetic and environmental effects on body mass index from infancy to the onset of adulthood: An individual-based pooled analysis of 45 twin cohorts participating in the COllaborative project of Development of Anthropometrical measures in Twins (CODATwins) study. *The American Journal of Clinical Nutrition*, *104*(2), 371–379. https://doi.org/10.3945/ajcn.116.130252

Skurk, T., Bosy-Westphal, A., Grünerbel, A., Kabisch, S., Keuthage, W., Kronsbein, P., Müssig, K., Pfeiffer, A. F. H., Simon, M.-C., Tombek, A., Weber, K. S., Rubin, D., & für den Ausschuss Ernährung der DDG. (2021). Empfehlungen zur Ernährung von Personen mit

Typ-2-Diabetes mellitus. *Diabetologie und Stoffwechsel, 16*(S 02), S255–S289. https://doi.org/10.1055/a-1543-1293

Smyth, J. M., Wonderlich, S. A., Heron, K. E., Sliwinski, M. J., Crosby, R. D., Mitchell, J. E., & Engel, S. G. (2007). Daily and momentary mood and stress are associated with binge eating and vomiting in bulimia nervosa patients in the natural environment. *Journal of Consulting and Clinical Psychology, 75*(4), 629–638. https://doi.org/10.1037/0022-006X.75.4.629

Soares, F. L. P., Ramos, M. H., Gramelisch, M., de Paula Pego Silva, R., da Silva Batista, J., Cattafesta, M., & Salaroli, L. B. (2021). Intuitive eating is associated with glycemic control in type 2 diabetes. *Eating and Weight Disorders: EWD, 26*(2), 599–608. https://doi.org/10.1007/s40519-020-00894-8

Sominsky, L., & Spencer, S. J. (2014). Eating behavior and stress: A pathway to obesity. *Frontiers in Psychology, 5*. https://doi.org/10.3389/fpsyg.2014.00434

Sørensen, L. B., Møller, P., Flint, A., Martens, M., & Raben, A. (2003). Effect of sensory perception of foods on appetite and food intake: A review of studies on humans. *International Journal of Obesity, 27*(10), 1152–1166. https://doi.org/10.1038/sj.ijo.0802391

Stavemann, H. (2014). *KVT-Praxis. Strategien und Leitfädernfür die Inegrative KVT*. Beltz. https://www.beltz.de/fachmedien/psychologie/produkte/details/8816-kvt-praxis.html

Stroebe, W. (2022). The goal conflict model: A theory of the hedonic regulation of eating behavior. *Current Opinion in Behavioral Sciences, 48*, 101203. https://doi.org/10.1016/j.cobeha.2022.101203

Stroebe, W., van Koningsbruggen, G. M., Papies, E. K., & Aarts, H. (2013). Why most dieters fail but some succeed: A goal conflict model of eating behavior. *Psychological Review, 120*(1), 110–138. https://doi.org/10.1037/a0030849

Stunkard, A. J., & Messick, S. (1985). The three-factor eating questionnaire to measure dietary restraint, disinhibition and hunger. *Journal of Psychosomatic Research, 29*(1), 71–83. https://doi.org/10.1016/0022-3999(85)90010-8

Suh, H., & Jeong, J. (2021). Association of Self-Compassion With Suicidal Thoughts and Behaviors and Non-suicidal Self Injury: A Meta-Analysis. *Frontiers in Psychology, 12*, 633482. https://doi.org/10.3389/fpsyg.2021.633482

Sutin, A. R., Stephan, Y., & Terracciano, A. (2015). Weight Discrimination and Risk of Mortality. *Psychological science, 26*(11), 1803–1811. https://doi.org/10.1177/0956797615601103

Sutton, C. A., L'Insalata, A. M., & Fazzino, T. L. (2022). Reward sensitivity, eating behavior, and obesity-related outcomes: A systematic review. *Physiology & Behavior, 252*, 113843. https://doi.org/10.1016/j.physbeh.2022.113843

The Health at Every Size® (HAES®) Prinzipien. (2023). ASDAH. https://asdah.org/health-at-every-size-haes-approach/

Tomiyama, A. J. (2014). Weight stigma is stressful. A review of evidence for the Cyclic Obesity/Weight-Based Stigma model. *Appetite, 82*, 8–15. https://doi.org/10.1016/j.appet.2014.06.108

Tomiyama, A. J., Carr, D., Granberg, E. M., Major, B., Robinson, E., Sutin, A. R., & Brewis, A. (2018). How and why weight stigma drives the obesity ›epidemic‹ and harms health. *BMC Medicine, 16*(1), 123. https://doi.org/10.1186/s12916-018-1116-5

Tomiyama, A. J., Hunger, J. M., Nguyen-Cuu, J., & Wells, C. (2016). Misclassification of cardiometabolic health when using body mass index categories in NHANES 2005-2012. *International Journal of Obesity (2005), 40*(5), 883–886. https://doi.org/10.1038/ijo.2016.17

Tremblay, A., Royer, M.-M., Chaput, J.-P., & Doucet, E. (2013). Adaptive thermogenesis can make a difference in the ability of obese individuals to lose body weight. *International Journal of Obesity (2005), 37*(6), 759–764. https://doi.org/10.1038/ijo.2012.124

Tronieri, J. S., Wadden, T. A., Alfaris, N., Chao, A. M., Alamuddin, N., Berkowitz, R. I., & Pearl, R. L. (2018). »Last Supper« Predicts Greater Weight Loss Early in Obesity Treatment, but Not Enough to Offset Initial Gains. *Frontiers in Psychology, 9*. https://www.frontiersin.org/articles/10.3389/fpsyg.2018.01335

Tsenkova, V. K., Carr, D., Schoeller, D. A., & Ryff, C. D. (2011). Perceived weight discrimination amplifies the link between central adiposity and nondiabetic glycemic control (HbA1c). *Annals of Behavioral Medicine: A Publication of the Society of Behavioral Medicine, 41*(2), 243–251. https://doi.org/10.1007/s12160-010-9238-9

Turgon, R., Ruffault, A., Juneau, C., Blatier, C., & Shankland, R. (2019). Eating Disorder Treatment: A Systematic Review and Meta-analysis of the Efficacy of Mindfulness-Based Programs. *Mindfulness, 10*(11), 2225–2244. https://doi.org/10.1007/s12671-019-01216-5

Turk, F., & Waller, G. (2020). Is self-compassion relevant to the pathology and treatment of eating and body image concerns? A systematic review and meta-analysis. *Clinical Psychology Review, 79*, 101856. https://doi.org/10.1016/j.cpr.2020.101856

Tuschen-Caffier, D. B. (o.J.). *Prof. Dr. Anja Hilbert Integriertes Forschungs- und Behandlungszentrum AdipositasErkrankungen Medizinische Psychologie und Medizinische Soziologie Universitätsmedizin Leipzig Philipp-Rosenthal-Straße 27 D-04103 Leipzig.*

Tylka, T. L., Annunziato, R. A., Burgard, D., Daníelsdóttir, S., Shuman, E., Davis, C., & Calogero, R. M. (2014). The Weight-Inclusive versus Weight-Normative Approach to Health: Evaluating the Evidence for Prioritizing Well-Being over Weight Loss. *Journal of Obesity, 2014*, e983495. https://doi.org/10.1155/2014/983495

Tylka, T. L., Calogero, R. M., & Daníelsdóttir, S. (2015). Is intuitive eating the same as flexible dietary control? Their links to each other and well-being could provide an answer. *Appetite, 95*, 166–175. https://doi.org/10.1016/j.appet.2015.07.004

Tylka, T. L., & Homan, K. J. (2015). Exercise motives and positive body image in physically active college women and men: Exploring an expanded acceptance model of intuitive eating. *Body Image, 15*, 90–97. https://doi.org/10.1016/j.bodyim.2015.07.003

Tylka, T. L., & Kroon Van Diest, A. M. (2013). The Intuitive Eating Scale-2: Item refinement and psychometric evaluation with college women and men. *Journal of Counseling Psychology, 60*(1), 137–153. https://doi.org/10.1037/a0030893

Tylka, T. L., & Wilcox, J. A. (2006). Are intuitive eating and eating disorder symptomatology opposite poles of the same construct? *Journal of Counseling Psychology, 53*(4), 474–485. https://doi.org/10.1037/0022-0167.53.4.474

Tylka, T. L., & Wood-Barcalow, N. L. (2015a). The Body Appreciation Scale-2: Item refinement and psychometric evaluation. *Body Image, 12*, 53–67. https://doi.org/10.1016/j.bodyim.2014.09.006

Tylka, T. L., & Wood-Barcalow, N. L. (2015b). What is and what is not positive body image? Conceptual foundations and construct definition. *Body Image, 14*, 118–129. https://doi.org/10.1016/j.bodyim.2015.04.001

University of Minnesota School of Public Health (Regisseur). (2021, August 16). *The Minnesota Semistarvation Experiment.* https://www.youtube.com/watch?v=hcjdPE1nDQg

Ura, M., & Preston, K. S. J. (2015). The influence of thin-ideal internalization on women's body image, self-esteem, and appearance avoidance: Covariance structure analysis. *American Communication Journal, 17*, 15–26.

Urbszat, D., Herman, C. P., & Polivy, J. (2002). Eat, drink, and be merry, for tomorrow we diet: Effects of anticipated deprivation on food intake in restrained and unrestrained eaters. *Journal of Abnormal Psychology, 111*(2), 396–401. https://doi.org/10.1037//0021-843x.111.2.396

van Dyck, Z., Herbert, B. M., Happ, C., Kleveman, G. V., & Vögele, C. (2016). German version of the intuitive eating scale: Psychometric evaluation and application to an eating disordered population. *Appetite, 105*, 798–807. https://doi.org/10.1016/j.appet.2016.07.019

Van Dyke, N., & Drinkwater, E. J. (2014). Relationships between intuitive eating and health indicators: Literature review. *Public Health Nutrition, 17*(8), 1757–1766. https://doi.org/10.1017/S1368980013002139

van Strien, T. (2018). Causes of Emotional Eating and Matched Treatment of Obesity. *Current Diabetes Reports, 18*(6), 35. https://doi.org/10.1007/s11892-018-1000-x

Van Strien, T., Frijters, J. E., Bergers, G. P., & Defares, P. B. (1986). The Dutch Eating Behavior Questionnaire (DEBQ) for assessment of restrained, emotional, and external eating behavior. *International Journal of Eating Disorders, 5*(2), 295–315. https://doi.org/10.1002/1098-108X(198602)5:2<295::AID-EAT2260050209>3.0.CO;2-T

Vartanian, L. R., & Porter, A. M. (2016). Weight stigma and eating behavior: A review of the literature. *Appetite, 102*, 3–14. https://doi.org/10.1016/j.appet.2016.01.034

Vettor, R., Di Vincenzo, A., Maffei, P., & Rossato, M. (2020). Regulation of energy intake and mechanisms of metabolic adaptation or maladaptation after caloric restriction. *Reviews in*

Endocrine and Metabolic Disorders, *21*(3), 399–409. https://doi.org/10.1007/s11154-020-09565-6

Vigen, T. (2023, Dezember 5). *Tylervigen*. https://tylervigen.com/spurious-correlations.

Wang, G. J., Volkow, N. D., Logan, J., Pappas, N. R., Wong, C. T., Zhu, W., Netusil, N., & Fowler, J. S. (2001). Brain dopamine and obesity. *Lancet (London, England)*, *357*(9253), 354–357. https://doi.org/10.1016/s0140-6736(00)03643-6

Wasylkiw, L., & Butler, N. A. (2014). Body talk among undergraduate women: Why conversations about exercise and weight loss differentially predict body appreciation. *Journal of Health Psychology*, *19*(8), 1013–1024. https://doi.org/10.1177/1359105313483155

Webb, T. L., Miles, E., & Sheeran, P. (2012). Dealing with feeling: A meta-analysis of the effectiveness of strategies derived from the process model of emotion regulation. *Psychological Bulletin*, *138*(4), 775–808. https://doi.org/10.1037/a0027600

Wernicke, J. (2023). Achtsam Essen Akademie: Evaluation of a Guided Self-Help, Mindful, and Intuitive Eating Intervention for Disordered Eating. *Department of Clinical Psychology, Heinrich Heine University Düsseldorf*.

Westenhoefer, J. (2001). Establishing good dietary habits – capturing the minds of children. *Public Health Nutrition*, *4*(1a), 125–129. https://doi.org/10.1079/PHN2000107

Westenhoefer, J., Engel, D., Holst, C., Lorenz, J., Peacock, M., Stubbs, J., Whybrow, S., & Raats, M. (2013). Cognitive and weight-related correlates of flexible and rigid restrained eating behaviour. *Eating Behaviors*, *14*(1), 69–72. https://doi.org/10.1016/j.eatbeh.2012.10.015

Wharton, S., Lau, D. C. W., Vallis, M., Sharma, A. M., Biertho, L., Campbell-Scherer, D., Adamo, K., Alberga, A., Bell, R., Boulé, N., Boyling, E., Brown, J., Calam, B., Clarke, C., Crowshoe, L., Divalentino, D., Forhan, M., Freedhoff, Y., Gagner, M., … Wicklum, S. (2020). Obesity in adults: A clinical practice guideline. *Canadian Medical Association Journal*, *192*(31), E875–E891. https://doi.org/10.1503/cmaj.191707

Wheeler, B. J., Lawrence, J., Chae, M., Paterson, H., Gray, A. R., Healey, D., Reith, D. M., & Taylor, B. J. (2016). Intuitive eating is associated with glycaemic control in adolescents with type I diabetes mellitus. *Appetite*, *96*, 160–165. https://doi.org/10.1016/j.appet.2015.09.016

Wilkinson, L. L., & Brunstrom, J. M. (2016). Sensory specific satiety: More than ›just‹ habituation? *Appetite*, *103*, 221–228. https://doi.org/10.1016/j.appet.2016.04.019

Woody, E. Z., Costanzo, P. R., Liefer, H., & Conger, J. (1981). The effects of taste and caloric perceptions on the eating behavior of restrained and unrestrained subjects. *Cognitive Therapy and Research*, *5*(4), 381–390. https://doi.org/10.1007/BF01173690

Yamamoto, T., & Ueji, K. (2011). Brain Mechanisms of Flavor Learning. *Frontiers in Systems Neuroscience*, *5*. https://doi.org/10.3389/fnsys.2011.00076

Yan, C., Lin, N., Cui, L., & Zhang, Q. (2018). Is reappraisal always effective in modifying emotional reactions in females? The role of regulatory timing and goals. *Brain and Behavior*, *8*(2), e00911. https://doi.org/10.1002/brb3.911

Yengo, L., Sidorenko, J., Kemper, K. E., Zheng, Z., Wood, A. R., Weedon, M. N., Frayling, T. M., Hirschhorn, J., Yang, J., Visscher, P. M., & GIANT Consortium. (2018). Meta-analysis of genome-wide association studies for height and body mass index in ~700000 individuals of European ancestry. *Human Molecular Genetics*, *27*(20), 3641–3649. https://doi.org/10.1093/hmg/ddy271

Yerrakalva, D., Mullis, R., & Mant, J. (2015). The associations of »fatness,« »fitness,« and physical activity with all-cause mortality in older adults: A systematic review. *Obesity*, *23*(10), 1944–1956. https://doi.org/10.1002/oby.21181

Zessin, U., Dickhäuser, O., & Garbade, S. (2015). The Relationship Between Self-Compassion and Well-Being: A Meta-Analysis. *Applied Psychology. Health and Well-Being*, *7*(3), 340–364. https://doi.org/10.1111/aphw.12051

Zigman, J. M., Bouret, S. G., & Andrews, Z. B. (2016). Obesity Impairs the Action of the Neuroendocrine Ghrelin System. *Trends in endocrinology and metabolism: TEM*, *27*(1), 54–63. https://doi.org/10.1016/j.tem.2015.09.010

Stichwortverzeichnis

A

Achtsamkeit 85
Adaptive Thermogenese 48
Appetit 21
Association for size diversity and health 81

B

Binge Eating 44, 46, 55, 62, 99, 106, 164
– binge first 47, 57
– diet first 47, 57
Binge-Eating-Störung 46, 54, 97, 165
Body Pull 59
Boundary-Modell des Essverhaltens 25, 42

C

Cortisol 59, 60

E

Emotionsregulation 56, 85, 87, 99, 109, 162, 166, 167
Emotionsregulierendes Essverhalten 37, 55
Enthemmung 44

F

Food freedom 96

G

Geschmacksaversionen 28
Geschmacksknospen 28
Geschmackspräferenzen 28
– flavor flavor learning 29
– flavor nutrient learning 28
Gesundheitsparadigma
– gewichtsneutrales 80, 84
– gewichtszentriertes 79
Gewichtsschwankungen 49, 74
Gewichtsstigmatisierung 64, 67
– Gewichtsstigmata 53
– internalisierte Gewichtsstigmata 150
Gezügeltes Essverhalten 32, 36–38, 40, 42, 46–48, 51, 54, 57, 65, 97, 99, 101, 124
– Erziehung 29, 33
Ghrelin 20, 50, 52, 59, 60, 164

H

Habituation 24
Health at every size® 82
Heißhunger 20
Hunger 20, 21
– hedonisch (emotional) 19
– Heißhunger 21
– homeostatisch 19
Hypothalamus 19

I

Insulin 25
Interozeption 85
Intuitives Essverhalten 36, 97

K

Komponenten-Modell des Essverhaltens 18

L

Leptin 24, 25, 49, 52, 61

M

Mere-Exposure-Effekt 29
Mindful beased eating awareness Training 97

N

Neuropeptid Y 20

P

Point of no return 56

R

Reinforcement Sensitivity Theory 61
Restrained Theory 46

S

Sättigung
- kognitive Sättigung 23
- postresorptive Sättigung 25
- Sättigungskaskade 22
- Sensibilität der Geschmacksknospen 23
- sensorische Sättigung 22

Selbstmitgefühl 88
Selbstwert
- globaler Selbstwert 52
Selfish Brain Theorie
- Body Pull 19
- Brain Pull 19
Set-Point- Theorie 49
Störbarkeit des Essverhaltens 43

T

Thought-Shape Fusion 54

V

Völlegefühl 24

W

Weight bias 65